AI时代

应用型本科教师
数字素养进阶策略

吴　迪　贾鹤鸣◎著

清华大学出版社

北京

内 容 简 介

本书以培养和提升应用型本科教师数字素养为出发点，系统全面地阐述了 AI 时代应用型本科教师提升数字素养的影响因素及培养策略。全书不仅呈现了详细的数据分析过程，还基于所提出的培育策略给出了学校保障教师数字素养落地的政策和制度范例。书中提出了教师数字素养提升自组织原则，构建了包含主体协同、要素协同和动力协同的多元主体协同提升教师数字素养自组织理论模型，针对关键影响因素提出了助力应用型本科教师提升数字素养的 11 个主要策略和若干具体做法。

本书没有追求策略的"多和全"，而是基于协同论把握少数关键变量从而影响系统整体功能的思想，以及矛盾论关于主要矛盾和次要矛盾的关系理论，聚焦教师、学生、学校、用人单位和政府在教育数字化转型问题上最为关心，且日常工作中最为头痛的问题，并通过统计学方法进一步遴选影响因素，把握少数关键变量、解决主要矛盾、抓大放小，力求使所提出的策略简单易行。

本书紧跟教育强国建设对教师数字素养提出的时代需求，策略既具备较强的操作性，又有一定的科研价值，适合应用型本科学校管理者、一线教师、研究生及广大高等教育研究爱好者学习与使用。

图书在版编目（CIP）数据

AI时代应用型本科教师数字素养进阶策略 / 吴迪, 贾鹤鸣著.

北京：清华大学出版社, 2025. 9. -- ISBN 978-7-302-70326-6

Ⅰ . G645.12

中国国家版本馆CIP数据核字第2025VT4727号

责任编辑：邓　艳
封面设计：刘　超
版式设计：楠竹文化
责任校对：范文芳
责任印制：宋　林

出版发行：清华大学出版社
　　　　网　　　址：https://www.tup.com.cn, https://www.wqxuetang.com
　　　　地　　　址：北京清华大学学研大厦 A 座　　　　邮　　编：100084
　　　　社 总 机：010-83470000　　　　　　　　　　邮　　购：010-62786544
　　　　投稿与读者服务：010-62776969, c-service@tup.tsinghua.edu.cn
　　　　质量反馈：010-62772015, zhiliang@tup.tsinghua.edu.cn
印 装 者：三河市龙大印装有限公司
经　　销：全国新华书店
开　　本：185mm×260mm　　　印　　张：13.25　　字　　数：255 千字
版　　次：2025 年 10 月第 1 版　　　　　　印　　次：2025 年 10 月第 1 次印刷
定　　价：79.80 元

产品编号：112875-01

PREFACE 前言 AI

　　本书为全国教育科学规划 2022 年度教育部重点课题"智能时代应用型本科高校教师核心素养研究"（课题编号：DIA220374）的阶段性研究成果。地方高校应用型转型和师生数字素养是《教育强国建设规划纲要（2024—2035 年）》的关注重点之一。

　　本书基于福建、黑龙江两省 411 份应用型本科教师数字素养影响因素的调查问卷，采用结构方程模型（SEM）分析学生、学校、用人单位和政府对应用型本科教师数字素养的影响，并运用乘积系数检验法检验中介作用，将研究重点聚焦在教师与学生、教师与学校、教师与用人单位、教师与政府之间关于教师数字素养提升（或者教育数字化转型）的态度、做法上的矛盾之处，运用统计学方法结合应用型本科教育教学实践确定关键矛盾，提出解决策略，搭建多元主体协同提升教师数字素养的自组织理论模型，并据此给出了制度范例《关于提升应用型本科教师数字素养的若干意见》，以期调动应用型本科教师在提升数字素养上的内在动力，服务应用型本科学校管理部门出台配套保障措施，助力师生数字素养提升，加快推进人工智能助力课堂教学变革，服务区域教育数字化转型。

　　提升教师数字素养不应该仅是教师自己的事情，学生、学校、用人单位和政府都是直接相关或间接相关的责任方，都能在一定程度上促进教师数字素养的提升。本书从协同发展的视角探究教师数字素养的影响因素，丰富了教师数字素养理论研究的外延。本书从多元主体的角度分析和解决问题，更符合教育实践，更有利于问题解决。此外，依据协同效应，当各子系统协同配合时，可以获得 1+1>2 的整体效应。

　　书中策略直接针对主要矛盾，更为简单，更具实践操作性。本书没有追求策略的"多和全"，而是聚焦教师、学生、学校、用人单位和政府在教育数字化转型问题上最为关心，且日常工作中最为头痛的问题，并通过统计学方法进一步遴选影响因素，把握少数关键变量，解决主要矛盾，抓大放小，力求所提出的策略简单易行。

本书提出了教师数字素养的自组织原则，力求从动力源的角度解决教师数字素养自适应提升的问题。虽然策略不追求"全面"，而追求"关键"，但是因为同时提出了自组织原则，每当遇到具体问题时，教师可以依据自组织原则自行采取因地制宜的措施，从而使应用型本科教师实现持续不断的自我发展和进化。

本书由三明学院吴迪、贾鹤鸣撰写，吴迪负责全书设计及撰写绪论、一至四章和结语，贾鹤鸣负责撰写第五章。在撰写过程中，厦门大学高等教育研究院在选题设计阶段给予宝贵指导，三明学院发展规划处对数据调研工作给予大力支持，北京教育学院徐慧芳博士、副教授为本书的数据分析提供了详细咨询和指导，三明学院郑雪晴、何晓兰、卢盈、田荣晨等同学为书稿的校对和图表等编辑工作付出很多时间，本书由三明学院发展规划处（学科建设与研究生处）学科建设经费和"三明学院学术著作出版基金"资助出版，在此表示由衷感谢！

由于个人水平以及时间有限，书中疏漏在所难免，恳请各位读者批评指正。

著 者

2025 年 8 月

CONTENTS **目 录**

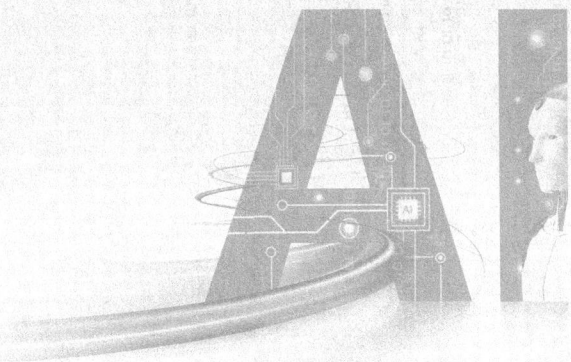

绪 论

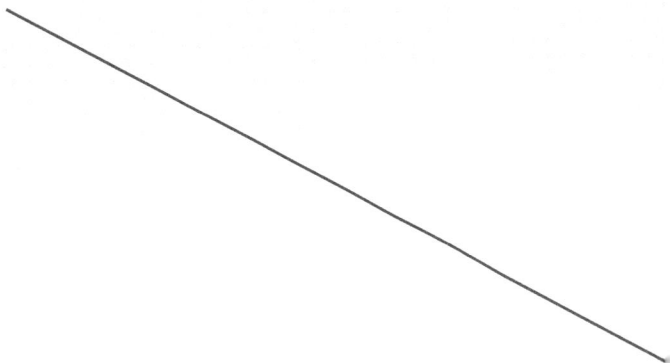

第一节　应用型本科教师数字素养研究的缘起

一、问题的提出

（一）国家实施教育数字化战略

近年来我国大力实施教育数字化战略，颁布了一系列重要的方针政策。2022年1月，全国教育工作会议在部署当年教育主要工作时，提出"实施教育数字化战略行动"，这标志着教育数字化发展战略的正式提出。同年10月，党的二十大报告对办好人民满意的教育作出重要部署，其中之一就是"推进教育数字化"。随后，2022年年底教育部发布了《教师数字素养》行业标准。2023年全国教育工作会议又提出"纵深推进教育数字化战略行动"，进一步推动了教育数字化战略的实施。2025年3月6日，习近平总书记在看望参加全国政协十四届三次会议的民盟、民进、教育界委员，并参加联组会时，特别提及"国家教育数字化战略"，强调其重要性。2025年4月11日，教育部等九部门联合印发了《关于加快推进教育数字化的意见》，其中明确提出要"以师生为重点提升全民的数字素养与技能"，还要"开展素养提升实践活动和调查评估"[①]。2025年中共中央、国务院印发的《教育强国建设规划纲要（2024—2035年）》第二十五条明确规定，要实施国家教育数字化战略。

教育数字化战略是我国建设教育强国、实现教育现代化的重要内容。随着我国教育数字化战略的全面实施，教育领域正经历着一场前所未有的变革。习近平总书记明确表示，教育数字化是我国开辟教育发展新赛道和塑造教育发展新优势的重要突破口，并要求"进一步推进数字教育，为个性化学习、终身学习、扩大优质教育资源覆盖面和教育现代化提供有效支撑"。我国教育数字化转型工作在基础设施、数字资源、信息平台、应用探索等多方面取得突破，数字资源供给质量显著提升。与此同时，在实际教学过程中，教育数字化发挥了数字教育资源可重复学习等特性，实现"一人一策""一人一课"，形成了分层教学、翻转教学等多种教学模式，有力促进了教育个

---

① 教育部等九部门. 关于加快推进教育数字化的意见［EB/OL］.（2025-04-16）［2025-07-25］. http://www.moe.gov.cn/srcsite/A01/s7048/202504/t20250416_1187476.html.

性化发展。全国各省市地区都在积极响应国家教育数字化战略。例如,福建省在"十四五"发展规划中明确提出要"发挥网络教育和人工智能优势",致力于建设高质量教育体系。2023 年,福建省教育厅进一步制订了《福建省教育数字化战略行动三年实施方案》,着重强调要"提升师生数字技能与素养",构建一套科学完善的教师信息素养体系。

(二)AI 时代对教师队伍建设提出新要求

"强国必先强教,强教必先强师"是习近平总书记关于教育的重要论述。教师队伍建设是建设教育强国的基础性工作。《教育强国建设规划纲要(2024—2035 年)》明确提出要"建设高素质专业化教师队伍,筑牢教育强国根基"。AI 时代对教师队伍建设提出了新的要求,在教育数字化战略的总体发展指导下,要积极推动人工智能助力教育变革,深化人工智能助推教师队伍建设,着力提升教师数字素养。2024 年 3 月,教育部部长怀进鹏在两会中强调,未来要致力于培养一大批具有数字素养的教师,把人工智能技术深入教育教学和管理全过程、全环节[①]。教师作为教育教学的核心力量,其数字素养直接影响教育数字化战略的实施效果。

但是,教师数字素养的提升是一件极为复杂的事情,并非只要明确了数字素养行业标准,教师就能果断自觉地按照标准按部就班地提升自身数字素养。当前教师数字素养的提升面临诸多挑战,如数字技术应用能力不足、数字化教学资源的利用不够充分等。尽管我国各级各类学校大多针对教师数字素养提升开展过各类培训,相关的培育项目也层出不穷,但因在保障机制等方面的诸多问题使其难以真正发挥实效,当前教师数字素养培育仍然存在保障乏力,以及脱离学生需求等困境[②],教师数字素养不足仍然是制约教育数字化全面转型的重要困境之一[③]。如何能够快速提升,从而达到《教师数字素养》行业标准的要求,摸清到底是哪些关键因素影响着教师数字素养的提升,是当下一个具有重要研究价值的课题,世界各国及我国各地区都在积极探寻。2024 年世界数字教育大会在上海开设了一个"教师数字素养与胜任力提升"平行会议,专门研究如何促进教师数字素养提升的问题[④]。全国各地教育系统都在积极地探索实践,着力提升教师数字素养。比

---

① 教育部.十四届全国人大二次会议举行民生主题记者会,教育部部长怀进鹏回答记者提问[EB/OL].(2024-03-10)[2025-07-25].http://www.moe.gov.cn/jyb_xwfb/s5147/202403/t20240310_1119485.html.

② 周刘波,张梦瑶,张成豪.数字化转型背景下教师数字素养培育:时代价值、现实困境与突破路径[J].中国电化教育,2023,(10):98-105.

③ 冯剑峰,王雨宁.学校"数字化支持"提升教师数字素养的机理研究[J].教师教育研究,2024,36(2):45-52.

④ 教育部.促进教师数字素养提升撬动教育整体变革[EB/OL].(2024-01-31)[2025-07-25].http://www.moe.gov.cn/jyb_xwfb/xw_zt/moe_357/2024/2024_zt02/pxhy/pxhy_jssy/pxhy_jssy_mtbd/202401/t20240131_1113509.html.

如，组织教师依托真实教学场景进行集体研训，在微课录制室学习精品课录制、在多屏互动教室开展全程讨论；连续开展教师信息素养全员测评，以评促建，依托测评结果有针对性地开展培训①。本研究认为，关于教师数字素养提升的问题，一方面要从管理端加强管理培训，同时另一方面要关注教师端的内在动力问题，积极发挥事物的内因作用，因为内因决定着事物发展的根本方向。我国教师的数字素养虽然存在结构化差异，但是整体上处于中等偏上的水平，如果要加快实施教育数字化转型，充分调动教师的积极性，解决动力源的问题，重视内因的决定性作用可以增效不少。

全国教师数字素养整体水平处于中上等，目前已有许多研究支持这个判断。《中国智慧教育蓝皮书（2022）》公布，我国有 86% 的教师数字素养达到合格及以上水平。近年来，也有诸多地方区域和学者对教师数字素养进行测量。例如，2022 年宁夏组织全区 6.9 万名中小学校长、教师和各级教研员参加了信息素养测评，合格率达 99.93%，优秀率达 69.97%②；宋灵青在全国东中西部选取 9405 名中小学教师参加调查，发现中小学教师数字素养整体水平较高，城乡教师数字素养没有明显差异③；另有研究对 339 名乡村教师进行调查，发现乡村教师数字素养总体处于中等略偏上水平④；还有研究在全国范围内对 1517 名中小学教师进行调查，发现我国中小学教师数字素养整体处于中等水平，且存在结构差异⑤。这进一步说明关于教师数字素养提升的问题，除去管理部门积极提供保障条件等外部因素，还有很重要的一个影响方面就是教师的内在动力。有时课堂教学变革的力度不够，可能不是培训不精准，并非资源不够充足，而仅是教师觉得没有时间、不想参加等微小的主观原因导致的。比如，澳门城市大学校长刘骏就指出"许多教师在课堂上学习和实施新技术的时间和资源有限，他们可能很难抽出时间参加培训课程或探索使用新的数字工具"⑥。动机是由需要引起的，它是直接推动个体进行活动以达到一定目的的内部动力。利益可以被视为一种外在的诱因，它与个体内部的需求相结合，形成动机，从而促使个体采取行动。因此，在教

① 教育部.教育系统着力提升教师数字素养：迎接数字化掌握新技能［EB/OL］.（2023-03-23）［2025-07-25］.http://www.moe.gov.cn/jyb_xwfb/s5147/202303/t20230323_1052204.html.

② 教育部.教育系统着力提升教师数字素养：迎接数字化掌握新技能［EB/OL］.（2023-03-23）［2025-07-25］.http://www.moe.gov.cn/jyb_xwfb/s5147/202303/t20230323_1052204.html.

③ 宋灵青.我国中小学教师数字素养的实然状态与突破路径：基于全国 9405 名中小学教师的测评［J］.中国电化教育，2023，（12）：113-120.

④ 朱红梅.乡村教师数字素养影响因素与提升策略［J］.教学与管理，2024，（09）：49-55.

⑤ 金志杰，陈星.数字化背景下中小学教师数字素养现状与提升路径［J］.教师教育研究，2024，36（5）：74-82.

⑥ 教育部.数字素养与技能是教师立身之本［EB/OL］.（2024-01-31）［2025-07-25］.http://www.moe.gov.cn/jyb_xwfb/xw_zt/moe_357/2024/2024_zt02/pxhy/pxhy_jssy/pxhy_jssy_mtbd/202401/t20240131_1113510.html.

师数字素养提升问题上，从动机的角度、系统的角度出发，关注影响教师数字素养提升的各个利益相关方，并聚焦利益相关方在教师数字素养提升或者说教育数字化转型方面的矛盾焦点，有针对性地协调各方利益分配，从而搭建动力机制，多方协同推进教师数字素养提升就成为一个值得研究的问题。

（三）国家大力支持应用型本科发展

2015 年教育部等三部委出台了《关于引导部分地方普通本科高校向应用型转变的指导意见》，明确提出了地方普通本科高校向应用型转型的思想。2017 年在《教育部关于"十三五"时期高等学校设置工作的意见》中，正式将我国高等教育分为研究型、应用型和职业技能型三类。在应用型本科蓬勃发展的十年间，应用型本科高校的责任、使命不断凸显与确认，为社会培养了大批适应社会产业升级需求的高素质应用型人才。国家持续关心和支持应用型本科发展，2025 年在《教育强国建设规划纲要（2024—2035 年）》中，再次提出要"按照研究型、应用型、技能型等基本办学定位"，推进高校分类发展，以及着重强调要"加快推进地方高校应用型转型"。

随着我国产业结构的不断升级和经济发展方式的转变，应用型本科以培养适应地方经济社会发展需要的高层次应用型人才为目标，能够紧密对接产业需求，为生产、建设、管理、服务一线输送大量具有扎实专业知识和较强实践能力的人才，满足产业发展对人才的多样化需求，推动产业升级和经济结构调整。应用型本科对推动我国的教育现代化建设具有重要意义。

应用型本科的发展，根基在于应用型本科教师。他们不仅是人才培养方案的设计师，将理论与实践融合，精心打造适配社会需求的课程，还是实践教学的领路人，带领学生在实操中掌握技能。当下，为贯彻落实国家教育数字化战略，促进人工智能助力教育变革，教师的数字素养显得尤为关键。信息技术席卷教育领域，数字素养能助力教师运用线上平台、虚拟资源创新教学，让课堂更加生动高效。同时，产业数字化转型加快，教师借此可洞察企业需求，将前沿数字技术融入教学，培养学生契合时代的数字技能，为应用型本科发展注入新活力。因此，深入研究应用型本科教师数字素养的影响因素，并探索有效的培育策略，对教育强国建设具有重要的现实意义。

二、研究的意义

（一）有利于增强应用型本科的横向竞争力

本研究有助于应用型本科切实推进和有效落实国家教育数字化战略。在当前竞争日益激烈的教育大环境下，应用型本科要想在未来教育中占据优势地位，培养出符合社会产业升级需要的高素质人才至关重要。通过提升教师数字素养，应用型本科能够更好地整合数字资源，创新教学模式，提高教学质量，从而增强学校的核心竞争力。这不仅关乎学校的声誉和形象，更关系到应用型本科在未来教育格局中的生存和发展际遇。

（二）有利于应用型本科教师适应 AI 时代的发展需求

对于应用型教师而言，本研究能为他们提供提升数字素养的有效路径。在 AI 时代，教师面临着前所未有的挑战，比如怎样运用生成式人工智能技术优化教学过程、如何利用数字化资源丰富教学内容等。提升数字素养能够帮助教师快速适应这些变化，更好地开展教学工作。具备良好数字素养的教师，能够在教学中更加得心应手，提高教学效果，增强自身在教育领域的横向竞争力，为个人的职业发展打下坚实的基础。

（三）有利于丰富教师数字素养理论研究的外延

从理论研究的角度来看，本研究从协同发展的独特视角深入探究教师提升数字素养的内在机理，为该领域的理论研究注入了新的活力。以往关于教师数字素养培养策略的研究相对较为分散，缺乏系统性和综合性。本研究通过运用协同论等相关理论，对教师数字素养的影响因素进行全面分析，并遴选关键因素，抓主要矛盾，将复杂的问题有效简化，还从可持续发展的角度提出了教师数字素养提升的自组织原则，最后给出了具有创新性的培育策略，丰富了教师数字素养的理论体系，为后续的研究提供了有益的参考和借鉴。

第二节　研究现状与述评

一、研究现状

教育数字化转型是新时代教育发展的重要内容，教师作为教育数字化战略得以落地的核心和关键，其数字素养培养已成为国内外教育研究的关注重点。我国《教师数字素养》行业标准于2022 年 11 月正式颁布，由于颁布时间较短，当前关于教师数字素养培养和提升的研究仍比较少。对此，已有研究主要关注如下六个方面。

一是关注特定研究对象的数字素养问题。例如，专门研究中小学[1]、高等教育[2]、职业教育[3]，乡村教师[4]、特殊教育[5]，英语教师[6]、地理教师[7]、体育教师[8]、思政教师[9]等各级各类各学科教师数字素养的培养问题。

---

[1]　林书兵，姜雨晴，张学波，等. 中小学教师数字素养的基本现状、影响因素与提升策略：基于珠三角等地的调查与分析 [J]. 中国电化教育，2025，（2）：84-91.

[2]　梅兵. 高校教师数字素养提升：现实问题与体系构建 [J]. 中国高等教育，2024，（12）：50-54.

[3]　李雅靓，刘培翔，程岭. 职业院校教师数字素养培养研究 [J]. 教育与职业，2025，（7）：64-70.

[4]　陈恩伦，高杨. 文化再生产理论视角下我国乡村教师数字素养异质性及其路径调适 [J]. 河北大学学报（哲学社会科学版），2025，50（2）：88-99.

[5]　陈小饮，黄格敏，申仁洪. 特殊教育教师数字素养培育的逻辑、困境与突破路径 [J]. 中国特殊教育，2024，（8）：3-9.

[6]　黄芳，王乐. 我国中小学英语教师数字素养发展现状及影响因素研究 [J]. 北京第二外国语学院学报，2024，46（6）：46-63+86.

[7]　赵传兵，赵翠玲. 地理教师数字素养培育路径研究：基于对 L 市地理教师数字素养的调查 [J]. 地理教学，2025，（2）：25-29.

[8]　李素军，李伟，杨挺. 跨越数字鸿沟：中小学体育教师数字素养的构成与提升 [J]. 教育学术月刊，2024，（12）：85-93.

[9]　李颖，唐晓勇. 高校思想政治理论课教师数字素养提升的价值逻辑、根本目标与基本原则 [J]. 思想教育研究，2024，（10）：90-96.

二是借鉴国际经验，开展比较研究，参考欧盟[①]、英国[②]、新加坡[③]等国家和地区在教师数字素养培养方面的举措。

三是关于数字素养框架标准和素养测评方面的研究。由于我国《教师数字素养》行业标准已经正式颁布，所以在研究素养框架时，研究者主要聚焦如何将通行的行业标准具体转化为各级各类学校教师特有的数字素养，如王永钊（2023）研究了职业院校教师数字素养的内涵。在数字素养测评方面实证研究比较多，有研究给出了高校教师数字素养评价指标，如杨爽（2019）的《高校教师数字素养评价指标构建研究》。彭红超（2024）基于《教师数字素养》行业标准，编制了中小学教师数字素养测评问卷。赵云建（2024）通过建立教师数字素养标准与课堂行为的观测对应关系，构建了教师数字素养的课堂技术应用观测框架。黄庆双等（2024）提出了教师数字素养微认证的体系与路径。

四是关于教师数字素养影响因素的研究。例如，《中小学教师数字素养的基本现状、影响因素与提升策略——基于珠三角等地的调查与分析》（林书兵等，2025）、《我国中小学英语教师数字素养发展现状及影响因素研究》（黄芳等，2025）、《乡村教师数字素养提升的影响因素与实施策略研究——基于结构方程与模糊集定性比较分析》（吴军其等，2025）、《乡村教师数字素养影响因素与提升策略》（朱红梅，2024）。

五是关于教师数字素养培养路径和策略方面的研究。此方面正是本研究的主题，从现有研究数量上看，这也是学者普遍关心的突出问题。如李晓娟（2021）提出主体先行、优化资源、健全制度等有效路径。易烨（2022）基于浙江省335名专任教师的实证分析，提出增强教师数字素养的理论理解和实践能力，坚持统合提升与分类指导相结合原则，建立终身学习共同体等方法。闫广芬（2022）基于欧盟七个教师数字素养框架的比较分析，提出完善数字化新基建、构建数字化学习共同体、加强数字科技伦理和法律规范建设以及开发数字化评估工具与标准等策略。胡小勇（2023）系统梳理世界高等教育先进国家颁布的助推教师数字素养转型的政策文件，提出构建微能力指标体系、强化职前职后教师一体化发展、加大应用国家智慧教育平台资源、探索素养规模化提升机制、运用无感知的情景化测评方式五个策略。孔令帅（2023）研究了联合国教科文组织的做法：一是为教师提供开放资源作为补充；二是制订教师数字素养相关标准；三是加强教育培训和实践。周刘波等（2023）针对理念滞后、课程缺乏、机制不足、保障乏力等现实困境，提出

① 邹云.欧盟职业院校教师数字素养培育路径及启示：基于信息生态理论视角［J］.教育与职业，2025，（7）：71-79.

② 王瑜，戴晓凤.英国教师数字素养提升的主要举措与核心特征［J/OL］.比较教育学报［2025-04-11］.http://kns.cnki.net/kcms/detail/31.2173.G4.20250318.1137.002.html.

③ 马瑄蔚.新加坡教师数字素养提升的实践探析及启示［J］.教学与管理，2024，（27）：105-108.

观念先行、系统培育、环境升级、体系保障的路径。魏非等（2024）提出走向人机结队的教师数字素养发展团队化路径的主张。刘邦奇等（2024）提出了"需求导向、标准引领、场景落地、评价反馈"这一总体策略。林可（2025）从游戏功能视角，创新教师数字素养的培养路径。闫寒冰（2025）提出育人为本、数智优先、应用驱动等实施路径。王浩（2025）针对教育数字化氛围与环境、数字化活动与项目、数字化成果与评控三个特定问题，有针对性地提出加强理论与政策保障体系、组织保障体系、智能测评保障体系的建设思路。

六是关于研究思路和方法。有的研究通过比较研究的方式，借鉴国际经验获得教师数字素养提升的思路，如《欧盟职业院校教师数字素养培育路径及启示——基于信息生态理论视角》（邹云，2025）。有的研究通过问卷调查的方式，对数字素养的水平现状进行测评，或者通过编制观测框架，发现现存问题，然后提出对应策略。前者如《地理教师数字素养培育路径研究——基于对 L 市地理教师数字素养的调查》（赵传兵，2025），后者如《指向教师数字素养提升的课堂技术应用观测框架、现状诊断及改善路径》（赵云建，2024）。有的研究基于理论分析演绎出提升策略，例如《乡村教师数字素养的生成逻辑、困境根源与发展路径》（黄庆双等，2024），是基于 TOE 理论提出了教师数字素养的培养策略。林小平等（2024）基于利益相关者理论，提出了职业教育数字化转型中的矛盾冲突及协同治理。还有研究通过文献研究，在分析教师数字素养的价值、困境后提出策略，如《中小学教师数字素养的本体意蕴、现实困境与提升路径》（刘睿媛，张增田，2024）。

二、研究现状述评

综上所述，在研究对象上，研究中小学教师数字素养、乡村教师数字素养、职业教育教师数字素养的比较多，而研究高校教师数字素养的非常少，直接面对应用型本科教师的研究目前更是没有看到。国内外关于教师数字素养框架和测评的研究比较多，但是这并非本研究的研究目标，在本研究中，教师数字素养作为因变量存在，在分析框架上遵循我国的《教师数字素养》行业标准，在测量上借鉴了已有的成熟问卷，并结合应用型本科教师特点修改后作为测量工具。本研究的重点则是在教师数字素养的影响因素和培育策略上。已有关于教师数字素养影响因素的研究，主要针对乡村教师和中小学教师。在培养路径和策略上，主要涵盖主体提升、资源建设、培训观念更新、环境营造、评价反馈、保障体系等方面。

可见，当前研究中缺少直接关于应用型本科教师数字素养的研究，而我国一直非常重视应用型本科的发展，在 2025 年印发的《教育强国建设规划纲要（2024—2035 年）》中，再次强调要"加快推进地方高校应用型转型"，并且非常重视"制订完善的师生数字素养标准"。已有关于其他类型学校教师数字素养的研究，主要通过比较研究、理论演绎、文献研究等方法提出培育策略，而在实证调查方法的运用上，大多通过实证调查的方法发现现存问题，从而提出教师数字素养的培育策略。而通过构建理论分析假设模型，用实证调查的方式在统计学意义上遴选关键因素并针对关键因素提出培育策略的研究比较稀缺，而这正是本研究的思路和方法。

第三节　研究思路与方法

一、研究思路

若想对应用型本科教师数字素养的影响因素进行分析，需要构建一套具有可操作性的分析框架。这一分析框架既要基于学理，也要紧密结合应用型本科教师的教育教学发展状况。

首先，需要确定建立分析框架的宏观方法。已有的教师数字素养研究，主要通过比较研究、理论演绎、文献研究、实证研究等发现现存问题，从而提出教师数字素养的培养策略。这种通过发现现存问题，继而分析问题产生的原因，最后提出策略的方法是比较经典的三段论研究方法，实用且可行。该研究思路在发现问题的阶段常常有很多差异化做法，定性研究和定量研究都有。而在分析问题产生的原因这一环节，大多采用理论分析的方法。此外，还存在另外一种做法，就是在这一环节采用定性和定量相结合的方法。通常是先采用文献研究、访谈等质性研究的方法，确定影响因素的分析框架，提出研究假设，然后再采用实证研究的方法，通常通过问卷调查，对这些影响因素进行统计学意义上的检验。针对具有显著性的影响因素，再有针对性地提出对策。这可以从统计学意义上进一步增加所提策略的价值。

其次，需要在微观层面确定遴选分析框架内各影响因素的方法。目前已有的关于教师数字素养影响因素的研究，基本是关于中小学教师和乡村教师的。在构建理论分析框架的时候，有的研究主要通过访谈提炼教师数字素养的影响因素[1]；有的研究基于特定的理论视域，如"数字原住民"[2]；有的研究采用了近年来比较常用的技术接受模型[3]。这些研究都非常成熟，将定性研究和定量研究相结合，从学理上和统计分析上非常充分地为策略提供了相应的前提。然而，正如前面所

---

① 林书兵，姜雨晴，张学波，等 . 中小学教师数字素养的基本现状、影响因素与提升策略：基于珠三角等地的调查与分析 [J] . 中国电化教育，2025，（2）：84-91.

② 黄芳，王乐 . 我国中小学英语教师数字素养发展现状及影响因素研究 [J] . 北京第二外国语学院学报，2024，46（6）：46-63+86.

③ 吴军其，刘萌，吴飞燕，等 . 乡村教师数字素养提升的影响因素与实施策略研究：基于结构方程与模糊集定性比较分析 [J] . 中国电化教育，2025，（1）：109-116+125.

述，目前这些研究主要是面向中小学教师和乡村教师的。中小学教师、乡村教师同大学教师相比，在工作内容和特点上存在不同。大学教师相对来讲，科研工作、社会服务会更多一些，同区域内的企业、各用人单位、各级行政部门，通过横向课题、学生就业、其他社会性事务等方式，往往联系更加紧密一些。因而对大学教师来讲，影响其数字素养提升的因素就更为复杂。对应用型本科教师来讲，校企合作、校地合作更加丰富，因而对其个人素质养成的影响更为显著。目前已有研究在形成影响因素的分析框架和理论模型时，主要针对教师这一群体，有时会加入学校管理层。而对应用型本科教师来讲，政府的相关政策、资金支持、用人单位的合作框架等方面都会直接影响其工作的主要内容，从而影响应用型本科教师核心素养，包括数字素养的形成。

故而本研究从应用型本科教师的上述特点出发，将协同论作为理论基础之一。其一，协同论讲求系统要开放和交互的特点，这与应用型本科教师的工作特点十分吻合。其二，协同论关于"序参量"的观点，十分契合应用型本科教师的需求。在文献综述中可以看到，学者提出了各种各样的培养策略。对于应用型本科教师来讲，当看到这么多具体策略的时候，会感觉千头万绪，不知从何处开始，对应用型本科高校和教师来说哪些是最重要和关键的因素，是一个亟待解决的问题。而本研究的思路就是找到对应用型本科教师数字素养的提升来说最关键的少量影响因素，即优先解决主要矛盾，抓大放小。

综上所述，本研究的整体思路是：首先，以协同论为理论基础，通过文献分析、非结构化访谈等质性研究的方法广泛收集教师数字素养的影响因素，搭建提升教师数字素养的假设理论模型。而后，通过实证调查的方式，在统计学意义上验证所提出的假设，遴选关键因素。最后，针对关键因素提出策略建议。

二、研究方法

（一）文献研究法。文献研究法主要用于两个环节，一是通过对协同论、教师数字素养等相关文献进行认真研读和分析，奠定本研究的理论基础，并搭建分析框架。协同论的三个基本原理，即协同效应、役使原理和自组织原理，三者的作用贯穿了整个研究过程，从分析框架、影响因素的遴选，一直到最终策略的提出。二是通过广泛查阅网络上各类信息资料，研读讲话、案例、学术论文等形式的文本材料，收集归纳各种假设的影响因素，为提出研究假设做准备。

（二）实证调查法。第一，在提出研究假设的环节，除了用到文献研究法，还运用了非结构化访谈，采用方便抽样的方法，对应用型本科院校的教师、学生，市（区）教育局的负责人，区域所在地的中小学领导、教师等用人单位方代表，企业人事工作负责人等多元主体进行调查，广泛征集其对应用型本科教师数字素养的看法，特别关注其与应用型本科教师在日常工作中产生的难点和冲突。第二，在验证研究假设的环节，对福建、黑龙江两地的 411 位应用型本科教师进行问卷调查，在统计学意义上得出教师数字素养的影响因素。

（三）行动研究法。将所提出的策略应用在课题组成员的课堂教学中，以进一步验证和修订研究结论。其中，可以直接应用在课堂教学中的策略，由课题组成员亲自授课，并对课堂教学质量进行分析，验证策略的有效性。对于无法直接应用的策略，如涉及学校相关政策的部分，采用向学校相关部门提交咨政报告的方式，或者已经和学校管理者进行沟通交流，或者有待未来进一步验证。

三、核心概念界定

（一）应用型本科

从历史的视角看应用型本科高校，其产生和发展有着深刻的社会历史动因，并产生了深远影响。我国应用型本科教育概念初见于 20 世纪 90 年代末，源于我国从 20 世纪 80 年代开始逐步由计划经济向社会主义市场经济转轨，而当时的"二元重点发展目标"教育模式（政府重点发展一流大学和高等职业院校）已越来越不适应我国经济社会和教育发展的需求，迫切需要知识和技能兼备的高级应用型人才来解决我国经济社会发展过程中出现的问题。

2001 年 4 月教育部在长春组织召开了"应用型本科人才培养模式研讨会"，标志着我国应用型本科教育概念的正式提出。从 2001 年至 2025 年，我国应用型本科教育经历了 20 余年探索，在我国经济社会发展中发挥了重要作用，具体表现在：其一，从 20 世纪六七十年代起，欧美国家以工程教育为代表的应用型本科教育迅速崛起，应用型本科教育已成为一种顺应世界经济发展势不可挡的潮流，我国适时发展应用型本科教育可以同世界更好地交流、对话以及沟通合作，在此意义上将有利于构建人类命运共同体；其二，应用型本科教育的提出，对完美解决结构性失业问题具有现实意义和价值；其三，应用型本科教育可以契合教育层次多样化的需求，使那些动手能力较强，擅长解决实际问题的学生有了继续进修和发展的空间，有利于我国培养全面发展的人才的教育目的的实现[①]。

在应用型本科快速发展的 20 余年间，国家积极出台配套政策大力支持应用型本科发展。2015 年教育部等三部委出台《关于引导部分地方普通本科高校向应用型转变的指导意见》，明确提出了地方普通本科高校向应用型转型的思想。2017 年在《教育部关于"十三五"时期高等学校设置

---

① 吴迪，贾鹤鸣，徐苗苗 . 应用型本科高校课程改革历程与探索［J］. 三明学院学报，2022，39（1）：108-113.

工作的意见》中，正式将我国高等教育分为研究型、应用型和职业技能型三类。在应用型本科蓬勃发展的二十年间，应用型本科高校的责任、使命不断凸显与确认，为社会培养了大批适应社会产业升级需求的高素质应用型人才。国家持续关心和支持应用型本科发展，2025 年在《教育强国建设规划纲要（2024—2035 年）》中，再次提出要"按照研究型、应用型、技能型等基本办学定位"，推进高校分类发展，以及着重强调要"加快推进地方高校应用型转型"。

（二）应用型本科教师数字素养

1. 数字素养概念的发展

随着数字技术的发展，数字素养的概念不断产生变化。20 世纪末，理解并运用计算机进行阅读、写作以及处理网络信息等计算机技能，是数字素养的最早内涵（Lenham，1995）；随后，其内涵由基本的计算机应用扩展为包括数字信息处理、数字媒体制作、线上交流与协作为一体的综合能力（UNESCO，2011）；当大数据时代到来时，如何从大数据中获得有价值的信息并生成深刻的见解成为数字素养的新要求（European Commission，2017a）；当前，人类与人工智能共生共处成为数字素养的最新方向（European Commission，2022）[1]。总体来说，数字素养是指个体在数字环境中，能够有效地获取、处理、创造和交流数字信息的能力，以及对数字技术的理解、应用和创新的意识与态度。

2. 教师数字素养

《教师数字素养》行业标准（JY/T0646-2022）明确规定，教师数字素养（digital literacy of teachers）是指教师适当利用数字技术获取、加工、使用、管理和评价数字信息和资源，发现、分析和解决教育教学问题，优化、创新和变革教育教学活动而具有的意识、能力和责任。可见，随着社会和技术的不断进步，对教师信息化教学能力的要求，已经由信息素养延展为数字素养，贯穿数据层至智慧层，即不但要求教师能够制作课件、使用 Office 等信息工具，还要求其能够对教育数据进行收集、分析与解读[2]，以及使用诸如智慧黑板、点阵笔、电子班牌、DeepSeek 等智能化或数字工具，以赋能教育教学实践、优化与创新教学过程。

3. 应用型本科教师数字素养

对于应用型本科教师而言，其数字素养同样以《教师数字素养》的 5 个一级维度、13 个二级维度和 33 个三级维度为基本标准。但是，由于应用型本科教师面对的应用型本科学生有其独特

① 彭红超，朱凯歌 . 中小学教师数字素养测评问卷的本土化构建：基于《教师数字素养》行业标准［J］.现代远程教育研究，2024，36（5）：72-82.
② 彭红超，朱凯歌 . 中小学教师数字素养测评问卷的本土化构建：基于《教师数字素养》行业标准［J］.现代远程教育研究，2024，36（5）：72-82.

性，潘懋元教授对 3 种类型院校人才培养定位差异做出相关表述：研究型院校要培养出擅长学术研究的创新型人才，需要具有"基础知识宽厚、综合素质较高"的素质结构；职业技能型院校要培养出从事生产管理服务一线工作的技能型人才，理论"够用"就好，重点需要突出实践能力的培养；应用型本科要培养出服务经济社会发展的应用型人才，需要"理论基础扎实，专业知识面广，实践能力强，综合素质高"的素质结构[①]。可见，应用型本科教师面对的应用型本科学生有其独特性，因而应用型本科教师的数字素养就要更加注重理论与实践相结合，才能培养出"理论和实践完美结合"的应用型本科人才[②]。应用型本科教师的数字素养要以应用为目标，引导、协助学生将理论与实际对接，在 AI 时代理论与实践的完美结合可能意味着，教师要"研究、设计良好沉浸感体验，让学生感受知识的学有所用、学完会用"[③]。因此，本研究在核心问题上，即应用型本科教师数字素养的影响因素，特别强调能为"理论和实践完美结合"服务，教师、学生、学校、用人单位、政府等多元主体协同发挥影响作用，助力应用型本科教师数字素养的提升。

① 吴迪，贾鹤鸣.应用型本科教师核心素养的构建机制研究［J］.三明学院学报，2025，42（1）：110-118.

② 潘懋元，石慧霞.应用型人才培养的历史探源［J］.江苏高教，2009（1）：7-10.

③ 孙伟，葛守富.应用型本科院校教师角色与 Web 时代的同步演变［J］.黑龙江高教研究，2023，41（7）：91-96.

第 1 章

应用型本科教师提升数字素养
影响因素的理论分析模型

第一节 理论基础与分析框架

一、理论基础

（一）协同论

协同论（synergetics）也称协同学或协和学，由德国理论物理学家、斯图加特大学赫尔曼·哈肯（Hermann Haken）教授于 20 世纪 70 年代创立，其诞生标志是《协同学导论》的出版。协同论是研究复杂系统中各子系统之间如何通过协同合作自发地产生宏观有序结构和功能的理论，它能促使整个系统形成单个子系统不具备的新的结构和功能。在协同论中研究的系统可能是性质不同的基元，例如原子、分子、光子，生物组织的细胞、器官，动物世界，以至社会中的人[①]。核心思想可以概括为协同效应、役使原理和自组织原理三个基本原理[②]。

1. 协同效应

协同效应强调整体效应和开放性。首先，协同效应指复杂系统中，各子系统相互作用、相互协调，产生一种整体效应，使得系统的整体功能大于各部分功能之和。就像一支交响乐团，不同乐器组（子系统）各自有独特的演奏，但只有在指挥的协调下协同演奏，才能创造出美妙和谐的音乐（整体效应），这种音乐效果远超单个乐器单独演奏效果的简单相加。其次，系统能够从无序发展到有序状态的前提是开放性[③]，也就是说，要实现这种"一加一大于二"的整体效应，各子系统不能"闭关锁国"，而要在开放的环境下聚集并协作[④]。并且，各子系统内部及相互之间产生作用和影响，会"致使运行系统内部的个别子系统组织结构发生变化"[⑤]。

协同效应是协同论的核心效应，它揭示了系统从无序走向有序的关键机制。在社会、经济、

---

① 哈肯，郭治安.协同学的基本思想［J］.科学，1990，42（1）：3-5，79.

② 哈肯.协同学及其最新应用领域［J］.自然杂志，1983，（6）：403-410.

③ H.HAKEN. Information and Self-Organization: A macroscopic Approach to Complex System[M].New York：Springer-Verlag, 1988:11.

④ 张睿.协同论视域下高校"三全育人"实施的机理与路径［J］.思想理论教育，2020，（1）：101-106.

⑤ 朱镇生.基于协同论的高职学生就业工作机制研究［J］.教育与职业，2022，（21）：55-59.

生物等众多领域，系统的各组成部分通过协同合作，能够涌现出全新的、更高级的功能和特性，推动系统发展和进化。

2. 役使原理

役使原理中的重要概念是序参量，在系统从无序向有序转变的过程中，少数几个序参量支配着大量状态变量的行为，决定了系统的宏观结构和功能。可见，序参量概念的提出能起到简化复杂系统的作用。除了对系统演变起决定作用的序参量，其他对系统有影响但未构成决定因素的变量称为状态变量[①]。例如，在激光系统中，少数几个光子的行为（序参量）支配着大量原子的发光行为，从而使激光系统产生高度有序的相干光输出。再比如，在铁磁体中，磁化强度就是一个序参量。当温度降低到一定程度时，磁化强度会突然出现，使得铁磁体从无序的顺磁状态转变为有序的铁磁状态。换句话说，随着量的积累，当达到一定临界值时，是否会发生结构性的质变，通常是由少数序参量来决定的。当各个序参量之间维持着一种势均力敌的状态时，它们之间会自然而然地达成一种无序性的妥协局面。随着系统中控制参量不断发生改变，若原本处于合作关系的若干个序参量所保持的均势被打破，那么序参量之间潜藏的矛盾与激烈的竞争就会愈发凸显。在经过一系列交替性的博弈过程之后，最终会形成一种仅有一个序参量独占主导地位，对整个系统进行支配的格局。一旦达到这样的格局，系统便实现了更高级别的协同状态，换而言之，就是达成了更高层次的有序状态，这充分体现了支配力量对系统发展的促进作用[②]。

役使原理简化了对复杂系统的研究。它表明在复杂系统中，虽然子系统众多且相互作用复杂，但通过关注少数关键的序参量，就可以把握系统的整体行为和演化趋势。这为处理复杂系统问题提供了一种有效的方法，即通过控制序参量来控制系统的发展和变化。序参量是连接微观子系统行为与宏观系统有序结构的桥梁。通过研究序参量，可以把握系统的演化方向和规律，了解系统如何从无序状态转变为有序状态，以及不同有序状态之间的转变机制。在实际应用中，确定序参量有助于对复杂系统进行有效控制和管理。

3. 自组织原理

自组织原理是指在没有外部特定指令的情况下，系统内部各子系统能自行组织、自行协调，形成有规律的结构和功能[③]。例如，在化学反应中，某些分子在一定条件下会自发地形成特定的空间结构和反应模式；在生态系统中，各种生物种群通过相互作用和自我调节，形成稳定的生态群落结构。在这个过程中，发生了平衡打破、遵循规则流程、自发形成新稳态和达到新动态平衡四

① H. 哈肯. 协同学导论 [M]. 张纪岳，郭治安，译. 西安：西北大学出版社，1981：188.

② 白洁，于泽元. 学校课程实施协同主体建构研究：协同论的视角 [J]. 国家教育行政学院学报，2020，（5）：76-81.

③ 哈肯. 协同学：大自然构成的奥秘 [M]. 凌复华，译. 上海：上海译文出版社，2005：38-42.

件事。一是平衡打破。任何组织，无论是生物体、社会组织还是物理系统，在某一时刻都会处于一种相对平衡的状态，这意味着系统内各要素之间的相互作用和影响处于一种稳定的状态。然而，组织内外环境并非一成不变，当外部环境如市场竞争、政策法规、技术革新发生变化，或者内部环境如人员结构调整、管理策略改变时，就会对系统内各要素间的相互作用产生影响，原有的平衡状态就会被打破。例如，一家传统零售企业长期以来形成了稳定的运营模式，但随着电商的兴起，消费者购物习惯发生变化，这就打破了该企业原有的市场份额、销售渠道等方面的平衡。二是遵循规则流程。在平衡被打破后，组织系统并不会毫无章法地混乱发展。为了重新建立秩序，系统需要遵循一定的规则和流程。这些规则和流程可能是系统本身所固有的，也可能是在发展过程中逐渐形成的。它们就像一种"引导力"，约束和引导着系统内各要素的行为。例如，企业在面对市场变化时，会依据自身的战略规划、管理体系、业务流程等规则，调整产品结构、优化服务流程、拓展销售渠道等，以适应新的环境。三是自发形成新稳态。在遵循规则和流程的基础上，系统内各要素会通过相互协作、相互调整，自发地形成新的稳定状态。这里的"自发"并不意味着毫无引导，而是指系统在没有外部特定指令的情况下，依靠自身的调节机制实现新的有序。例如，企业经过一系列调整后，可能会形成新的业务模式、组织架构和市场定位，各部门之间围绕新的模式和定位重新分工协作，从而使企业在新的市场环境中重新站稳脚跟，实现稳定运营。四是达到新动态平衡。新形成的稳态并不是静止不变的，而是一种动态平衡。在不断变化的内外环境中，系统需要持续与外界进行物质、能量和信息的交换，以维持这种平衡。例如，企业在新的稳定运营状态下，仍需时刻关注市场动态、技术发展趋势，不断调整自身策略，以应对新的挑战和机遇，从而保持在市场中的竞争力。

自组织原理强调系统的自主性和内在动力。它表明系统具有自我优化、自我适应的能力，在适当的条件下，能够自发地从无序状态转变为有序状态，实现系统的自我发展和进化。这种自主性是系统的内在生命力，它是系统达到新的平衡和稳定状态的转变机制和主要驱动力量。

（二）协同论对教师数字素养影响因素模型构建的适用性

协同论是研究不同事物共同特征及其协同机理的学科，主要探究系统内部各子系统间相互作用产生的协同效应，以及系统在无序和有序间转化的机理与规律的理论。协同论的研究对象是复杂、开放的自组织系统，系统内各要素彼此联系、相互影响、相互作用、协同共进。教师数字素养的提升之所以需要协同，是因为教师数字素养的提升本身作为一种综合性、复杂性的形成过程，其培育离不开教师本身、学校、学生，甚至用人单位和政府多方面的协同合作。协同论对教师数字素养影响因素模型构建的适用性具体表现在如下四个方面。

第一，研究对象契合。协同论的研究对象是复杂、开放的自组织系统，而教师数字素养的提升过程同样是一个复杂、开放的系统。在教师数字素养的形成中，包含了教师自身的学习与发展、学校提供的支持环境（如数字资源、培训机会等）、学生在教学过程中的反馈、用人单位对教师数字能力的要求以及政府在政策层面的引导和保障等多个要素，这些要素构成了一个相互关联的开放系统，与协同论的研究对象特征相契合。

第二，符合作用机制。协同论强调系统内各要素彼此联系、相互影响、相互作用、协同共进。在教师数字素养的提升中，教师自身是数字素养提升的主体，其主观能动性和学习能力对数字素养的发展起着关键作用。学校通过提供教学设施、组织培训活动等方式为教师提供支持，而教师的数字素养提升又会影响到学生的教学效果，学生的反馈反过来又能促进教师进一步提升数字教学能力。用人单位对教师数字素养的要求会引导教师不断提升相关能力，政府的政策则为整个系统的运行提供了宏观的指导和保障。这些要素之间相互作用、相互影响，符合协同论中系统要素的作用机制。

第三，能够满足教师数字素养提升对良好氛围环境的需求。教师数字素养的提升是一种综合性、复杂性的形成过程，单纯依靠某一个方面或某一个要素难以实现有效的提升。协同论关注系统在无序和有序间转化的机理与规律，通过各子系统间的协同效应，可以将原本复杂无序的教师数字素养提升过程转化为一个有序的、相互促进的过程。例如，通过学校、教师、学生、用人单位和政府之间的协同合作，可以整合各方资源，形成一个有利于教师数字素养提升的良好生态环境，从而实现从无序到有序的转变，更好地应对教师数字素养提升的复杂性和综合性。

第四，能够满足教师数字素养在培育和评价上的协同需求。教师数字素养的培育和评价过程离不开多方面的协同合作。协同论的协同效应能够为教师数字素养的培育和评价提供理论支持和方法指导。在培育方面，各方可以根据自身的优势和特点，共同制订培育方案，提供相应的资源和支持；在评价方面，多方面的参与可以使评价更加全面、客观和准确，避免单一评价主体可能带来的片面性。通过协同合作，能够更好地实现教师数字素养的培育和评价目标，这与协同论的理念和方法是一致的。

可见，教师数字素养的影响因素模型是由子系统及它们之间的联系所构成的复杂系统。子系统如何从无序走向有序，依赖不同主体的价值共识、系统和子系统之间的配合，具备了协同论研究对象的要素特征，协同论也同样能满足教师数字素养提升对良好氛围环境及在培育和评价上的协同需求。

（三）协同论视域下教师数字素养提升的现存问题

第一，教师数字素养提升不只是教师自己的事情，尚未形成协同效应。

基于协同论视角，教师数字素养提升的核心问题是忽视了各子系统之间的相互协调和相互作用。各主体间缺乏相向而行，没有形成 1+1>2 的整体效应。各主体固守原有规则，较少改变自身结构去适应整体。教育是一个复杂的系统，教师数字素养的提升，需要各子系统之间相互协同和相互作用。除了教师应该按照《教师数字素养》行业标准认真提升自身能力，学生、学校行政管理部门、用人单位、政府等都要协同配合才能实现教师数字素养的提升。可见，对教师来讲，不是有了《教师数字素养》的明确标准，教师就能自然而然地照着做了，也不是学校给予一定的立项支持或者其他方面的政策支持，例如开展相关培训工作、认真传达相关工作精神、推进相关工作等就足够了。各个子系统间还存在十分复杂的相互作用力，只有分析清楚这些相互关系、厘清主要矛盾，才能有的放矢地制订教师数字素养的提升策略。

第二，对各子系统之间关键因素把握不当，协同动力生成机制不完善。

教师数字素养的提升需要教师、学校、政府和用人单位等各主体积极推动。然而，在现实中，各主体在推动教师数字素养提升方面的动力普遍不足，这严重制约了教师数字素养的提升进程。例如，一些教师认为数字技术的应用只是教学的辅助手段，对自己的教学工作影响不大，因此不愿意花费时间和精力去学习和提升数字素养。此外，教师日常教学工作繁重，面临着较大的教学压力和工作负担，没有足够的时间和精力投入到数字素养的学习和实践中。而且，部分教师在学习数字技术时遇到困难，如对新技术的理解和掌握难度较大，缺乏有效的学习方法和指导，导致他们对数字素养提升产生畏难情绪，进一步削弱了提升的动力。各子系统的动力不足问题，可能是由于未抓住各子系统相互关系之间的主要矛盾。例如，一些学校面对教师数字化教学畏难情绪的问题，往往采取加大项目资助额度，或者在教学评价中加入相关要求，但是教师仍然可以采取置之不理或者敷衍塞责的做法。这可能是由于还没有抓住其中的关键因素，或者说主要矛盾。

第三，缺少自组织原则。

在教师数字素养提升的过程中，明确的规则和流程对于系统实现自适应动态平衡至关重要。然而，当前在数字素养提升方面缺乏一套清晰、完善的规则和流程，这在很大程度上阻碍了教师数字素养的有效提升。以师范类教育专业认证倡导的"学生中心、产出导向、持续改进"理念为例，这一理念为师范类教育专业的教学提供了明确的规则和方向。教师在教学过程中依据这一理念能够清晰地知道自己的教学目标和改进方向，如依据"学生中心"理念，教师可以时时刻刻根据学生的学习成果和反馈信息，不断调整教学方法和内容以提高教学质量。然而，在数字素养提升方面，却缺乏类似的明确规则。当教师面对数字技术的快速发展和不断更新时，不知道应该如何系统地提升自己的数字素养，也很可能困惑于在不同阶段应该掌握哪些数字技能和知识。在实际教学中，由于缺乏明确的规则和流程，教师在提升数字素养时往往存在盲目性和随意性。比如，在选择数字教学工具时，教师可能仅因为某种工具正是时下所流行的就去尝试使用，而没有系统地考虑该工具是否适合自己的教学内容和学生的学习需求。在参加数字素养培训时，教师也可能缺乏针对性，没有根据自己的实际情况选择合适的培训课程与内容，从而导致培训效果不佳。此外，缺乏自组织原则还使得教师在面对数字素养提升过程中的困难和挑战时，无法及时有效地调整自己的行为和策略。当教师在数字教学中遇到技术问题或教学效果不理想时，由于没有明确的规则和流程指导，他们可能不知道应该从哪些方面进行反思和改进，从而难以实现自我提升和发展。这种自组织原则的缺失，使得教师数字素养的提升缺乏系统性和连贯性，难以形成自适应和可持续的提升机制。

二、分析框架

系统协同是多元变量相互正向匹配的动态关系[①]，意味着各变量之间存在着积极的、相互促进的关系，即一个变量的变化会引起其他变量朝着有利于系统整体目标实现的方向变化。为了达成各变量之间的正向匹配关系，探究各变量的动力需求，以及各变量之间的矛盾，妥善化解矛盾即可促进正向匹配关系的建立，也是需求导致的矛盾的存在阻碍着各变量之间正向匹配关系的高效建立。教师数字素养影响因素的分析框架构建，正是基于上述考虑，从协同效应以及各动力源的需求和矛盾两个角度进行研究，从而搭建应用型本科教师数字素养的一级和二级影响因素指标体系。

（一）通过分析系统的协同效应提出影响教师数字素养提升的四个一级指标

在协同论中，系统由众多子系统构成，每个子系统都具有自身的运动和变化趋势，这些子系统自身的活力与特性，可看作类似"动力源"的要素。例如在一个生态系统中，各种生物种群（子系统）为了生存繁衍，各自有着独特的行为模式与发展动力，成为推动整个生态系统发展变化的内在动力。其次，外部环境对系统的作用类似另一种"动力源"。外部环境的变化，如资源的输入、政策的调整等，会促使系统发生改变。以企业组织为例，市场需求的变化、政府产业政策的引导等外部因素，推动企业（系统）内部各部门（子系统）进行调整与协同，从而影响企业的发展方向。

基于协同效应理论，教师数字素养提升的核心问题是要重视各子系统之间的相互协调和相互作用。也就是说，教师数字素养提升的问题绝不是教师自己的事情。除了教师应该按照《教师数字素养》行业标准认真提升自身能力外，学生、学校行政管理部门、用人单位、政府等各利益相关方都要协同配合才能实现教师数字素养的提升。当前，应用型本科教师数字素养提升中存在的

---

① KABIRAJ T,Lee C C.Synergy,Learning and the Changing Industrial Structure[J].International Economic Journal,2004,18(3):365-387

困难，除了教师本身在《教师数字素养》行业标准中规定的核心能力上还有待进一步加强外，各主体间缺乏协同合作，没有形成 1+1>2 的整体效应也是引发问题的另外一个重要原因。各主体固守原有规则，没有改变自身结构去适应整体结构。教育是一个复杂的系统，教师数字素养的提升，需要各子系统之间相互协同和相互作用。可见，对教师来讲，不是有了《教师数字素养》的明确标准教师就能自然而然地照着做了，也不是学校给予了一定的立项支持或者其他方面的政策支持，例如开展了相关培训工作、认真传达了相关工作精神、推进相关工作等就足够了。各个子系统间还存在十分复杂的相互作用力，只有分析清楚这些相互关系、厘清主要矛盾，才能有的放矢地制订教师数字素养的提升策略。

据此分析，学校教育内部的教师、学生、行政管理部门均在教育教学活动系统中具有自身的运动和变化规律，同时又协同影响着整个教育教学系统的变化发展，它们是一种子系统类的动力源。同时，在学校教育外部的政府、用人单位，也从外部通过教育政策、教育资源的输入等影响学校教育系统的发展，属于外部影响因素类的动力源。因此，应用型本科提升教师数字素养需要教师、学生、学校行政管理部门、政府、用人单位等各利益相关方共同协作，由此构成了教师动力源、学生动力源、学校动力源、政府动力源、用人单位动力源。

根据协同效应理论，站在教师提升自身数字素养的需求角度分析，教师与学生、学校、用人单位、政府之间的互动关系都是影响其数字素养提升的重要因素。而就教师自身的影响因素来讲，其数字化意识、数字技术知识与能力、数字化应用、数字社会责任及专业发展都会影响其数字素养整体水平，这是遵循了《教师数字素养》行业标准的五个维度。因此，在本研究中，将教师数字素养作为因变量，具体按《教师数字素养》规定的五个维度来测量。学生、学校、用人单位和政府是四个影响教师数字素养提升的一级指标，作为模型中的自变量。

（二）通过分析各动力源的需求和矛盾，提出影响教师数字素养的十三个二级指标

协同论强调系统的子系统之间既存在竞争与合作关系，也存在信息传递与反馈机制，构成了类似"协同动力生成机制"的关系，这种机制保证了系统的稳定运转。首先，协同论强调子系统间既存在竞争，又有合作关系。子系统在竞争中争取资源和发展空间，同时通过合作实现优势互补。就像市场中的企业之间存在竞争关系，但为了开拓市场、降低成本等，企业间也会开展合作，组建战略联盟、共同研发技术、共享渠道，等等，竞争与合作的相互作用推动了经济系统的发展。其次，系统内子系统间存在信息传递与反馈机制。通过信息的交流，子系统能够了解其他子系统的状态和变化，从而调整自身行为，实现协同。比如在供应链系统中，销售端将市场需求信息反馈给生产企业和供应商，各据此调整生产计划和供货策略，保障供应链的高效运转。协同动力生成机制是通过政策鼓励的方式协调利益相关方合作与分配的机制，最终实现利益资源的均衡配

置，在本研究中是指各利益相关方提升教师数字素养的协同动力要素。通过文献研究、访谈等方式，对教师、学生、学校行政管理部门、用人单位、政府进行调查，分析各动力源的需求，各自有需求就可能产生利益冲突，这些利益冲突就可能影响整个系统的和谐运转和整体效能，因此，本研究通过找出各利益相关方的矛盾之处，从中分析影响教师数字素养提升的各类因素，以期最终提出有效策略，有针对性地协调各方利益分配，从而搭建协同动力生成机制。

1. 定位各动力源的利益诉求

各利益相关方在协同发展中均能获利是可持续发展的必要条件。要对各动力源的需求进行清晰认定。首先分析各动力源在教育数字化转型中所扮演的角色，接下来依据角色分析促进和阻碍其发挥使命的因素，从中探寻各动力源的利益诉求，并落实在应用型本科的特色上，从而为分析应用型本科教师数字素养的影响因素奠定基础。

（1）AI 时代应用型本科教师教育教学的利益诉求

① 各类教师的利益诉求

教师是教育数字化转型的具体执行者，更是数字素养提升的主体，在课堂教学数字化转型中扮演着教学创新的探索者、数字资源的整合者、学生学习的引导者和设计者、课堂变革的推动者的角色。

第一，教师是教学创新的探索者。随着教育数字化的转型，大学教师从课本的忠实讲解者走向课程的创新者[①]。教师需要积极探索将数字技术融入传统教学的新方法。可以利用在线教学平台开展混合式教学，结合虚拟现实（VR）、增强现实（AR）技术创设沉浸式教学情境，以提升学生的学习兴趣与参与度。通过不断尝试新的数字教学工具与模式，寻找最适合学生学习的教学方法，推动课堂教学的创新发展。

第二，教师是数字资源的整合者。互联网上数字教育资源丰富多样，但质量参差不齐。教师要依据教学目标和学生特点，筛选、整合网络上的优质数字资源，常见的如在线课程、教育 App 等，并将其合理融入教学过程。以《大学语文》课程为例，教师可以整合名家的诗词朗诵音频、著名学府的文学作品动画解读等优质数字资源，丰富教学内容的呈现形式，帮助学生更好地理解知识，让学生足不出户就可学习国家一流课程，真正发挥 AI 时代学生可以公平享有优质教育资源的效用。

第三，教师是学生学习的引导者和设计者。在数字化教学环境下，学生获取信息的渠道增多，教师要引导学生正确利用数字资源进行自主学习，培养学生的信息素养和自主学习能力。比如在布置研究性学习任务时，教师要指导学生学会在海量网络信息中筛选有用资料，引导学生对信息

---

① 唐卫民，程乔. 教育数字化时代大学教师角色转换的个案研究 [J]. 教育科学，2025，41（2）：68-75.

进行分析、评价和运用，而不是单纯地单向接受知识。数字化时代学习设计价值的显现，使得学习设计者成了教师角色的突出特征，表现为运用数字技术资源赋能教学提质增效，针对学生的需求进行个性化教学设计，为学生学习提供及时支持[①]。

第四，教师是课堂变革的推动者。教师作为课堂教学的直接实施者，是推动课堂数字化转型的核心力量。他们要克服传统教学观念与方法的束缚，积极引入数字化教学手段，改变课堂教学结构与流程，促使课堂从"以教师为中心"向"以学生为中心"转变，为学生创造更具活力和创造性的学习环境。

一些因素能促使教师欣然接受数字化转型的使命，扮演好 AI 时代赋予的角色，这些促进因素主要包括提升教学效果的需求、职业发展的机遇、学生需求的推动及技术易用性与支持，如表 1-1 所示。

表 1-1　促使教师欣然接受数字化转型使命的因素

序号	促进因素	内涵
1	提升教学效果的需求	教师期望通过数字化手段解决传统教学中的难题，从而能提高学生的学习积极性，帮助学生更好地理解抽象知识。比如利用多媒体动画讲解机械原理，能将抽象概念具象化，使学生更易理解，当教师看到学生学习效果显著提升时，会更愿意接受数字化转型
2	职业发展的机遇	数字化教学能力已成为教师职业发展的重要竞争力。掌握先进数字教学技术的教师，在教学评优、职称晋升等方面更具优势。许多学校将教师的数字化教学成果纳入绩效考核体系，激励教师积极参与数字化转型，提升自身职业发展空间
3	学生需求的推动	当代学生成长于数字时代，对数字化学习方式有较高的接受度和需求。他们期望课堂能更生动有趣、互动性强。教师为满足学生的学习期望，增强师生间的有效沟通与互动，会主动尝试数字化教学手段，积极开展线上讨论、使用智慧教学软件等
4	技术易用性与支持	随着教育技术的发展，数字教学工具越来越简单易用，降低了教师的使用门槛。同时，学校和教育机构提供的技术培训与支持，也让教师在使用过程中遇到问题能够及时得到解决。学校组织的在线教学平台使用培训，使教师能够快速上手并运用平台开展教学，从而增强了教师对数字化转型的信心和意愿

但是，其中也明显存在一些阻碍教师课堂教学数字化转型的因素，包括传统教学观念的束缚、技术能力不足、时间与精力限制、硬件与资源限制，以及评价体系不完善[②]。这五个阻碍因素的内涵如表 1-2 所示。

① 和学新，杨芸菲.学习设计者：数字化时代教师角色的重要表征及其培养［J］.上海教育科研，2024，（3）：1-8.
② 李星龙，金鑫，唐松林.教师角色行为的时代嬗变：兼论人工智能时代的问题与选择［J］.湖南社会科学，2021，（5）：144-152.

表 1-2　阻碍教师数字化转型的因素

序号	阻碍因素	内涵
1	传统教学观念的束缚	"我们的脚已经踏进智能社会，头却停留在工业社会。"[①] 部分教师长期受传统教学观念影响，认为传统讲授式教学方式能有效传授知识，对数字化教学的效果存在疑虑。他们习惯了"以教师为中心"的课堂模式，担心数字化转型会削弱教师在教学中的主导地位，难以在短时间内接受数字化教学理念
2	技术能力不足	数字化教学需要教师具备一定的信息技术能力，如软件操作、教学设计与技术融合等。然而，一些教师尤其是年龄较大的教师，缺乏系统的信息技术培训，对新的数字教学工具和平台不熟悉，在制作多媒体课件、开展混合式教学等方面存在困难，导致他们对数字化转型产生畏难情绪。"当前高校教师面临技术整合的显著挑战，这一现状主要归因于多数教师仍聚焦于各自学科领域的专业知识深耕，而对人工智能技术的最新进展以及跨学科教育知识的综合掌握存在明显不足。"[②]另外一方面，一些教师又容易盲目更新教学设备，陷入"技术跟风"陷阱中[③]，或者将技术工具生搬硬套进教学环节，无视教育规律，反而造成了教学资源大量浪费[④]
3	时间与精力限制	开展数字化教学需要教师额外投入大量的时间和精力，需要整合数字化教学资源、准备线上教学环节、回复学生在线提问等。教师日常教学任务繁重，既要备课、授课，又要批改作业、辅导学生，难以抽出足够时间进行数字化教学的准备与实施，从而影响了他们参与数字化转型的积极性
4	硬件与资源限制	学校的硬件设施与数字教学资源不足，也会阻碍教师进行数字化转型。比如部分学校教室缺乏相应设备或网络条件不佳，无法支持线上教学活动的顺利开展；数字教学资源匮乏，教师难以获取与教学内容匹配的优质资源，增加了教学资源整合的难度。优质数字资源是老师们认为比较难于获取的，在调查中，老师们普遍反映"数字化教学是大趋势，可要是没有丰富的教学资源，讲课就变得比较困难"，"虽然国家智慧教育平台有很多优质课程资源，但是符合应用型本科教学需要的，适合课堂上用的碎片化的优质微课却不多，有的也不能随时需要用就可以随时下载，很多课程都是有固定学习时间的"
5	评价体系不完善	当前部分学校的教学评价体系仍侧重于传统教学指标，如教学时长、学生考试成绩等，对教师数字化教学的创新性、学生学习体验等方面的考量不足。有学者指出，"智能时代对教师教学投入的高要求与当前仍主要基于科研成果的教师评价体系之间存在显著的不匹配现象"。这种评价体系无法充分体现教师在数字化转型中的努力与成效，使得教师缺乏数字化转型的内在动力。在调查中，有老师说"花了很多精力在数字化教学上，精心设计线上课程、用新软件和学生互动，可学校考核还是老一套，体现不出这些努力"。除了绩效考核评价以外，还有老师表示日常的教学管理评价体系也需要调整，"想尝试用新的数字化教学方法，让学生自主探索知识，但学校的教学要求和各种限制让人施展不开"

---

① 张晓光.认知·关系·情感：以三维框架重构智能时代的教师角色［J］.清华大学教育研究，2024，45（1）：141-151.

② 李佳，谭英磊.人工智能时代高校教师角色认同困境及突破路径［J］.黑龙江高教研究，2025，43（2）：102-108.

③ 李锋，顾小清，程亮，等.教育数字化转型的政策逻辑、内驱动力与推进路径［J］.开放教育研究，2022，28（4）：93-101.

④ 刘雨航，方淑敏.教育数字化转型中的注意力治理：机制、风险及其应对［J］.中国电化教育，2024，（12）：31-38+47.

② 应用型本科教师的利益诉求

除了上述各类教师普遍具有的促进因素和阻碍因素外，应用型本科教师在数字化转型中还具有独特之处。

第一，应用型本科教师是实践技能数字化融合的引领者。应用型本科强调培养学生的实践技能以适应职业岗位需求。应用型本科教师不仅要将数字技术融入理论教学，更要在实践教学环节发挥关键作用。AI 时代可以提高用户在虚拟世界的真实度，"对于以培养应用型人才为目标的应用型本科来说如鱼得水，校企融合、产教融合，与现实平行的虚拟教学环境，不只是让学生记得、知道、了解，而是内化到学生心灵深处的沉浸感体验"[①]。在工科专业的实验课程中，教师要引导学生运用数字化仿真软件进行实验模拟，提前熟悉实际操作流程和可能出现的问题，通过数字化手段提升实践教学的效率与效果，为学生进入职场做好准备，这一角色更侧重实践技能与数字技术的融合，与研究型院校教师侧重科研创新中的数字技术应用有所不同。

第二，应用型本科教师是产业需求对接的数字桥梁搭建者。应用型本科与产业联系紧密，需及时将产业中最新的数字技术和需求引入教学。应用型本科教师要成为连接产业与教学的桥梁，应关注行业数字化发展动态，将产业中的数字化项目、案例转化为教学资源，让学生接触到真实的数字化工作场景。以市场营销专业为例，教师需要引入电商平台的最新营销案例，分析数字营销手段在实际商业运营中的应用，帮助学生更好地适应未来职业发展，而研究型院校教师可能更聚焦于学术前沿与产业前瞻性研究的对接。

产教融合和专业技能提升的双向需求是促进应用型本科教师进行课堂教学数字化转型的驱动力。

首先，应用型本科以产教融合为重要办学模式，产业界对数字化人才的需求促使应用型本科教师加快数字化转型。企业不断采用新的数字技术和生产模式，要求学校培养的学生具备相应数字化技能。例如，智能制造产业对掌握数字化设计与制造技术的人才需求大增，促使应用型本科机械类专业教师快速提升自身数字化教学能力，将工业互联网、数字化建模等内容融入教学，以满足产业对人才的需求，这一驱动力在研究型院校相对较弱，研究型院校更多受科研创新需求推动。

其次，应用型本科教师通常需要具备"双师型"素质，即教师不仅要有扎实的理论教学能力，还要有丰富的行业实践经验和职业技能。数字化转型能为教师提供提升自身职业技能的机会，通过学习和应用新的数字技术，教师可以更好地与行业接轨。比如计算机专业教师通过参与企业的

① 孙伟，葛守富.应用型本科院校教师角色与 Web 时代的同步演变［J］.黑龙江高教研究，2023，41（7）：91-96.

数字化项目开发，提升自身的编程与项目管理技能，同时也能将实践经验融入教学，这种以职业技能提升为导向的数字化转型促进因素在研究型院校并不突出。

与此同时，也同样存在一些因素阻碍应用型本科教师的教育数字化转型，其中实践教学数字化资源缺乏、企业参与度与合作稳定性问题，以及对职业标准数字化更新的跟踪难度是三个核心因素。

第一，实践教学数字化资源缺乏。应用型本科实践教学占比较大，然而市场上针对应用型实践教学的数字化资源相对匮乏。一些应用型专业的实操场景复杂，难以找到现成的数字化模拟软件或虚拟仿真实训平台，教师若自主开发，又面临技术和资金的双重压力，这严重阻碍了实践教学的数字化转型，而研究型院校更多面临基础研究与前沿探索相关的数字化资源不足问题，与应用型本科面着不同的阻碍因素。

第二，企业参与度与合作稳定性问题。虽然产教融合是应用型本科的重要特色，但在现实中，企业参与度不高或合作稳定性差是常见问题。企业担心参与学校数字化教学改革会增加自身成本，且难以保证投入产出比。企业可能不愿意将核心数字化技术和项目经验分享给学校，或者因经营状况变化而中断了与学校的合作，导致应用型本科教师在获取产业最新数字化教学资源和实践机会方面面临困难。相比之下，研究型院校与企业的合作更多集中在科研项目上，合作模式和稳定性与应用型本科存在显著差异。

第三，对职业标准数字化更新的跟踪难度。应用型本科的专业设置紧密围绕职业岗位需求，职业标准的数字化更新速度快。教师需要及时跟踪这些变化并将其融入教学，但由于信息渠道有限、行业标准更新不透明等原因，教师难以及时准确地掌握最新的职业标准在数字化方面的要求。比如现在一些大学在市场营销专业中会开设数字营销方向，这是一个新兴的领域，数字营销的职业标准也在不断更新，涉及短视频营销、直播带货等新领域，教师有可能无法及时了解这些变化，导致教学内容与实际职业需求相脱节。而研究型院校的教师在这方面更多关注学术前沿动态，对职业标准的依赖程度相对较低。

（2）AI 时代应用型本科学生学习上的利益诉求

① 各类学生的利益诉求

学生在课堂教学数字化转型中是直接受益者，具体扮演主动学习者、体验反馈者和教学创新参与者的角色。

第一，主动学习者。在数字化环境下，丰富的学习资源和多样的学习工具赋予学生更多的自主学习空间。他们不再是被动接受知识的容器，而是主动利用在线课程、教育软件等资源，按照自己的节奏和方式探索知识。学生可以在课后通过慕课平台学习感兴趣的课程，深入钻研课堂上未完全理解的内容。

第二，体验反馈者。学生是数字化教学的直接体验者，他们对数字化学习方式的感受和体验直接反映了教学转型的效果。学生能够敏锐地察觉到数字化教学工具在使用过程中的便捷或不便之处，如在线学习平台的操作流畅度、互动功能是否实用等。他们的反馈对于教师调整教学策略、优化数字化教学过程至关重要。

第三，教学创新参与者。学生成长于数字时代，对新技术的接受度高，富有创新精神。在课堂教学数字化转型中，学生可以积极参与到教学创新过程中。比如，学生可以基于自身对数字技术的了解，为教师提供新颖的教学创意，利用新兴的社交媒体平台开展小组协作学习等，和教师一起共同推动课堂教学的数字化变革。

促使学生欣然接受数字化学习方式的因素主要包括学生的个性化学习体验、丰富的学习资源与形式、便捷的学习条件及互动与协作机会四个方面，如表 1-3 所示。

表 1-3　促使学生接受数字化学习方式的因素

序号	促进因素	内涵
1	个性化学习体验	数字化学习能够满足学生的个性化学习需求。借助智能学习系统，学生可以根据自己的学习进度、知识掌握情况定制学习路径。例如，数学学习软件可以针对学生的薄弱知识点推送专项练习，帮助学生有针对性地提高学习效果，这种个性化的学习体验能使学生感受到学习的自主性，从而更愿意接受数字化学习
2	丰富的学习资源与形式	互联网上丰富多样的数字学习资源，如视频教程、虚拟实验室、互动游戏等，以更加生动有趣的形式呈现知识。与传统书本相比，这些资源更能激发学生的学习兴趣。比如教师可通过 3D 动画展示细胞的结构和功能，这比单纯的文字描述更能吸引学生的注意力，让学习变得更有趣味
3	便捷的学习条件	数字化学习不受时间和空间限制，学生可以随时随地进行学习。只要有网络和电子设备，学生就可以在公交车、图书馆等不同场所学习课程内容，或者查阅资料。现在的学生可利用碎片化时间通过手机学习各种知识内容，这种泛在的、碎片化的、便捷的学习方式，适应了现代学生快节奏的生活特点，增加了他们对数字化学习的接受度
4	互动与协作机会	数字化平台为学生提供了更多互动与协作的机会。在线讨论区、小组协作学习软件等工具，使学生能够与同学、教师进行实时交流。通过在线小组合作学习，学生可以随时沟通想法、分享资料，共同完成任务，这种互动协作不仅提升了学习效果，还培养了学生的团队合作能力，深受学生喜爱

与此同时，肯定也存在一些因素阻碍学生接受数字化的学习方式，主要有如表 1-4 所示的四个方面，包括学习自律性要求高、技术操作障碍、学习效果评估困惑及网络与设备问题。

表 1-4　阻碍学生接受数字化学习方式的因素

序号	阻碍因素	内涵
1	学习自律性要求高	数字化学习环境相对自由，缺乏传统课堂的监督机制，对学生的自律性提出了较高的要求。在调查中，有学生明确表示说："老师，我们没有那么自律，所以还是您讲吧，您让我们自己做任务，我们就不知道干什么了。"部分学生缺乏自我管理能力，容易在学习过程中分心，如在学习时被手机上的娱乐信息吸引，导致学习效率低下。长此以往，学生会对数字化学习方式产生挫败感，降低接受意愿

续表

序号	阻碍因素	内涵
2	技术操作障碍	尽管数字技术不断发展，但一些数字化学习工具和平台的操作可能仍较为复杂。对于部分学生，尤其是对数字技术不太熟悉的学生来说，可能会在使用过程中遇到困难。例如，在使用复杂的在线实验模拟软件时，因操作不熟练无法顺利完成实验，影响学习体验，进而对数字化学习产生抵触情绪。部分学生还会由此引发课堂学习焦虑，在调查中有学生说："如果老师对于科技赋能的教学方式使用比较高超的话，作为学生会担心自己互动的时候不会用老师的软件或者一节课精神会处于比较紧张的状态，怕老师叫到自己互动"
3	学习效果评估困惑	传统学习模式下，学生习惯通过考试成绩、作业完成情况等方式直观了解自己的学习效果。而在数字化学习中，评估方式更加多元化，除了传统测试，还包括在线讨论参与度、学习时长等指标。这种复杂的评估方式可能使学生对自己的学习效果感到困惑，不确定自己是否真正掌握了知识，从而对数字化学习方式缺乏信心。在调查中，一些学生反映"技术赋能的课堂很有趣，但是学完了感觉自己不知道一节课到底学了什么""课堂上玩得很开心，各种互动环节应接不暇，但热闹过后，脑子乱糟糟的，完全梳理不出清晰的知识脉络，心里很没底""没有传统课堂的严肃的感觉，就觉得自己不像在学习，感觉这节课不重要，因为用了这么多科技赋能，就觉得好像在玩游戏一样""对于知识点的掌握，自己不知道怎么评价"
4	网络与设备问题	数字化学习依赖网络和电子设备。网络不稳定、设备故障等问题会严重影响学习的连续性和流畅性。例如，在线课程播放过程中频繁卡顿，会打断学生的学习思路，降低学习的积极性。此外，部分学生可能因经济条件限制，无法拥有性能良好的设备，也会阻碍他们对数字化学习方式的接受。一些学生表示"现在我们上课，老师主要是用学习通，都是让我们用手机操作，做题或者看 PPT 等，虽然很方便，但是屏幕还是太小了，看久了眼睛会很累""有一次课堂用手机做练习，正好我手机没电了，就很尴尬"

② 应用型本科学生的利益诉求

应用型本科着重培养学生面向职业岗位的技能。其学生在数字化学习中，会倾向于利用数字资源探索与未来职业实践紧密相关的内容。比如，应用型本科机械制造专业的学生，会借助虚拟仿真软件模拟工厂实际生产流程，熟悉操作各类数字化加工设备，以提升自身的职业技能，为未来就业做好准备。而研究型院校的学生可能会更多地借助数字化手段进行学术理论的深入研究和前沿探索。此外，由于应用型本科强调产教融合，学生有更多机会参与到校企合作项目中。在这些项目中，应用型本科学生作为数字技术的具体践行者，能够将所学的数字化知识应用于实际项目。以市场营销专业学生为例，他们参与企业的线上营销推广项目，可以运用数字营销工具为企业制订并执行推广方案，在实践中进一步深化对专业知识的理解与运用。另外，某学院计算机专业学生，就曾在实习工作中，为实习单位重新设计了更符合企业需要的科学而灵活的考勤系统，在实习期间就获得了单位奖励的 8 万元现金[①]。这种案例在研究型院校学生中相对不突出，因为研究型院校学生参与的项目侧重理论的研究与技术创新层面。

---

① 来源于三明学院信息工程学院 2021 级学生案例。

职业发展方向明确和企业实践案例这两个因素吸引着应用型本科学生欣然接受数字化学习方式。

首先，应用型本科学生清楚自身毕业后主要面向特定职业岗位就业。数字化学习所提供的与职业紧密相关的技能培训和实践机会，对他们的职业发展具有直接的推动作用。例如，随着电商行业的发展，应用型本科电子商务专业的学生通过学习电商运营模拟软件、数据分析工具等课程，能够直接提升在电商领域的就业竞争力，这种明确的职业发展导向使得他们对数字化学习方式的接受度更高，相比之下，研究型院校学生的学习目标更多元，职业导向相对不那么直接。

其次，应用型本科与企业联系紧密，数字化学习资源往往包含大量真实的企业实践案例。这些案例对应用型本科学生具有很大的吸引力，因为它们能让学生提前了解职场实际情况，学习到实用的工作方法。在调查中发现，一所应用型本科在物流管理专业课程中引入知名物流企业的配送路径优化案例，学生通过分析和解决实际问题，能更好地理解专业知识，同时也增强了学生数字化学习的兴趣。

但是，实践与理论衔接不畅和企业数字化资源适配度问题成为阻碍应用型本科学生接受数字化学习方式的主要因素。

一方面，应用型本科教学注重实践，但在数字化学习过程中，学生可能面临实践与理论衔接不畅的问题。一些数字化课程过于强调理论知识的传授，与实际职业场景结合得不够紧密，导致学生在学习过程中难以理解知识的实际应用价值。在计算机编程课程中，若只是单纯讲解编程代码，而没有结合实际项目进行实践操作，学生可能会觉得学习内容空洞，无法将所学知识与未来职业需求联系起来，进而对学习产生抵触情绪。而研究型院校学生对理论知识的系统性学习的接受度相对较高。

另一方面，虽然应用型本科会相应地引入企业方面的数字化资源，但部分资源可能因企业方面的技术保密、行业标准差异等原因，与学校教学实际需求以及学生现有的知识水平不匹配。比如企业提供的工业设计软件可能是最新版本的，功能复杂，超出学生当前的学习能力范围。并且，企业的业务流程和数据可能涉及商业机密，无法完全开放给学生，使得学生在使用这些资源时受到限制，影响了数字化学习的效果。而研究型院校的学生接触企业资源更多是出于科研合作，主要用于理论研究，对资源的适配性需求与应用型本科学生存在差异。

（3）AI 时代应用型本科学校行政管理部门的利益诉求

① 各类学校行政管理部门的利益诉求

学校的行政管理部门在教育数字化转型中是组织服务者，扮演着战略规划者、资源调配者、政策制订者、协调沟通者的角色。

第一，他们是战略规划者。学校行政管理者需要站在宏观层面，依据学校的发展定位、发展趋势以及学生和教师的需求，制订课堂教学数字化转型的长期战略和短期规划，确定在未来几年内逐步实现教学设施数字化升级、教师数字素养提升的具体目标与阶段计划，引领学校的数字化转型方向。

第二，他们是资源调配者。为保障数字化转型的顺利推进，行政管理者或部门负责整合与分配各类资源。这包括：资金投入，用于购置先进的数字化教学设备，如智能教室系统、在线教学平台等；人力资源安排，组织教师参加数字化教学培训，调配技术人员为教学提供技术支持；时间资源规划，合理安排教师的培训时间和教学实践时间，确保数字化转型工作有序开展。

第三，他们是政策制订者。其负责制订一系列激励和约束政策，引导和规范教师与学生积极参与数字化教学。这些政策包括：设立数字化教学成果奖励制度，对在数字化教学方面表现优秀的教师给予表彰和奖励；制订教师数字化教学考核标准，将数字化教学能力纳入教师绩效考核体系；同时，制订学生数字化学习规范，引导学生正确使用数字化工具进行学习。

第四，他们是协调沟通者。行政管理者要协调学校内部各部门之间的关系，打破部门壁垒，促进教学部门、技术支持部门、后勤保障部门等协同合作。协调技术部门要及时解决教师在数字化教学中遇到的技术问题，协调后勤部门保障数字化教学设备的正常运行和维护；同时，还要与外部机构，如教育技术公司、高校联盟等进行沟通合作，引进优质的数字化教学资源和先进经验。

在上述角色职能发挥的过程中，能够进一步促进学校行政管理部门发挥作用的因素有教育理念更新、上级政策支持、学校发展需求及技术可行性与成熟度四个因素，如表 1-5 所示。

表 1-5　促进学校行政管理部门发挥作用的因素

序号	促进因素	内涵
1	教育理念更新	当行政管理者接触并认同先进的教育理念，深刻认识到数字化教学对提升教育质量、培养时代新人的重要性时，会更积极主动地推进课堂教学数字化转型
2	上级政策支持	如果上级教育主管部门出台了鼓励和支持学校进行课堂教学数字化转型的政策，如提供专项资金、政策倾斜等，这会增强学校行政管理者推进工作的信心和动力。比较常见的扶持政策包括政府给予数字化转型示范学校的评选和奖励政策，促使学校行政管理者加大在数字化教学方面的投入和推进力度
3	学校发展需求	学校自身为了提升竞争力、打造特色品牌，需要借助教育数字化的赋能来提高课堂教学质量和创新教学模式。尤其是随着人口断崖式下降，在当前招生竞争激烈的环境下，数字化教学的特色可以吸引更多优质生源，这会促使行政管理者积极推动教育数字化转型工作，以满足学校发展的长远需求
4	技术可行性与成熟度	当市场上的数字化教学技术和产品逐渐成熟，具备较高的稳定性、易用性和教育适用性时，学校行政管理者会更愿意采用这些技术推动教学转型。目前，功能完善且操作简便的在线教学平台、成熟的教学管理软件等，大大降低了数字化转型的技术风险和实施难度，使行政管理者对转型工作更加有信心

另外，阻碍学校行政管理部门发挥作用的因素也明显存在，主要有传统管理思维定式、资金与资源限制、对数字化教学效果的担忧、教师与学生的抵触情绪，如表 1-6 所示。

表 1-6　阻碍学校行政管理部门发挥作用的因素

序号	阻碍因素	内涵
1	传统管理思维定式	部分行政管理者因长期受传统管理理念的影响，习惯了按部就班的管理模式，对新的数字化管理方式缺乏理解和认同。比如，在教学评价方面，他们可能仍然过度依赖传统的考试成绩和书面教案、试卷等指标，难以接受数字化教学带来的多元化评价方式，从而阻碍了数字化转型政策的制订和推行。主管高校信息化工作的上海大学副校长汪小帆指出："数字化转型不仅仅是数字设备更先进、信息系统更好用、网络速度更加快，还要深入推动教育理念、治理模式、教学手段与思维方式等变革""高校的信息化系统每天都会产生大量数据""如何用好这些数据？以往由于缺乏系统治理，多个统计部门、多种统计口径、多个业务平台、多种数据接口等带来一系列问题。仅在学生人数统计上，人事部门和财务部门的数字就可能不一致""各个高校信息化建设'各自为政'现象严重"[①]
2	资金与资源限制	教育数字化转型需要投入大量资金，用于设备采购、软件购买、教师培训等方面。如果学校资金有限，无法满足数字化转型的各项需求，行政管理者在推进工作时会面临重重困难。一些高校因资金不足无法为所有教室配备先进的数字化教学设备，或者无法为教师提供全面、高质量的数字化教学培训，导致数字化转型进程缓慢。比较核心的问题聚焦在培训和设备上。在调查中，学校负责教师专业发展的管理人员表示，"有些老师对新技术接受较慢，培训时看着都会，回去一用就出问题"。也有管理者表示，"技术更新换代比翻书还快，刚给学校配齐设备、培训好老师，新的教学软件和技术又冒出来了。所以特别谨慎，不敢轻易购买新设备，毕竟都不便宜，慎重的调研往往又需要一定的时间，所以有时候工作推进就显得没那么迅速"
3	对数字化教学效果的担忧	行政管理者可能对数字化教学能否真正显著提升课堂教学质量存在疑虑，担心数字化转型可能带来一定时期的教学秩序混乱、学生学习效果不佳等问题。在调查中，一些管理人员表示，他们"担心学生在数字化学习环境中容易分心，或者教师难以有效掌控线上教学过程"，也担心"转型最后变成走过场，投入了大量资源，却看不到教学质量提升，学生成绩和能力没啥变化"。这种担忧使得他们在推进数字化转型时犹豫不决，不敢大胆决策和投入
4	教师与学生的抵触情绪	如果教师和学生对数字化教学存在抵触情绪，不积极配合，就会给行政管理者的工作带来很大阻力。例如，有管理者反映，"一些教师非常担心学生的学习效果，技术赋能现阶段很难实施，最大的一个问题就是，学生上课都拿着手机、平板电脑，很多学生就不听课了，你又不能一直监督他们，所以就不爱用新技术"，"还有一些教师认为新技术很多就是形式，占用了学习时间，效果不一定好"。另外一些教师也担心数字化教学会增加自身的工作负担，而学生又不适应新的学习方式，这些负面情绪会影响行政管理者推进数字化转型的积极性和决心，使得相关政策和措施难以高效实施

② 应用型本科学校行政管理部门的利益诉求

同研究型高校的行政管理部门相比，应用型本科行政管理部门有其独特之处，他们是产业需求对接的沟通者和实践教学数字化的积极推动者。应用型本科以培养适应产业需求的应用型人才为目标。其行政管理部门需与产业界积极沟通，了解行业数字化发展对人才和技能的新要求，并将这些需求转化为本校数字化教学转型建设的方向和重点。比如在其与当地制造业企业合作，了解智能制造技术对人才数字技能的需求时，便可以有针对性地引导学校相关专业在数

---

① 汪小帆.（2023，03 月 02 日）.以实际行动助力教育数字化转型［EB/OL］.教育部官网.http://www.moe.gov.cn/jyb_xwfb/xw_zt/moe_357/2023/2023_zt02/jysy/jysy_lzgs/202303/t20230302_1048674.html.

字化教学中强化工业软件应用、数字化生产线模拟等内容。而研究型院校行政管理部门可能更侧重对接科研机构与学术前沿，关注基础研究与前沿技术的数字化融合。鉴于应用型本科实践教学比重较大，行政管理部门要着重推动实践教学的数字化转型。如在规划建设数字化实训基地时，引入虚拟仿真实践教学平台，为学生提供高度仿真的职业场景模拟训练。同时，协调企业与学校双方共同开发数字化实践教学资源，确保学生在实践中能接触到真实的行业数字化项目案例。而研究型院校的实践教学大多围绕科研实验等展开，与应用型本科在数字化转型方面的侧重点不同。

促进应用型本科行政管理部门落实教育数字化转型的因素主要有如下两个方面。

第一，产教融合的需求驱动。长期以来应用型本科与产业界保持紧密合作，这种产教融合的传统为教育数字化转型提供了便利。企业的数字化转型需求促使学校行政管理部门积极响应，推动其教学同步数字化。一些企业在数字化营销领域的创新，可能会促使学校行政管理部门与企业合作，邀请企业专家参与制订数字化营销课程体系，共同开发在线教学资源。

第二，学生明确的职业需求。应用型本科学生明确的职业导向使得行政管理部门更容易聚焦数字化转型方向。为使学生更好地适应未来职业，行政管理部门会精准发力，将资源倾斜到与职业紧密相关的数字化教学项目上。假设了解到电商行业对直播运营人才的需求，行政管理部门就会迅速组织相关专业教师开展直播运营数字化课程建设，购置直播设备搭建实训平台。而这种明确的职业导向作用对研究型院校的行政管理工作影响较小。

纵然有上述促进因素，实践教学数字化资源的成本压力、企业合作的稳定性与深度问题，以及职业标准更新的跟踪难度等因素，仍是阻碍应用型本科行政管理部门落实教育数字转型工作的主要影响因素。

第一，实践教学数字化资源的成本压力。专业的虚拟仿真软件、数字化实训设备等，往往价格都比较高昂。除了购置成本，通常还需要后续维护费用，行政管理部门在资金有限的情况下会面临巨大的成本压力，因而在推进实践教学数字化时捉襟见肘。而研究型院校在数字化资源投入上，更多集中于科研设备与学术数据库等，其成本结构与应用型本科不同。

第二，企业合作稳定性与深度问题。尽管应用型本科与企业经常有合作，但在教育数字化转型过程中，企业合作的稳定性和深度可能存在不足。原因在于，当企业为学校提供数字化项目实践案例用于教学，或者在合作开发数字化课程时，可能因担心技术泄密而保留关键内容，导致数字化教学资源质量受限，从而影响了教育数字化转型的成效。

第三，职业标准更新的跟踪难度。应用型本科专业的设置通常紧密对接区域行业的职业岗位，而随着科技的迅猛发展，职业标准的更新速度越来越快。行政管理部门要及时跟踪这些标准，并指导教师将其融入数字化教学，这种跟踪难度较大。比如当前我国一些新兴的行业标准，如无人机驾驶员的职业标准不断发展，涉及飞行技术、数据处理等多方面要求。应用型本科需要及时协调相关专业和企业专家，才能确保本校相关专业尽快将职业新标准落实到教学中。而研究型院校的行政管理部门在这方面更多关注学术标准与前沿动态，对职业标准的跟踪需求和难度与应用型本科相比差异较为明显。

（4）AI 时代用人单位在教育数字化转型中的利益诉求

① 用人单位的利益诉求

用人单位在教育数字化转型中是协同配合者，主要扮演着人才需求定义者、资源提供者、实践平台搭建者和反馈评价者的角色，具有利益本位的价值取向。

第一，他们是人才需求定义者。用人单位基于自身业务发展和行业趋势，对人才的数字技能和素养具有明确需求。比如，互联网企业会强调员工必须具备数据分析、人工智能应用等前沿数字技能；面对数字化转型，传统制造业企业会要求人才需要掌握数字化设计、智能制造系统操作等能力。这些需求为我国高校指明了数字化转型的具体方向，促使学校调整课程设置和教学内容，以培养符合市场需求的人才。

第二，他们是资源提供者。部分用人单位凭借自身在技术、资金和实践项目等方面的优势，为教育数字化转型提供资源支持。科技企业可为学校捐赠先进的数字化教学设备，如高性能计算机、虚拟现实设备等，助力学校改善数字化教学的硬件条件。同时，企业还可分享实际的数字化项目案例，为学校开发数字化课程提供素材，丰富课堂教学内容的实践性和实用性。

第三，他们是实践平台搭建者。用人单位为学生提供实践平台和实习机会，让学生在真实的工作环境中应用所学的数字化知识与技能。比如金融机构可为金融专业学生提供数字化金融服务平台的实践操作机会，使学生熟悉在线支付、风险管理等业务流程。通过实践锻炼，学生能够更好地理解数字技术在实际工作中的应用，提高就业竞争力，同时为用人单位提前筛选和培养潜在人才奠定了基础。

第四，他们是反馈评价者。用人单位根据毕业生的实习实践情况，对学校的数字化教学效果实施反馈和评价。他们能够指出毕业生在数字知识和技能、团队协作、创新能力等方面的优势与不足，为学校调整教学策略、改进教学方法等提供参考依据。比较常见的形式是毕业生质量分析，根据用人单位反馈的毕业生能力现状和存在的问题，学校可调整相关课程设置和实践教学内容。

促进用人单位在教育数字化转型中积极地配合和辅助学校发挥作用的因素，包括人才竞争压力、社会责任意识、技术创新的需求及政策激励与支持，如表 1-7 所示。

表 1-7　促进用人单位在教育数字化转型中发挥作用的因素

序号	促进因素	内涵
1	人才竞争压力	在数字化时代，各行各业对优秀数字化人才的争夺日益激烈。用人单位为了吸引和留住优秀人才，会积极参与所在区域高校的教育数字化转型工作，期望通过与高校的合作，提前培养出符合其自身需求的定制化人才。当下，在人工智能领域，企业为了在竞争中获取顶尖人才，通常会与高校合作开展人工智能专项人才培养计划，通过为高校提供学生的实习岗位和项目资源，来满足自身对高质量专业人才的迫切需求
2	社会责任意识	当一些具有社会责任感的用人单位意识到推动教育数字化转型对于提升整个社会的人才素质和创新能力具有重要意义时，他们会更愿意积极参与和帮助高校实施教育数字化转型。通过参与高校的教育教学过程，企业能够间接为社会培养更多适应数字化时代的人才，促进产业升级和社会进步。大型企业往往会设立教育基金，支持学校的数字化建设项目，开展公益性质的数字化培训课程，以履行企业的社会责任，提升企业的社会形象
3	技术创新的需求	用人单位在面临技术创新需求时，会更愿意参与教育数字化转型事业，因为与高校合作有助于企业获取前沿的学术研究成果和创新思路，促进企业技术升级。比如某高校在人工智能算法研究方面取得的新进展，就可能为企业的智能产品研发提供新的技术路径。同时，企业与学校的合作也可为技术人员自身提供参与教学实践、提升理论水平的机会，实现产学研深度融合
4	政策激励与支持	政府出台的一系列政策，如税收优惠、财政补贴、项目支持等，能够激发用人单位参与数字化转型的积极性。比如政府对与学校共建数字化实训基地的企业给予税收减免政策，降低企业的参与成本，就可以显著提高企业参与教育数字化转型的意愿

阻碍用人单位发挥作用的因素也是明显存在的，包括成本与效益考量、商业机密的泄露风险、人才培养周期与企业需求的矛盾，以及有效合作机制的缺乏等[①]，如表 1-8 所示。

表 1-8　阻碍用人单位在教育数字化转型中发挥作用的因素

序号	阻碍因素	内涵
1	成本与效益考量	参与教育数字化转型需要用人单位投入一定的人力、物力和财力资源。为学生提供实习岗位需要安排专人进行指导和管理，捐赠设备和分享项目案例也会产生一定的成本。企业担心这些投入无法直接带来相应的经济效益，尤其是在短期内难以看到明显的回报，这些在成本和效益方面的考量，常常会使用人单位对参与教育数字化转型持谨慎态度
2	商业机密的泄露风险	企业的业务常常涉及大量的商业机密和敏感信息，如客户数据、核心算法、业务流程等。在与高校合作的过程中，企业难免担心这些信息可能会因大量学生参与实践项目或为课程开发提供案例而不小心泄露，给企业带来潜在风险。有研究指出，"企业作为经济组织，出于保护核心竞争力的需要，必须拥有其他竞争对手难以模仿或超越的技术或能力，这意味着企业在参与过程中具有很强的排他性"，而不愿意将相关技术细节融入教学内容或提供给学生实践

---

① 林小平，成楚洁，许世建.职业教育数字化转型中利益主体的诉求、矛盾冲突及协同治理 [J].教育与职业，2024，（22）：45-50.

续表

序号	阻碍因素	内涵
3	人才培养周期与企业需求的矛盾	企业的业务发展节奏较快，对人才的需求往往具有及时性和紧迫性。而高校的人才培养周期相对较长，从调整课程设置到学生毕业达标需要一定时间，难以完全满足企业对人才的即时需求。企业经常会因业务拓展而急需一批特定规格的人才，但学校的相关专业课程调整可能无法迅速跟进，导致企业对参与学校的教育教学改革（包括教育数字化转型）的积极性受挫。例如，在一次调查中，一位校长说："我们现在就需要科学课教师"，我们课题组成员只好回答："我们正在计划新建科学教育专业，目前还没有毕业生"
4	有效合作机制的缺乏	目前，用人单位与高校之间缺乏成熟、有效的合作机制，导致双方在合作过程中沟通不畅、职责不清、利益分配不合理等问题时有发生。在调查中，有教师提出"其实很想多开展校企合作，但是缺乏有效的机制，双方都不太可能全凭兴趣就利用业余时间合作，有时候我们会采取一起报课题项目的方式，但是合作也很有限，双方单位在经费管理等方面也有很多要求，非常烦琐，要浪费很多时间在非核心的事务上，就不愿意做了"。在共建数字化课程时，企业与学校可能在课程内容、教学方式、知识产权归属等方面存在分歧，由于缺乏明确的合作规范和协调机制，合作存在重重阻碍，影响了用人单位参与教育数字化转型的热情

② 用人单位对应用型本科的态度和行为

在面对应用型本科和研究型高校时，对于上述提到的角色定位、促进因素以及阻碍因素，用人单位的态度和行为会存在差异。

第一，在人才需求定义上，用人单位对应用型本科人才的需求更聚焦于实际操作与岗位技能。比如，建筑施工企业期望应用型本科毕业生能熟练运用建模软件进行施工图纸绘制，精准操作各类数字化施工设备，快速适应施工现场的数字化管理流程。需求定义侧重的是当下岗位所需的成熟的数字化技术应用能力，强调上手快、能直接提出解决实际问题的方案，将理论和实践完美结合。而对于研究型高校，用人单位看重的是学生的科研创新与理论探索能力。科技研发企业非常希望研究型高校毕业生能够具备深厚的数学、物理学等基础学科知识，能够运用前沿数字技术进行创新性研究，探索新技术在行业中的潜在应用，为企业的长期可持续发展提供理论支持和创新思路。

第二，在资源提供上，用人单位为应用型本科提供的资源多与实践紧密相关。举个例子来说，制造业企业会为应用型本科提供数字化生产设备的操作指南、维护手册等资料，协助学校建设模拟企业真实生产环境的数字化实训中心，还可能派遣一线技术骨干到学校开展数字化技能培训讲座，传授实际工作的经验与技巧。但面向研究型高校时，用人单位倾向于提供高端科研资源和前沿数据。例如，大型互联网企业可能与研究型高校共享其海量的用户行为数据，支持高校开展大数据分析、人工智能算法优化等项目的研究；企业的科研实验室也可能向高校科研团队开放，共同开展前沿技术研究。

第三，在实践平台搭建上，用人单位为应用型本科学生搭建的实践平台以实际工作场景为蓝本，注重培养学生的岗位实操能力。一些餐饮企业会为酒店管理专业学生提供数字化点餐系统、客户关系管理系统等在实际运营中的操作机会，让学生在实践中熟悉餐饮行业的数字化运营流程。

为研究型高校学生提供的实践平台则更具前瞻性和创新性。比如，人工智能企业为计算机专业学生提供参与企业前沿算法项目研究的机会，鼓励学生运用所学理论知识进行创造性实践，探索新的技术解决方案，与企业科研团队共同攻克技术难题。

第四，在反馈评价方面，用人单位对应用型本科的反馈主要围绕学生的实践技能和职业素养。评价内容包括学生在实际工作中对数字化工具的操作熟练程度、解决实际问题的能力、团队协作能力以及对企业文化的适应能力等，侧重学生在短期内能否快速融入工作岗位并发挥作用。而针对研究型高校，用人单位的反馈更关注学生的科研能力和创新潜力。常常评价学生在科研项目中的理论创新能力、对前沿技术的掌握程度、独立思考和解决复杂问题的能力等，期望高校进一步加强对学生创新思维和探索精神的培养。

第五，在人才竞争压力方面，在应用型人才市场，企业对能立即投入工作的应用型人才需求迫切。用人单位通过与应用型本科合作，能获得具有特定数字化技能的人才，快速填补岗位空缺，提升企业生产效率。而对于高端技术和创新领域，企业对研究型高校人才的竞争主要体现在获取具有科研创新能力的人才，以提升企业的核心竞争力。比如现在芯片行业就对技术人才求才若渴，芯片研发企业为在技术上取得突破，通过与研究型高校合作，吸引具有深厚专业知识的人才，为企业技术的长期发展提供动力。

第六，在社会责任意识方面，部分用人单位通过支持应用型本科教育数字化转型，展示其对培养实用型人才、推动地方产业发展的社会责任。很多本地的中小企业会与应用型本科合作，助力学校培养出适应区域经济发展需求的数字化技能人才，促进地方产业的数字化升级，提升企业在当地的社会形象和影响力。而具有社会责任意识的企业与研究型高校合作，旨在推动行业的前沿技术研究和创新发展，为整个社会的科技进步作出贡献。一些大型跨国企业就与顶尖研究型高校长期合作开展科研项目，支持高校在人工智能、量子计算等前沿领域开展研究，提升企业在全球科技领域的声誉。

第七，在技术创新的需求上，用人单位与应用型本科合作，更多是为了将成熟技术快速应用到实际的生产运营中，实现技术的落地转化。例如，农业企业与应用型本科合作，引入高校研发的数字化农业种植技术，通过让学生参与项目实践，加快技术在企业生产中的应用和推广。而企业与研究型高校合作则侧重探索前沿技术的创新应用，挖掘未来的商业机会。以生物医药企业与研究型高校的合作为例，其借助高校的科研实力，开展药物研发等前沿技术的研究，共同探索新技术在医药领域的应用潜力，为企业未来的业务拓展奠定基础。

（5）AI 时代政府在教育数字化转型中的利益诉求

① 政府的利益诉求

政府是教育数字化转型中的管理统筹者，主要扮演着政策制订者、资源调配者、监督评估者、协调推动者的角色。

第一，政府是政策制订者。政府通过制订全面且具有针对性的政策，为教育数字化转型提供明确的方向和指导框架。通过出台关于推动教育新基建的政策，明确规定学校在信息化硬件设施建设方面的标准与目标；制订教师数字素养提升计划相关政策，设定教师在一定时期内需要达到的数字教学能力水平等，引导各级各类教育机构有序开展数字化转型工作。

第二，政府是资源调配者。一方面，政府通过财政拨款，为教育数字化转型提供资金保障和支持，确保学校能够购置先进的数字化教学设备，如虚拟现实教学设备等。另一方面，政府整合优质教育资源，搭建国家级或省级教育资源公共服务平台，汇聚各类课程、教学案例、虚拟实验室等资源，供各级学校和教师共享使用。

第三，政府是监督评估者。政府建立完善的教育数字化转型监督评估体系，对学校的数字化教学进展、教学质量、资源利用效率等方面进行定期评估。通过制订数字化教学质量评估指标，涵盖教学方法创新、学生学习效果提升、教师数字素养发展等多个维度，促使各级各类学校不断改进数字化教学实践，保障转型工作的质量和成效。

第四，政府是协调推动者。其协调教育、科技、工信等多部门之间的合作，打破部门壁垒，形成推进教育数字化转型的合力。通过联合科技类部门，推动前沿数字技术在教育领域的应用；与工业和信息化部门合作，保障教育网络的稳定和信息安全。同时，还积极促进区域之间、城乡之间教育数字化的均衡发展，缩小数字鸿沟。

进一步促进政府发挥作用的主要影响因素，一是国家战略需求，二是新技术发展推动，三是国内外成功经验，四是民众的需求，如表 1-9 所示。

表 1-9 促进政府在教育数字化战略中发挥作用的因素

序号	促进因素	内涵
1	国家战略需求	随着数字化时代的到来，提升国民数字素养、培养适应数字经济发展的创新人才成为国家战略需求。为增强国家竞争力，建设教育强国，各级政府积极推动教育数字化转型，以培养具有数字技能和创新思维的人才队伍，满足国家经济社会发展对高素质人才的需求
2	新技术发展推动	数字技术的快速发展，如生成式人工智能、大数据、云计算等，为教育数字化转型提供了强大的技术支撑。政府看到新技术在提升教育质量、创新教育模式方面的巨大潜力，更有动力加大对教育数字化转型的支持力度，推动教育技术与教育的深度融合
3	国内外成功经验	在全球化背景下，政府能够借鉴其他国家、国内其他省市在教育数字化转型方面的成功经验。一些发达国家在在线教育、数字化课程开发等方面取得了显著成效，其经验和模式对我国政府具有一定程度的参考意义，这促使政府加快推进本国教育数字化转型进程，提升教育的国际竞争力
4	民众需求	随着社会公众对优质教育资源需求的不断增长，以及对教育公平的关注度逐渐提高，民众期望通过教育数字化转型，获取更多优质的教育资源，缩小城乡、区域间的教育差距。政府倾听民众诉求，积极回应社会关心切的问题，将推动教育数字化转型作为改善民生、促进社会公平的重要举措

同时也一定存在一些阻碍政府发挥作用的影响因素，归结为以下四个方面，包括地区发展不平衡、部门利益协调困难、政策实施与监管成本高及技术更新换代快（见表 1-10）。

表 1-10　阻碍政府在教育数字化战略中发挥作用的因素

序号	阻碍因素	内涵
1	地区发展不平衡	不同地区的经济发展水平、教育基础存在较大差异，"区域教育发展不平衡，是中国教育发展面临的最大现实"①，应用型本科教育也是如此，导致各级政府在推进教育数字化转型过程中面临不同的挑战。经济发达地区可能更容易获得资金和技术支持，快速推进数字化转型；而经济欠发达地区可能因资金短缺、基础设施薄弱等原因，难以跟上转型步伐。政府在平衡地区间数字化发展差距时，面临资源分配难度大、政策实施效果参差不齐等问题
2	部门利益协调困难	教育数字化转型问题涉及多个部门，各部门可能存在不同的利益诉求和工作重点。例如，教育部门注重教学质量提升和教育公平，科技部门更关注技术创新和应用推广，而财政部门则侧重资金的合理分配与使用效益。在调研中，有教育局领导就感慨地说："每次讨论一个事情，前前后后都要开好多次会才能达成一致。"可见，协调各部门之间的利益和工作方向，形成协同推进的合力确实存在一定难度，在一定程度上会影响政府在教育数字化转型中有效发挥作用
3	政策实施与监管成本高	制订完善的教育数字化转型政策只是第一步，要确保政策在各级各类学校有效实施并进行全程监管，更需要投入大量的人力、物力和时间成本，"破解这一目标指向中质量、成本、规模之间的张力绝非易事"②。政府需要建立完善的监测评估体系，对政策执行情况进行跟踪、分析和调整，这对政府的行政能力和资源调配能力均提出了较高要求。若资源不足或管理不善，可能导致政策执行不到位，影响转型效果
4	技术更新换代快	数字技术迭代迅速，教育数字化转型过程中采用的技术可能很快就会面临过时的风险。政府在推动教育数字化转型时，需要不断投入资源进行技术升级和更新，以确保学校使用的技术始终保持一定的先进性和适用性。然而，技术更新的高成本和不确定性，可能使政府在决策和投入时有所顾虑，这在一定程度上会阻碍其发挥作用

② 政府对应用型本科的态度和行为

在面对应用型本科和研究型高校时，政府行为会存在一定程度的差异。

第一，在数字化转型政策制订方面。政府针对应用型本科制订的政策会更侧重产教融合。比如，出台鼓励企业与应用型本科共建数字化实训基地的政策，对参与其中的企业给予税收优惠或项目补贴，激励企业将最新的数字化生产技术和项目引入高校实践教学。同时，制订相关政策引导应用型本科根据行业数字化发展趋势，及时更新专业课程体系和教学内容。针对研究型高校，政策制订会偏向于基础研究与前沿技术创新。比如，设立专项科研基金鼓励研究型高校开展生成式人工智能、量子计算等前沿领域的科研项目，支持高校搭建数字化科研平台，汇聚全球科研数据资源，促进科研成果的快速转化。此外，还会出台政策鼓励高校与国际顶尖科研机构开展科研

① 钟曜平. 坚定走好教育数字化的中国道路［EB/OL］.（2024-3-29）http://www.moe.gov.cn/jyb_xwfb/s5148/202403/t20240329_1122956.html.

② 闫寒冰. 提升教师数字素养：教育数字化转型的关键路径［J］. 教育发展研究，2025，45（3）：3-10.

合作交流。

第二，在数字化转型资源调配方面。在资源分配上，政府会注重为应用型本科调配与产业实际需求紧密相关的数字化资源。优先为其引入行业内领先的数字化教学软件和模拟平台，比如制造业的智能设计与制造软件、服务业的智能运营管理系统等。同时，组织企业技术专家与高校教师开展数字化教学交流活动，为应用型本科输送具有实践经验的数字化教学师资资源。对于研究型高校，政府会将更多资源倾斜到科研基础设施的升级上。如投入资金建设高性能计算中心、大数据存储与分析平台等高端科研设施，满足科研团队进行大规模数据处理和复杂模型运算的需求。

第三，在数字化转型协调推动方面。政府在协调应用型本科教育数字化转型时，会着重搭建高校与企业之间的沟通桥梁；会经常组织数字化转型行业经验交流会，邀请企业代表分享数字化建设实践案例，促进高校与企业在人才培养方案制订、课程开发等方面开展深度合作；同时，推动区域内应用型本科之间的数字化教学资源实现共享与合作。针对研究型高校，政府会更倾向于协调高校与科研机构、国际组织之间的数字化合作，在全球范围内整合科研资源，协调国内不同研究型高校之间的优势和不足，共同攻克数字化领域的重大科研难题。

2. 各利益相关方的矛盾之处——序参量

根据协同理论的役使原理，确定序参量有助于对复杂系统进行有效的控制和管理。当系统处于临界点时，系统内部的"序参量"是起主导作用的关键变量，可以影响其他变量的行为和整个系统的走向，从而使混沌的系统变得清晰明朗，实现协同效应。临界点是指在系统状态发生质的转变时所对应的特定条件或数值，超过临界点，系统就会从一种状态转变为另一种状态。教师数字素养的影响因素是非常复杂的，而通过关注各利益相关方的矛盾之处，可以聚焦关键变量，起到以少胜多的作用。"序参量"的观测分析需要从以下三个方面考虑：第一，它能够描述系统的整体行为特征；第二，它可以产生和强化系统的协同作用；第三，它主宰着系统的整体演化进程[①]。

如果利益分配机制不合理，就会严重影响教师数字素养的提升。在教师数字素养提升的过程中，各利益相关方的投入和收益存在不平衡的情况。例如，学校在教师数字素养培训方面投入了大量的人力、物力和财力，但在教师数字素养提升后，学校可能无法直接从教师的教学成果中获得足够的收益。而教师在提升数字素养的过程中，付出了大量时间和精力，但在职业发展和薪酬待遇等方面又可能没有得到相应的回报。这种利益分配的矛盾，导致各利益相关方参与教育数字化转型的积极性不高，难以形成有效的协同动力。因此，有必要在提炼各动力源的需求的基础之上，深入分析各利益相关方的矛盾焦点，抓住主要矛盾，由此确定系统的序参量。

---

① 白洁，于泽元.学校课程实施协同主体建构研究：协同论的视角［J］.国家教育行政学院学报，2020（5）：76-81.

（1）提炼各动力源的需求与实施难点

首先基于先前的动力源利益诉求分析，提炼出教师、学生、学校行政管理部门、用人单位和政府的需求要点，以及满足需求中的难点，如表 1-11 所示，以此作为分析各利益相关方之间主要矛盾的基础素材。

表 1-11 各动力源的需求与难点汇总表

动力源	需求	实施难点
教师	1. 提升教学效果。 2. 职业发展。 3. 满足学生的需求。 4. 技术易用性与支持	1. 教学效果难以保证。如何提高学生的学习积极性和帮助学生理解抽象知识，还是比较难的。有时能做到，有时也做不到。很多时候老师感到精心设计了新技术运用和教学环节，但是仍然提不起学生的学习兴趣。想要利用技术帮助学生理解抽象知识，很多时候有效的网络资源也很难找到，需要花费大量时间，还不一定能找到合适的资源。 2. 老师们都能认识到数字化教学是未来发展的趋势，也认同其对自身教师专业发展的作用和价值，但往往很茫然，不知道具体从何处着手做起。 3. 老师们都很想满足学生的需求，生长于数字时代的学生对数字技术的期望还是很高的。所以，老师们常常感到硬件不够用，软件和技术也不够用，自己的水平也不够用。一些教师，尤其是年龄较大的教师，缺乏系统的信息技术培训，对新的数字教学工具和平台不熟悉，在制作多媒体课件、开展线上教学等方面存在困难，导致他们对数字化转型产生畏难情绪。 4. 虽然当下技术的易用性和支持保障力度已经空前强大了，但老师们在教学中还是会遇到各种各样的具体问题，这些问题往往具有本学科甚至本门课程的特色，技术公司无法亲手帮忙解决这些问题，需要真正懂课程内容又懂技术的专业人士才能解决好。 5. 技术的正确运用难以控制，例如学生用生成式人工智能完成作业，自己未进行任何思考
学生	1. 个性化学习体验。 2. 丰富的学习资源与形式。 3. 便捷的学习条件。 4. 互动与协作的体验	1. 学生喜欢符合自己学习进度和知识掌握情况的个性化学习体验，但是这样的教学设计推进起来难度极大。首先涉及技术，然后就是教师的方案。 2. 学生喜欢丰富的学习资源和形式，但是当前数字学习资源仍然相对匮乏，而且质量参差不齐。教师寻找资源比较困难，自制资源质量难以保证，而且相当费时费力。 3. 学生习惯和喜爱用碎片化时间进行学习，但是一个问题是，即使这样，仍然会有一部分学生不学习，所以教师如何考核和评价是一个需要解决的问题。另一个问题是，为了实现学生的碎片化学习，教师又会回到寻找高质量数字化学习资源的难题上。 4. 学生喜欢在线协作交流，这对教师的教学设计能力提出了较高要求。老师要擅长研究性学习的设计和组织实施，不然，学生空有在线交流平台工具，却没有兴趣和有价值的问题可交流
学校行政管理部门	1. 更新教育理念。 2. 希望得到上级政策支持。 3. 符合学校发展需求。 4. 技术可行与成熟	1. 教育管理者通常具有教育变革的决心，也会积极主动地推动教育数字化转型。但是，在推动中遇到的最大难点是无法指导教师具体的操作工作，常常只是从宏观政策上给予指导，以及布置和下达相关任务，从而需要解决教师在承接任务以及执行任务中的畏难情绪。 2. 学校积极打造数字化发展特色是很好的。但是在具体推进中，需要有较好的顶层设计，需要加强研究，需要保证资金投入的产出成效。能出实效，且出好实效，并不是一件十分容易的事情。 3. 市场上的数字产品琳琅满目，参差不齐。学校行政管理部门要有遴选的能力，要懂技术。此外，也要能积极筹措资金，教育数字化转型需要切实的资金支持

续表

动力源	需求	实施难点
用人单位	1. 吸引优秀的数字化人才。 2. 社会服务。 3. 技术创新与合作。 4. 得到政策激励与支持	1. 为了及时吸纳高校的优秀毕业生,用人单位非常希望与高校建立合作伙伴关系,但是常常缺少比较好的合作方式。用人单位在教师数字化转型过程中所起的作用很微弱,双方都有意愿,但是没有较完善的、能够促进深度交流的合作方式。 2. 在社会服务方面,用人单位一般都有实施教育数字化战略的意识和责任感。但是,在现阶段对学校的支持力度还是十分有限的。 3. 用人单位对技术创新有需求,但是学校往往在新技术提供上及基于新技术开发新方案上难以及时满足企业的需求
政府	1. 符合国家战略需求。 2. 以技术创新推动区域发展。 3. 满足民众需求	1. 在传达和落实国家各项数字化转型发展政策时,学校和老师要积极了解政策,使自身行为同国家和省市教育部门的方针政策相一致,形成合力。 2. 政府看到新技术在提升教育质量、创新教育模式方面的巨大潜力,会积极推动技术与教育的深度融合。但是,课堂教学效果和学习效果的底线是要教师来保障的。因而,教师在贯彻落实国家相关方针政策的时候,一定不是盲从的,而是永远以"立德树人"使命为引领,以学生的学习为中心,要以服务学生的学习为标准,而非以技术的应用为衡量准则。 3. 无论是参考国内外经验还是满足民众需求,教育工作者永远要因地制宜地考虑问题,要以自身学生的学习效果为转移,将"以学生为中心"的理念贯彻始终

（2）分析各利益相关方的矛盾之处

在教师数字素养提升问题上,"利益相关者之间的利益取向差异是影响合作与发展的关键因素",教师、学生、学校、用人单位和政府作为主要参与方,因其各自的角色定位与利益诉求不同,形成了不同的利益取向与价值选择[①],这种差异引发的利益冲突和矛盾之处详见表 1-12。

表 1-12 利益分配的矛盾之处简表

	教师	学生	学校行政管理部门	政府	用人单位
教师	——	1. 教师期待与学生学习现状之间的差距。 2. 学生需求与教师能力之间的差距。 3. 对学生压力的忽视	1. 教学和科研之间的矛盾。 2. 顾虑观望与紧迫性和必要性的观念上存在差异。 3. 两者在利益分配与激励机制上存在矛盾。 4. 公平与效率之间的矛盾。 5. 学校整体工作与教师个人教学重点之间的矛盾。 6. 对投入和产出的期待程度和内容不同	1. 双方考虑问题的层面和角度存在差异。 2. 在改革推进速度上需求不同	1. 人才培养侧重点不同,教师注重全面发展,而用人单位强调专业技能。 2. 学生在学校学到的实践技能与实际工作中的要求存在差距。 3. 缺乏沟通反馈机制

① 林小平,成楚洁,许世建.职业教育数字化转型中利益主体的诉求、矛盾冲突及协同治理［J］.教育与职业,2024,（22）：45-50.

续表

	教师	学生	学校行政管理部门	政府	用人单位
学生	（同上）	———	1.数字化设备配备不足的矛盾。 2.学校统一管理和学生个性化使用需求之间的矛盾。 3.对数字化设备的需求不一致	无直接矛盾	1.双方对人才关键能力的认知不同。 2.双方在学生能力培养方向和时间节点上存在矛盾
学校行政管理部门	（同上）	（同上）	———	1.公平分配的矛盾。 2.双方在资源分配导向上存在差异。 3.两者在权力分配和利益协调上存在矛盾	育人与成本之间的矛盾
政府	（同上）	无直接矛盾	（同上）	———	1.双方在人才培养宏观目标与微观利益上观念不同。 2.双方在合作的责任与利益诉求上存在冲突
用人单位	（同上）	（同上）	（同上）	（同上）	———

① 教师与学生之间的矛盾

第一，教师对学生正确运用数字设备的期待与学生学习现状之间的差距。这是指教师希望学生正确运用数字设备，与学生自律性不足之间的矛盾。例如，教师布置线上学习任务，但是学生借助教师让使用手机的机会在课上偷玩手机。教师布置习题，帮助学习提升综合运用的能力，但是学生可能会利用电子设备直接搜索答案，而自己不做任何思考。

第二，学生对数字化学习的需求与教师数字化教学能力之间的差距。AI 时代学生产生了诸多新的需求，例如碎片化的学习方式、沉浸式的课堂学习体验、个性化的学习设计等，但是教师若在智能技术和智慧化教学设计方面不足，会导致学生的学习体验不佳。一些教师可能秉持传统教育观念，认为数字化工具只是一种辅助教学的手段，更强调知识的系统性传授与课堂纪律。而学生成长于 AI 时代，习惯了数字化的学习方式，将其视为获取知识的主要途径，热衷于追求自主、个性化的学习体验。这使得双方对数字化技术在学习中的地位和作用的认知存在差异。教师为保证教学效果与进度，期望学生按照设定的教学计划和节奏学习，而学生则希望能根据自身的学习状况和兴趣，灵活安排学习内容与进度，双方在学习节奏把控上的需求也不同。

第三，教师对学生数字化学习压力的忽视。教育数字化转型不光给教师带来了压力和挑战，同时也给学生带来了不小的压力，而很多教师可能从未考虑过这些问题的存在，更没有有意识地处理学生心中的这些焦虑。我们在调查中发现，面对教育数字化转型，学生心中产生的压力和焦虑主要包括：担心课堂有了科技赋能上课速度会变快，自己跟不上节奏；课堂上玩得很开心，各种互动环节应接不暇，但热闹过后，脑子乱糟糟的，完全梳理不出清晰的知识脉络，心里很没底；科技赋能课有问题可能下课后更不敢去问教师，因为有很多教师会让学生自己去看视频，或者让学生借助技术自己解决；如果教师的教育技术比较高超的话，互动的时候作为学生会担心自己不会用教师的软件，或者一节课中精神会始终处于比较紧张的状态，怕教师叫到自己互动，要是教师的教育技术使用不太熟练的话，作为学生又会觉得教师浪费了很多不必要的时间在这些新技术上，华而不实，觉得教师不专业；数字化教学的课堂没有传统课堂的严肃感觉，学生就觉得自己不像在学习，感觉这节课不重要，因为"玩"这么多新技术、新的学习方式，就觉得好像在玩游戏一样；一见到这些科技赋能的教学方式，注意力很容易分散，因为和平时上的课很不一样，就会忍不住和同学一直讨论这些新型的设备软件，没有心思上课；对于适应能力和学习能力比较差的学生，适应一种传统教学方式可能就比较吃力了，遇到不断变化的数字化教学方式，经常会达到适得其反的效果；数字化教学特别容易造成学生的学习焦虑，因为这样的课堂往往需要在很多地方发挥学生的自主性，这就需要学生具备自学能力和探究能力，对于普通学生来说，经常迷惑于知识点掌握了没有，要怎么评价自己掌握了呢？所以，只要一遇到考试，可能就会一直焦虑。

② 教师与学校行政管理部门之间的矛盾

第一，在时间投入上存在教学和评职之间的矛盾。教学工作是学校的中心任务，而教师往往不得不受职称评定等现实问题的困扰，觉得在保障基本的教学工作之外没有额外时间搞教学创新。具体而言，教师在职业发展过程中，诸如职称评定等关键需求会极大地影响他们的时间分配决策，使得他们在教学与科研之间的精力投入有所侧重，并且往往更倾向于科研。在此背景下，学校的评价导向起着关键作用。当学校的评价导向能够合理平衡教学与科研的权重，充分考量教师在教学实践与学术研究两方面的付出与成果时，教师便能在满足自身职业发展需求的同时，更科学、合理地分配时间，推动教学与科研协同发展，进而促进教师专业能力的提升。合理且契合教师专业发展的评价导向，能够有效促进教师在专业道路上的成长与进步；反之，若评价导向与教师专业发展方向相悖，将会对教师的专业发展产生阻碍。

第二，两者认可的激励机制存在差异。教师开展数字化教学需要投入额外的时间和精力去接受培训与备课，却可能未在绩效考核、职称评定中得到充分认可与回报，而当学校推动数字化转型时，更关注学校整体教学质量的提升和学校的声誉。可见，教师与学校所认可的激励机制存在差异。如果学校的评价标准与教师个体的专业发展规划不相契合，就会产生利益分配方面的矛盾。学校的激励制度科学合理，能够更好地满足教师的工作投入回报预期，就可以进一步激发教师参与数字化教学的积极性。反之，若激励制度无法满足教师的投入回报预期，就会引发教师在利益分配与激励机制方面的不满情绪，导致矛盾产生。

第三，双方在实施教育数字化转型的紧迫性的认知上存在差异。部分教师对数字化教学改革存在顾虑，担心新技术会增加教学负担或影响教学质量。而学校则从长远发展角度出发，将数字化转型视为提升教育竞争力、顺应时代发展的关键举措，双方在数字化转型紧迫性和必要性的观念上有差别。并且，当学校从宏观角度制订了本校的教育数字化发展规划后，如果规划越优质，教师对数字化教学的接受程度就越高，这会促使教师更愿意主动地参与和推动数字化教学改革，进而有利于促进教师数字素养的提升。反之，若学校教育数字化发展规划质量欠佳，教师对数字化教学的接受程度就会降低，导致他们产生顾虑和观望情绪，这会加剧双方在数字化转型观念上的差异和矛盾，阻碍改革的推进以及教师数字素养的提升。

第四，公平与效率之间的矛盾。从效率的角度出发，学校大多会优先选派教学骨干参加数字化教学培训，无论从示范效应的发挥还是培训效果来说，这都是效率最高的。而从公平的角度来说，非骨干的教师也渴望提升数字教学能力，却因名额限制无法参与。在教育数字化发展趋势下，教师为实现专业发展，迫切需要通过培训提升数字教学能力。当学校资源分配策略公平合理，让每位教师都能平等获取培训资源时，教师会产生公平感，这种公平感能够有效激发他们开展数字化教学的热情与积极性，促使他们更主动地投入到数字化教学工作中，全力推动教育数字化进程。反之，若学校的培训资源分配策略是优先选派教学骨干参加培训，而致使其他教师难以获得培训机会，就会损害大部分教师的公平感。公平感缺失会极大降低教师对数字化教学的积极性，使他们参与数字化教学的主动性和热情大打折扣。

第五，学校整体工作与教师个人工作重心之间的矛盾。学校的各行政部门经常会从自身工作高质量开展的角度向全校教师布置各类型的具体任务。学校管理工作繁杂，各部门出于自身业务推进需求，都有重点任务需要落实，且这些任务往往最终落到教师身上。而对一线教师来讲，会以教学工作为核心，不会像其他部门那样重视各类工作。那些与教学无关的工作会大大挤压备课、教研时间，会影响教学质量，而教师们希望专注教学和科研，把其他工作放在次要位置，这两项工作已占据他们绝大部分时间。而对学校各行政部门来讲，被教师排在次要位置的工作却是他们的核心工作，学校的行政管理任务分配机制，直接决定了教师在教学与科研之外所承担的工作负担，这就导致了矛盾的产生。其他工作也会占用教师诸多本可以投入到教育数字化转型研究中的时间。若行政管理任务分配机制不合理，就会过度挤压教师的教学时间，导致教师杂事缠身，难以全身心投入到教学和科研工作中。这种情况下，教师对数字化教学的积极性会受到抑制，因为他们缺乏足够的时间和精力去探索、实践数字化教学。相反，若学校管理工作分配机制科学合理，在保障学校各项工作有序开展的同时，又能充分考虑教师的教学和科研需求，适度安排其他事务，教师便能拥有相对充裕的时间和精力专注于教学与科研，进而更有积极性去开展数字化教学，提升教学质量与效果。

第六，双方对投入和产出的期待程度以及期待内容不同。在期待程度上，学校行政管理部门对转型的期待较高，因而会担忧成效，担心转型最后变成走过场，投入了大量资源，却看不到教学质量提升，学生成绩和能力没有明显变化。在期待内容上，教师想要利用数字化设备减轻自身的教学压力，但学校希望教师能投入更多时间在教学上以实现课堂教学质量的提升。当学校对数字化投入效益的期待处于合理区间时，教师能够感受到自身工作价值与学校目标相契合，从而更积极主动地投身于数字化教学实践。反之，若学校对数字化投入效益的期待过高，超出了当前数字化教学实际所能达成的范围，教师会因难以实现预期目标而倍感压力，进而降低教学积极性。若期待过低，又可能无法充分激发教师运用数字化手段提升教学质量的动力，同样会导致教师积极性受挫。

③ 教师与用人单位之间的矛盾

在教育数字化转型进程中，当教师与用人单位合作开展相关研究与应用时，双方在人才培养侧重点上存在显著分歧。具体而言，教师基于教育教学规律，始终将学生的全面发展置于首位。因而在各类校企合作育人的过程中，教师习惯性地以理论探讨作为切入点，秉持只有夯实理论基础，才能有效指导实践应用的理念，在人才培养过程中也比较注重学科理论知识的系统性，强调理论与实践的结合。与之存在差异，用人单位着眼于自身生产经营的需求，对毕业生的期望更多地聚焦于学生能够迅速融入工作岗位，熟练掌握特定专业技能并具备丰富的实践经验。因此，在参与教育数字化合作项目时，用人单位更倾向于直接探索具体的实践操作方法，对理论研讨的重视程度相对较低。这种因人才培养侧重点不同而产生的合作理念差异，成为限制教师与用人单位在教育数字化转型合作中实现高效配合的关键因素，具体从以下三个方面进一步分析。

第一，人才培养侧重点不同，教师注重全面发展，而用人单位强调专业技能。教师在教育数字化环境下，通常遵循教育教学规律，注重学生的全面发展，强调知识体系的构建、基本学习能力和综合素质的培养。在数字化教学中，会利用各种在线资源和工具，帮助学生提升信息素养、思维能力等多方面的能力，为学生的长远发展奠定基础。用人单位更关注毕业生能否快速适应工作岗位，是否具备特定的专业技能和实践能力，以满足企业的生产经营需求。在教育数字化转型背景下，可能会要求学校和教师在人才培养过程中，更侧重培养学生与工作直接相关的数字技能和专业知识，如特定软件的操作、行业特定的数据分析能力等。

第二，学生在学校学到的实践技能与实际工作中的要求存在差距。教师在学校的教学实践受到教学计划、课程安排、教学设施等多种因素的限制。虽然随着数字技术的发展出现了更多的教学资源和手段，但在实际教学中，可能无法完全模拟真实的工作场景和工作要求。例如，学校的数字化实验设备可能无法与企业的先进设备相比，导致学生在学校学到的实践技能与实际工作中的要求存在差距。用人单位的工作实践具有很强的针对性和实效性，要求员工能够在复杂多变的实际工作环境中灵活运用所学知识和技能。不同行业、不同企业的工作实践需求差异较大，教师难以全面了解和掌握所有用人单位的具体实践要求，导致学生在进入工作岗位后，可能需要花费一定时间来适应实际工作中的操作流程和规范。

第三，缺乏沟通反馈机制。伴随 AI 时代的到来，新的技术和技能不断涌现，用人单位的人才需求也在迅速变化，但教师可能无法及时获取这些信息，存在信息获取滞后的问题，仍然按照以往的教学模式和内容进行教学，使得培养出来的学生与用人单位的实际需求相脱节。教师与用人单位之间缺乏直接、有效的沟通渠道和反馈机制，导致教师难以及时了解用人单位对人才需求的变化。用人单位在招聘和毕业生实习的过程中，发现学生存在的问题后，往往没有及时、主动地向学校和教师反馈，或者反馈的信息不够具体和准确，教师就无法根据这些反馈有针对性地改进教学。例如，用人单位只是简单地陈述学生数字技能不足的现象，但没有具体指出欠缺哪些技能，教师就难以在教学中进行有针对性的调整和强化。

④教师与政府部门之间的矛盾

第一，双方考虑问题的目标存在差异。一方面是思考目标的层面和角度存在不同。在教育数字化战略中，由于政府和教师所处立场不同，政府着眼于宏观层面，强调教育数字化对整个社会教育公平、质量提升的战略意义，侧重整体规划与政策引导。而教师往往关注的是微观教学实践，聚焦数字化教学在课堂中的可操作性与适用性。所以，双方考虑问题的层面和角度存在差异。另一方面，对目标推进速度的期待不同。在教育数字化改革中，政府基于尽快实现教育现代化目标的诉求，对改革推进速度和成效有较高要求。而教师受教学任务和数字化转型压力的影响，需要充足的时间适应并提升能力，因而政府与教师在教育数字化改革推进速度的需求上存在不同。

第二，政府激励政策的出发点与教师存在差异。一线教师更多从个人职业发展、教学效果提升，以及学生培养质量的角度出发，思考教育数字化转型的问题。比如，教师想到的是掌握数字技术，他可以更丰富多元地呈现教学内容，提高学生的学习兴趣和参与度，进而提升自己的教学评价和职业成就感，同时也有助于培养出更符合 AI 时代需求的应用型人才。也就是说，一线教师期待的政府激励政策是能够推动教师将数字技术有效地应用到具体的教学实践中，提高教学质量和学生的学习效果。而政府往往需要着眼于整个教育系统的数字化转型，侧重于推动教育数字化的基础设施建设、资源共享以及教师队伍整体数字素养的提高，从而提升国家或区域的教育竞争力、推动教育公平、促进数字经济发展以及培养适应社会发展的数字化人才为目标。政府希望通过激励政策，使应用型本科教育更好地与区域经济社会发展相适应，为当地产业升级和数字经济发展提供人才支持。

本研究基于协同论，探讨应用型本科教育系统内部教师核心素养的协同作用因素，构建学生、学校、用人单位、政府四要素协同影响应用型本科教师核心素养提升的假设模型（见图 1-1）。

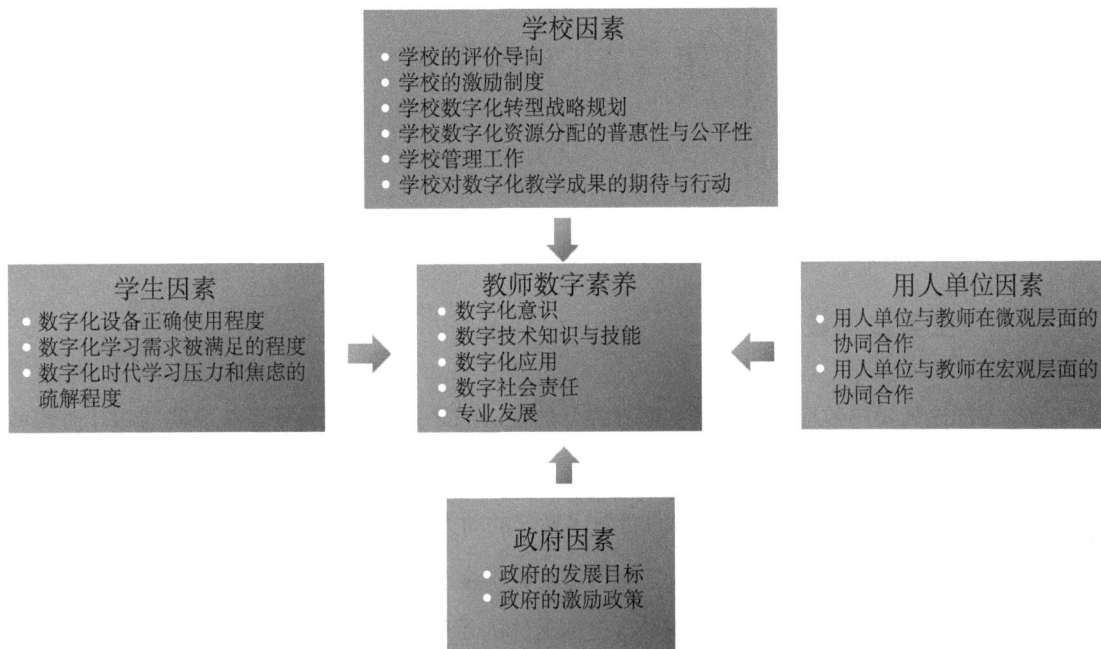

图 1-1　应用型本科教师核心素养提升的假设模型

第二节　研究假设

一、学生与教师数字素养

依据协同论的协同效应，教师数字素养提升的核心问题是要重视各子系统之间的相互协调和相互作用。学生作为子系统之一，对教师数字素养的提升应该有重要影响。学生的正反馈越强，课堂参与度越高，就越能激发教师提升自身数字素养的动力。因此，本研究提出以下假设。

H1：学生对教师数字化教学的正反馈正向影响教师数字素养。

根据役使原理，进一步分析教师与学生之间具体的矛盾之处：一是学生正确运用数字设备的能力现状与教师期待之间的矛盾；二是学生的个性化学习需求与教师能力之间的矛盾；三是学生在数字化时代产生的压力和焦虑与教师的疏解程度之间的矛盾。数字化设备正确使用程度越高，个性化学习需求越能被满足，压力和焦虑越能得到疏解，学生的学习积极性就越高，越能激发教师的教学热情，从而促进教师进一步提升数字素养。因此，本研究提出以下假设。

H1a：学生数字化设备正确使用程度正向影响教师数字素养。

H1b：学生数字化学习需求被满足的程度正向影响教师数字素养。

H1c：学生数字化时代学习压力和焦虑的疏解程度正向影响教师数字素养。

二、学校与教师数字素养

同理，依据协同论的协同效应，教师数字素养提升的核心问题是要重视各子系统之间的相互协调和相互作用。学校作为子系统之一，对教师数字素养的提升有重要影响。学校的政策保障越能满足教师需求，就越能促进教师提升自身数字素养。因此，本研究提出以下假设。

H2：学校的作用正向影响教师数字素养。

同样依据役使原理，进一步分析教师与学校行政管理部门在教师数字素养提升问题中具体的矛盾之处：一是学校的评价导向同教师自身专业发展规划之间的矛盾，具体表现为教师的时间投入会在教学和科研之间摇摆，学校以教学为中心，而教师不得不更看重科研和职称评定等现实问题，往往觉得没有时间搞教学改革。二是学校的激励制度与教师专业发展规划之间的矛盾。教师开展数字化教学需投入额外的时间精力进行培训与备课，却可能未在绩效考核、职称评定中得到充分认可与回报；学校推动数字化转型，更关注整体教学质量提升和学校声誉，两者在利益分配与激励机制上存在矛盾。三是学校的数字化转型发展战略与教师对数字化教学接受程度之间的矛盾。二者在顾虑观望与紧迫性和必要性的观念上有差异。部分教师对数字化教学改革存在顾虑，担心新技术增加教学负担或影响教学质量；学校则从长远发展角度出发，将数字化转型视为提升教育竞争力、顺应时代发展的关键举措，双方对数字化转型紧迫性和必要性的看法有别。四是学校数字化资源分配的普惠性和公平性与教师动机之间的矛盾。二者本质上是一种公平与效率之间的矛盾。学校认为应先培养重点教师，使其发挥带头作用，起到示范效应。而大多数普通老师可能也渴望提升数字教学能力，却因名额限制无法参与，在这种资源分配不平均的情况下，重点教师提升数字素养的动机更强，普通教师则无强烈动机。五是学校管理工作与教师自身教学科研工作在优先级上的矛盾，具体表现为学校整体工作与教师个人教学重点之间的矛盾。各个行政部门经常会从自身工作开展角度出发，布置各类型的任务；而对教师来讲，以教学工作为核心，不会像其他部门那样重视各类工作。与教学无关的工作会挤压备课、教研时间，影响教学质量，教师希望专注教学，行政部门则强调工作全面性。六是学校对数字化教学成果的期待与教师开展数字化教学的意愿之间的矛盾，具体表现为一种投入和产出的期待程度和内容的不同。在程度上，学校行政管理部门对转型的期待较高，因而会担忧成效，担心转型最后变成走过场，投入了大量资源，却看不到教学质量提升，学生成绩和能力没什么变化。在内容上，教师想要利用数字化设备减轻自身教学压力，但学校希望教师多花时间在备课等教学工作上。因此，本研究提出以下假设。

H2a：学校的评价导向正向影响教师数字素养。

H2b：学校的激励制度正向影响教师数字素养。

H2c：学校的数字化转型战略规划正向影响教师数字素养。

H2d：学校数字化资源分配的普惠性和公平性正向影响教师数字素养。

H2e：学校的管理工作正向影响教师数字素养。

H2f：学校对数字化教学成果的期待和行动正向影响教师数字素养。

三、用人单位与教师数字素养

同理，依据协同论的协同效应，教师数字素养提升的核心问题是要重视各子系统之间的相互协调和相互作用。用人单位作为子系统之一，对教师数字素养的提升有重要影响。用人单位与教师在教育数字化转型方面的合作度越高，越能促进教师提升自身数字素养。因此，本研究提出以下假设。

H3：用人单位的作用正向影响教师数字素养。

同样依据役使原理，进一步分析教师与用人单位在教育数字化转型问题中具体的矛盾之处：一是用人单位与教师在宏观合作层面存在矛盾，例如具体的合作思路、客观上的沟通频率等不高；二是用人单位与教师在微观合作层面存在矛盾，例如当深入到具体的课程设计、实践活动和案例撰写层面，合作的效果未能达到预期。因此，本研究提出以下假设。

H3a：用人单位的宏观作用正向影响教师数字素养。

H3b：用人单位的微观作用正向影响教师数字素养。

四、政府与教师数字素养

同理，依据协同论的协同效应，教师数字素养提升的核心问题是要重视各子系统之间的相互协调和相互作用。政府作为子系统之一，对教师数字素养的提升有重要影响。政府的发展规划和各项政策与教师个体在教育数字化转型方面的规划契合度越高，越能促进教师提升自身数字素养。因此，本研究提出以下假设。

H4：政府的作用正向影响教师数字素养。

同样依据役使原理，进一步分析教师与政府在教育数字化转型问题中具体的矛盾之处。一是双方在目标层面存在差异。主要包括考虑问题的层面、角度，以及双方在改革推进速度上不同。政府从宏观层面强调教育数字化对教育公平、质量提升的战略意义，注重整体规划与政策引导。教师更关注数字化教学在实际课堂中的可操作性与适用性，担心政策要求与教学实际脱节，双方考虑问题的层面和角度存在差异。同时，政府期望通过教育数字化快速实现教育现代化目标，对改革推进速度和成效有较高要求。而教师面对教学任务和数字化转型压力，需要足够的时间适应与提升能力。二是双方激励政策的出发点存在差异。教师更多从个人职业发展、教学效果提升以及学生培养质量的角度出发。政府会着眼于整个教育系统的数字化转型，以提升区域或国家的教育竞争力、推动教育公平、促进数字经济发展以及培养适应社会发展的数字化人才为目标。因此，本研究提出以下假设。

H4a：政府的发展目标正向影响教师数字素养。

H4b：政府的激励政策正向影响教师数字素养。

第2章

应用型本科教师提升数字素养影响因素的实证分析

第一节　变量设计及测量

一、因变量：教师数字素养

教师数字素养是本研究的因变量，是指以《教师数字素养》为标准，应用型本科教师适当利用数字技术获取、加工、使用、管理和评价数字信息和资源，发现、分析和解决教育教学问题，优化、创新和变革教育教学活动而具有的意识、能力和责任。

对于这一变量的测量，有研究基于《教师数字素养》行业标准开发了中小学教师数字素养测评问卷，经过测试，该问卷具备良好的模型拟合度和内部一致性[①]。本研究基于该问卷，从《教师数字素养》规定的五个维度分别遴选题目，并依据应用型本科教师的自身特点进行了适当调整，以符合本研究的需要，构成了问卷的 1～10 题。

二、自变量

（一）学生因素

学生因素反映的是学生的正反馈越强，课堂参与度越高，越能激发教师提升自身数字素养的动力。学生因素通过 3 个二级指标来测量。一是学生数字化设备正确使用程度。通过询问教师，在其课堂中，学生正确且熟练使用数字设备和软件的人数，以及学生运用数字设备完成学习任务的程度来测量。问卷采用李克特五级量表法表示，编码从 1～5，得分越高则反映学生数字化设备正确使用程度越高，学生的学习积极性就越高，越能激发教师的教学热情，教师的数字素养越高。二是学生数字化学习需求被满足的程度。通过询问教师，其满足学生个性化和自主性学习需求的情况来测量。得分越高，表示个性化学习需求越被满足，教师的数字素养越高。三是数字化时代学习压力和焦虑的疏解程度。通过询问教师在他的课堂中是否及时关注学生的情绪，帮助学生在

---

① 彭红超，朱凯歌 . 中小学教师数字素养测评问卷的本土化构建：基于《教师数字素养》行业标准［J］. 现代远程教育研究，2024，36（5）：72-82.

课堂活动后整理归纳，以及缓解学生提问的焦虑等方面来测量。得分越高，表示学生在数字化时代的压力和焦虑得到疏解的程度越高，教师的数字素养越高。这构成了问卷的 11～17 题。

（二）学校因素

学校因素反映的是学校的政策保障越能满足教师需求，就越能促进教师提升自身数字素养。学校因素通过 6 个二级指标来测量。一是学校的评价导向。合理且契合教师专业发展的评价导向，能够有效促进教师在专业道路上的成长与进步；反之，若评价导向与教师专业发展方向相悖，将会对教师的专业发展产生阻碍。通过询问教师认为目前学校评价制度与自身专业发展方向的契合程度来测量，详见问卷 18 题。二是学校激励制度。当学校的激励制度科学合理时，能够更好地满足教师的工作投入回报预期，进而激发教师参与数字化教学的积极性；反之，若激励制度不合理，无法满足教师的投入回报预期，就会引发教师在利益分配与激励机制方面的不满情绪，导致矛盾产生。通过询问教师学校的奖励措施和培训制度等对其开展数字化教学的影响程度来测量，详见问卷 19～20 题。三是学校数字化转型战略规划。学校数字化转型战略规划越优质，教师对数字化教学的接受程度就越高，越有利于促进教师数字素养的提升；反之，若学校数字化转型战略规划质量欠佳，就会阻碍数字化教学改革的推进以及教师数字素养的提升。通过询问教师，当前学校在数字化教学方面的顶层设计，以及各类实施项目对其影响情况来测量，详见问卷 21～22 题。四是学校数字化资源分配的普惠性和公平性。当学校的资源分配策略公平合理，能让每位教师都有平等获取培训资源的机会时，教师会感受到公平对待，进而激发他们开展数字化教学的积极性。反之，若学校采用不合理的培训资源分配策略，使他们参与数字化教学的主动性和热情大打折扣，这将严重阻碍教育数字化工作的顺利开展。通过询问教师对学校分配数字化教学资源时，普惠程度对教师自己数字化教学积极性的影响来测量，详见问卷 23 题。五是学校管理工作。学校管理工作越繁杂，就会过度挤压教师的教学时间，导致教师杂事缠身，难以全身心投入到教学和科研工作中，教师对数字化教学的积极性会受到抑制。相反，若学校管理工作分配机制科学合理，教师便能拥有相对充裕的时间和精力专注教学与科研，进而更有积极性去开展数字化教学，提升教学质量与效果。通过询问教师对学校行政管理工作对自身数字化教学产生的积极性的影响程度来测量，详见问卷 24～25 题。六是学校对数字化教学成果的期待和行动。当学校对数字化投入效益的期待处于合理区间时，教师能更积极主动地投身于数字化教学实践。反之，若学校对数字化投入效益的期待过高，超出了当前数字化教学实际所能达成的范围，会导致教师积极性受挫。通过询问教师对其学校期待对自身数字化教学积极性的影响来测量，详见问卷 26 题。

（三）用人单位因素

用人单位因素反映的是，用人单位与学校教师在教育数字化方面开展的协同合作程度越高，越有利于教师数字素养提升。该因素通过两个二级指标来测量。一是用人单位与学校教师在微观层面的协同合作。通过询问教师，在和用人单位合作过程中，其在课程设计、案例撰写等微观层面的合作效果来测量，详见问卷 27～28 题。其反映的是学校教师与用人单位在微观层面的协同合作程度越高，教师数字素养就越高。二是用人单位与学校教师在宏观层面的协同合作。通过询问教师，在和用人单位合作过程中，其在研究思路、沟通频率等宏观层面的合作效果来测量，详见问卷 29～30 题。其反映的是学校教师与用人单位在宏观层面的协同合作程度越高，教师数字素养就越高。

（四）政府因素

政府因素反映的是，政府与学校教师在教育数字化方面的契合度越高，越有利于教师数字素养提升。政府因素通过两个二级指标来测量。一是政府与学校教师在目标方面的契合度。通过询问教师，其个体的专业发展规划目标同政府数字化转型宏观战略的契合度和工作的推进速度来测量，详见问卷 31～32 题。其反映的是学校教师与政府在目标设计层面的契合度越高，越能促进教师数字素养提高。二是政府与学校教师在数字化转型问题上激励政策的契合度。通过询问教师，政府的激励政策对教师个人数字化教学动机的影响来测量，详见问卷 33 题。其反映的是学校教师与政府在激励政策方面的认同程度越一致，越有利于教师数字素养提高。

三、研究对象和工具

（一）研究对象

本研究对象为应用型本科教师，且专指应用型本科专任教师，不包括应用型本科中的行政教辅人员。

本研究的根本目的就是探索应用型本科教师数字素养提升的影响因素和培育策略，是专门站在一线教师的视角，判断他们目前的数字素养现状，将其作为研究的因变量；对一线教师来说，探索到底哪些因素对其态度和行为会产生显著影响，以这些因素作为研究的自变量。对于数字素养现状（因变量）的测量，是通过考量教师在特定应用情境下做出何种行为来判断其数字素养的能力现状。例如，在考量其"数字技术知识与技能"这一能力时，通过"教学中出现的数字化设备、软件或平台的故障，我都能够及时解决"等问题来测量。对于各影响因素（自变量）的测量，例如学生因素，因为要测量的是学生因素（具体以学生的数字化学习压力二级因素为例）对教师数字素养的影响程度，研究的假设是教师越能处理好学生的学习压力，教师的数字素养就越高。

设置问题："技术赋能课堂互动环节容易让气氛热烈，但互动结束后，学生可能难以梳理知识脉络，缺乏对知识掌握情况的清晰认知。针对这一问题，您的处理方式是？"问题答案为：A. 从不采取措施，不关心学生对知识是否有清晰认知；B. 很少采取措施，只有在学生提出时才简单说一下；C. 一定程度上采取措施，会在课后或适当时候引导梳理；D. 比较积极地采取措施，会在互动后及时带领学生梳理；E. 非常积极地采取措施，每次互动后都系统地帮助学生梳理。其中，选择第 5 个选项就代表教师处理学生压力的效果最好，教师数字素养最高。以此类推，所有影响因素都以这样的方式进行测量，即通过调查一线教师在与各影响因素的互动中具体存在何种态度和行为。答案从 A 到 E，朝向 A 的方向对应教师数字素养偏低，朝向 E 的方向对应教师数字素养偏高。

综上所述，研究的调查对象都是同一群体，因此可以将因变量和自变量纳入同一问卷同时测量。

（二）研究工具

参照彭红超等的研究量表，结合应用型本科教育的实践情况，编制了"应用型本科教师提升数字素养的影响因素调查问卷"（见表 2-1）。其中，第一部分围绕省份、学历、教龄等人口学问题收集教师的基本信息。第二部分共 33 个题项，1～10 题测量应用型本科教师数字素养现状是因变量集，分为数字化意识、数字技术知识与技能、数字化应用、数字社会责任和专业发展五个维度；11～33 题测量影响因素，作为自变量集包括学生因素、学校因素、用人单位因素和政府因素四个方面。问卷采用李克特五级量表法表示，1～5 选项表示对题项中的观点从"非常不同意"，到"非常同意"。

表 2-1　应用型本科教师提升数字素养的影响因素调查问卷

一级指标	二级指标	问卷题项
教师数字素养（因变量）	数字化意识	1. 应用型本科教育的未来离不开数字技术。 2. 即使在数字化教学中遇到了困难或挫折，我也会尽力地去解决，而不是很快就放弃
	数字技术知识与技能	3. 人工智能与人类一样，是通过自我学习实现智能水平提升的 4. 对教学中出现的数字化设备、软件或平台的故障，我都能够及时解决
	数字化应用	5. 开展教学前，我会考虑如何使用数字设备、软件或平台与学生进行互动。 6. 我能够利用数字设备、软件或平台反馈的数据调整教学行为与活动
	数字社会责任	7. 我从来没有在社交网络中发布辱骂、污秽等言论。 8. 我的计算机、手机等电子设备安装有安全防护类软件或国家反诈中心等 App
	专业发展	9. 我主动、持续地使用数字设备、软件或平台进行专业知识与技能的学习。 10. 我利用数字设备、软件或平台探索解决数字化教学实践问题的可行方案
学生因素	学生数字化设备正确使用程度	11. 在您的课堂上，学生能正确且熟练地使用数字设备和软件（如手机、学习通、慕课等）配合教学活动（如提交作业、讨论交流等）的学生有多少人？ 12. 学生利用数字设备进行资料检索和筛选，以完成学习任务（如写报告、做课题），正确运用设备和方法的能力怎样？

一级指标	二级指标	问卷题项
学生因素	学生数字化学习需求被满足的程度	13. 您在设计数字化教学内容时，满足学生个性化学习需求的程度怎样？ 14. 在数字化学习过程中，您运用数字化教学手段（例如一些在线学习平台）给予学生自主选择学习内容、安排学习进度，以满足学生自主性学习需求的程度是_____？
	学生数字化时代学习压力和焦虑的疏解程度	15. 技术赋能课堂互动环节容易让气氛热烈，但互动结束后，学生可能难以梳理知识脉络，缺乏对知识掌握情况的清晰认知。针对这一问题，您的处理方式是_____ 16. 在科技赋能的课堂中，部分学生因担心老师要求其借助科技自行解决问题，而不敢主动提问。您在消除学生顾虑、鼓励学生提问方面的做法是_____？ 17. 当您熟练使用科技赋能教学时，对于学生因担心不会使用软件或害怕互动而精神紧张的情况，您缓解学生紧张情绪的做法是_____？
学校因素	学校的评价导向	18. 您认为目前学校在教学成果评定、职称晋升标准、奖项评选等方面的评价导向，与您在教育数字化方面的发展需求的契合程度如何？
	学校的激励制度	19. 学校的奖励措施在多大程度上影响您开展数字化教学的积极性？ 20. 学校为参与数字化教学的教师提供了如专业培训、晋升机会倾斜等有助于职业发展的支持，您觉得这些支持在多大程度上影响您开展数字化教学的积极性？
	学校数字化转型战略规划	21. 如果学校在数字化教学方面的顶层规划比较清晰，让您知道近五年的数字化教学工作意义和重点，这对您接受数字化教学会产生怎样的影响？ 22. 学校为推动数字化教学实施的培训计划、课程建设项目等，对您的吸引力如何？
	学校数字化资源分配的普惠性和公平性	23. 当学校在分配数字化教学资源时能够充分体现普惠和公平原则，对您开展数字化教学的积极性有多大提升？
	学校管理工作	24. 当学校分配给您的行政任务（如填写各类报表等）的频率与您的教学工作节奏相适配时，对您开展数字化教学的积极性有多大提升？ 25. 您认为学校在行政任务分配上的合理性（包括任务量、任务难度与教师本职工作的关联性等），对您开展数字化教学的积极性有多大影响？
	学校对数字化教学成果的期待和行动	26. 如果学校为保证教育数字化转型效果，安排教师参加研讨、修改教案等活动，当这些任务的安排频率和工作量与您的个人意愿相契合时，对您投入数字化教学的积极性有多大提升？
用人单位因素	与用人单位在微观层面的协同合作	27. 当前教育数字化转型背景下，毕业生用人单位与您在课程设计上的合作程度如何？ 28. 您觉得毕业生用人单位提供的实践案例及行业数据，对您开展数字化教学的帮助程度如何？
	与用人单位在宏观层面的协同合作	29. 如果针对数字技术赋能教学开展研究，您认为毕业生用人单位与您研究思路的一致性会如何？ 30. 当前教育数字化转型背景下，您与毕业生用人单位在该方面的沟通频率和效果如何？
政府因素	政府的发展目标	31. 政府在教育数字化转型方面确定的区域发展目标，与您个人期望达成的数字化教学效果契合度如何？ 32. 政府推进教育数字化转型的速度，对您开展数字化教学的积极性影响如何？
	政府的激励政策	33. 政府在教育数字化转型进程中实施的激励政策（如奖励补贴、荣誉授予等）吸引力如何？

第二节　数据来源及描述性统计分析

一、数据来源与人口学基本信息统计

调查样本来自福建省（273 人）和黑龙江省（138 人）应用型本科不同学科、不同教龄的教师，确保了样本的多样性和代表性。共回收有效问卷 411 份。参与调研的 411 位应用型本科教师中，学历以硕士研究生为主，占比 44.04%。教龄以 6 到 15 年为最多，占比 29.44%。具体人口学数据如表 2-2 所示。

表 2-2　应用型本科教师的人口学统计信息

项目	选项	频数	百分比（%）
所在省份	福建	273	66.42
	黑龙江	138	33.58
学历	大专	30	7.30
	本科	97	23.60
	硕士	**181**	**44.04**
	博士	103	25.06
教龄	5 年及以下	113	27.49
	6～15 年	**121**	**29.44**
	16～25 年	102	24.82
	26 年及以上	75	18.25
合计		411	100.0

二、应用型本科教师数字素养现状

（一）应用型本科教师数字素养总体水平

本研究采用 SPSSAU 对不同学历、不同教龄的教师数字素养数据进行描述统计分析，如表 2-3 所示。应用型本科院校教师的数字素养总体得分的平均值为 42.416 分，满分为 50 分。从整体得分情况来看，平均得分处于中上等水平。

表 2-3 应用型本科教师数字素养整体均值

名称	样本量	最小值	最大值	平均值	标准差
得分	411	14.000	50.000	**42.416**	5.101

硕士学位教师得分最高（见表 2-4），为 42.785 分。教龄在 5 年以下的教师得分最高，为 43.177 分（见表 2-5）。这和相关研究的结果基本一致。有学者对高校外语教师的数字素养现状进行分析，在教龄维度也发现 5 年以下的教师得分最高[1]。

表 2-4 分学历教师数字素养均值

标题	学历				汇总
	大专	本科	硕士	博士	
得分	41.833	42.309	**42.785**	42.039	42.416

表 2-5 分教龄教师数字素养均值

标题	教龄				汇总
	5 年及以下	6～15 年	16～25 年	26 年及以上	
得分	**43.177**	41.901	42.853	41.507	42.416

（二）应用型本科教师各维度数字素养水平

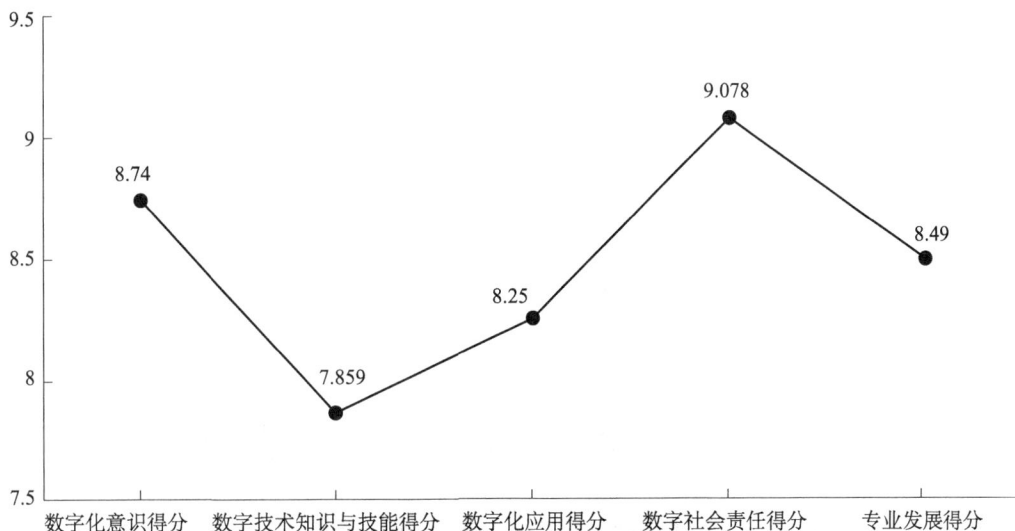

图 2-1 应用型本科教师数字素养五大维度均值

数字素养五个维度得分如图 2-1 所示。其中，数字社会责任得分最高，平均值为 9.078，而数字技术知识与技能得分最低，平均值为 7.859。五个维度从高到低排序依次为：数字社会责任 ＞ 数

① 肖永贺，邹玉梅，冯文勤，等 . 高校外语教师数字素养能力的评价分析与提升路径研究 [J]. 现代教育技术，2024，34（10）：83-91.

字化意识 > 专业发展 > 数字化应用 > 数字技术知识与技能。而肖永贺等关于高校外语教师数字素养的研究也得出了近乎一致的结论，其五个维度的得分从高到低为：数字社会责任 > 数字化意识 > 专业发展 > 数字技术知识与技能 > 数字化应用。仅最后两项的顺序稍有不同，而这两项的分值差距并不大，分别为 4.906 和 4.788。其研究对象为高校外语教师，尤其是研究结果与本研究结果基本一致，可见目前我国高校教师的数字素养同质性较强，并且教师普遍具有较高的责任感和教育数字化发展的意识，而基本知识、技能以及具体的应用能力还不足。

三、假设模型中的影响因素均值

假设模型的四大影响因素中，学生因素平均值得分最高（3.889 分），其次为学校（3.629），如表 2-6 所示，四大影响因素的排序由图 2-2 清晰可见。在学生因素各二维指标均值（见表 2-7）中，学生数字化设备正确使用程度的得分最高（4.026）。这说明学生的初始数字素养还是不错的，能达到教师的要求，为教师开展教育数字化转型奠定了基础。学生数字化学习需求被满足的程度最低（3.650），这说明当下教师在课堂教学中还未能满足学生的个性化学习需求，班级授课制的整齐划一仍是主流，数字资源在个性化学习方面的作用还未被充分发挥。学生因素中的二级指标的排序由图 2-3 清晰可见。

表 2-6   应用型本科教师数字素养影响因素均值

影响因素	样本量	最小值	最大值	平均值	标准差
学生因素	411	1.429	5.000	**3.889**	0.601
学校因素	411	1.000	5.000	3.629	0.733
用人单位因素	411	1.000	5.000	3.464	0.751
政府因素	411	1.000	5.000	3.533	0.782

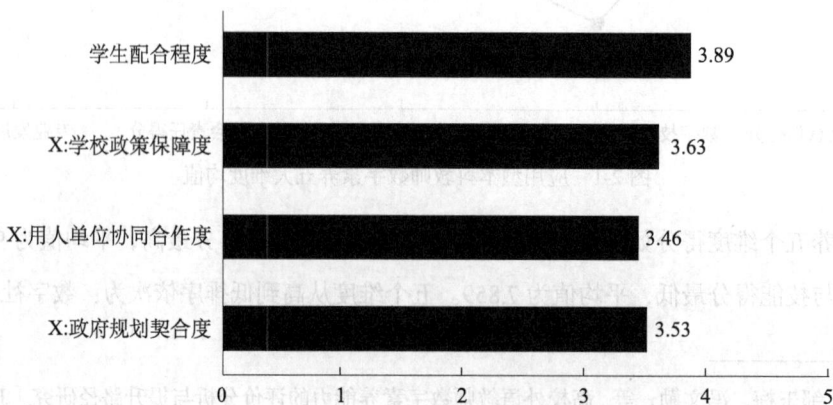

图 2-2   四大因素影响力

表 2-7　学生因素中各二维指标均值

学生因素中的二级指标	样本量	最小值	最大值	平均值	标准差	中位数
XS1：学生数字化设备正确使用程度	411	1.000	5.000	**4.026**	0.779	4.000
XS2：学生数字化学习需求被满足的程度	411	1.000	5.000	**3.650**	0.726	3.500
XS3：学生数字化时代学习压力和焦虑的疏解程度	411	1.000	5.000	3.959	0.667	4.000

平均值对比图

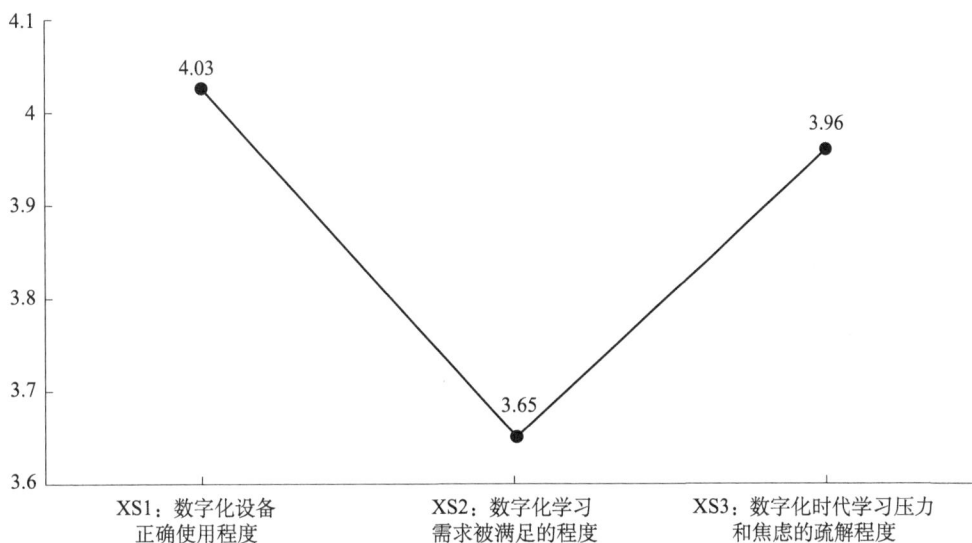

图 2-3　学生因素中的二级指标影响力

在学校因素中（见表 2-8），学校的战略规划得分最高（3.749），这说明教师普遍认为学校越有清晰的规划，越有精准的适合的培训，学校的这些措施越能提高教师开展数字化教学的积极性，让教师能找到发展的抓手。可见，教师普遍希望学校能积极作为，制订清晰的规划。学校的评价导向得分最低（3.491），教师普遍认为目前学校的评价导向，例如职称评定等没有较好地体现对数字化教学的侧重，没有对教师个体开展数字化教学起到积极的促进作用。

表 2-8　学校因素中各二维指标均值

学校因素中的二级指标	样本量	最小值	最大值	平均值	标准差	中位数
SX3：学校数字化转型战略规划与教师对数字化教学的接受程度	411	1.000	5.000	**3.749**	0.793	4.000
SX4：学校数字化资源分配的普惠性和公平性对教师数字化教学的影响	411	1.000	5.000	3.737	0.832	4.000
SX6：学校对数字化教学成果的期待对教师数字化教学的影响	411	1.000	5.000	3.679	0.861	4.000
SX5：学校管理工作对教师数字化教学的影响	411	1.000	5.000	3.588	0.850	3.500

续表

学校因素中的二级指标	样本量	最小值	最大值	平均值	标准差	中位数
SX2：学校激励制度对教师数字化教学的影响	411	1.000	5.000	3.539	0.856	3.500
SX1：学校的评价导向和教师专业发展方向的契合程度	411	1.000	5.000	**3.491**	1.034	4.000

在用人单位因素中（见表 2-9），目前教师同用人单位合作的程度仍然主要停留在思路的探讨层面，该项均值为 3.611。而涉及案例、数据、课程设计的深度合作等都偏弱，沟通的频率也仅处于中游水平。

表 2-9　用人单位因素中各二维指标均值

用人单位因素中的二级指标	样本量	最小值	最大值	平均值	标准差	中位数
29. 如果针对数字技术赋能教学开展研究，您认为毕业生用人单位与您研究思路的一致性会如何？	411	1.000	5.000	**3.611**	0.777	4.000
28. 您觉得毕业生用人单位提供的实践案例及行业数据，对您开展数字化教学的帮助程度如何？	411	1.000	5.000	3.564	0.854	3.000
30. 当前教育数字化转型背景下，您与毕业生用人单位在该方面的沟通频率和效果如何？	411	1.000	5.000	3.372	0.897	3.000
27. 当前教育数字化转型背景下，毕业生用人单位与您在课程设计上的合作程度如何？	411	1.000	5.000	3.309	0.947	3.000

在政府因素中（见表 2-10），教师们认为政府推进教育数字化的速度与自身开展数字化教学的影响比较适中。政府的激励政策和发展目标等对教师数字化教学的吸引力以及契合度等方面还是存在一定的距离，均值处于中游水平。可能的原因是，政府的方针政策距离一线教师普遍还是稍微有点远，通常起到宏观政策的引领作用，当涉及教师日常具体工作时影响力就会削弱。

表 2-10　政府因素中各二维指标均值

政府因素中的二级指标	样本量	最小值	最大值	平均值	标准差	中位数
32. 政府推进教育数字化转型的速度，对您开展数字化教学的积极性影响如何？	411	1.000	5.000	**3.847**	0.767	4.000
33. 政府在教育数字化转型进程中实施的激励政策（如奖励补贴、荣誉授予等）吸引力如何？	411	1.000	5.000	3.623	0.892	4.000

续表

政府因素中的二级指标	样本量	最小值	最大值	平均值	标准差	中位数
31.政府在教育数字化转型方面确定的区域发展目标，与您个人期望达成的数字化教学效果契合度如何？	411	1.000	5.000	3.443	0.808	3.000

　　上述统计数据分别展现了应用型本科教师数字素养的现状，和教师对各影响因素的选择情况。可以看到，应用型本科教师数字素养整体处于中上等水平（平均值为 42.416 分，满分为 50 分），其中，数字社会责任（9.078分）和数字化意识（8.74分）比较好，而数字技术知识与技能（7.859分）、数字化应用（8.25 分）能力偏弱。与此同时，教师在对四大影响因素的主观态度中，对学生因素中各观点持支持态度的最多（3.889 分），其次为学校因素（3.629 分）。但这只是老师的主观选择，不具有解释力度，如果从统计学上证明各影响因素对应用型本科教师数字素养的提升是否有显著性的影响，还需要对问卷进行信度和效度检验后做进一步的统计分析。

第三节　信效度和模型分析

一、信度检验

使用SPSSAU软件对回收数据进行分析。信度系数的计算结果显示，Cronbach α 系数为0.956，大于 0.9，说明信度高，量表具有较高的可靠性与稳定性，见表 2-11。各维度的信度系数见表 2-12，每个子维度的信度系数均在 0.8 以上，说明问卷结构的内部一致性较好，测量结果可信且具有较强的解释力。

表 2-11　Cronbach 信度分析

项数	样本量	Cronbach α 系数
33	411	0.956

表 2-12　各维度信度系数

研究维度	题目个数	Cronbach α 系数
教师数字素养	10	0.861
学生因素	7	0.865
学校因素	9	0.936
用人单位因素	4	0.885
政府因素	3	0.866

为进一步提高问卷的信度，检验题项的贡献度，优化问卷结构，为后续模型拟合度检验打下良好基础，接下来分别分析各题项的信度系数（见表 2-13）。项已删除的 α 系数是在进行信度分析时，删除某个题项后剩余题项的 Cronbach α 系数。通过分析项已删除的 α 系数，可以了解每个题项对整体信度的贡献。它主要用于辅助判断量表中各个题项与整体量表的一致性程度，进而帮助研究者决定是否要删除某些题项来优化量表的信度。在本研究中，针对"项已删除的 α 系数"，1、3、7 项高于原 Cronbach α 系数（Cronbach α 系数为 0.956，项已删除的 α 系数为 0.957），这说明该题项可能与其他题项存在较高的相关性，或者其内容可能存在冗余，对整体信度的提升没有积极作用，故而删除。

CITC（校正项总计相关性）值是指某一题项得分与除该题项外其余所有题项总得分之间的相

关系数。它主要用于衡量单个题项与量表中其他题项的关联程度，反映该题项对整个量表的贡献和契合度。CITC 值越高，说明该题项与其他题项所测量的内容越一致，即该题项与量表整体的同质性越高。一般来说，CITC 值大于 0.4 被认为是较好的，如果某个题项的 CITC 值过低（如小于 0.2），则可能表示该题项与量表的其他部分关联性不强，测量的内容可能与整体不一致，需要考虑对该题项进行修改或删除。在本研究中，排除已经删除的 1、3、7 题外，题项 8 和 11 的 CITC 值小于 0.4，按照严格标准予以删除。

表 2-13　各题项 Cronbach 信度分析

名称	处理方式	校正项总计相关性（CITC）	项已删除的 α 系数	Cronbach α 系数
1. 应用型本科教育的未来离不开数字技术。	删除	0.364	0.957	0.956
2. 即使在数字化教学中遇到了困难或挫折，我也会尽力地去解决，而不是很快就放弃。		0.487	0.956	
3. 人工智能与人类一样，是通过自我学习实现智能水平提升的。	删除	0.311	**0.957**	
4. 教学中出现的数字化设备、软件或平台的故障，我都能够及时解决。		0.499	0.956	
5. 开展教学前，我会考虑如何使用数字设备、软件或平台与学生进行互动。		0.624	0.955	
6.. 我能够利用数字设备、软件或平台反馈的数据调整教学行为与活动。		0.630	0.955	
7. 我从来没有在社交网络中发布辱骂、污秽等言论。	删除	0.173	**0.957**	
8. 我的计算机、手机等电子设备安装有安全防护类软件或国家反诈中心等 App。	删除	**0.394**	0.956	
9. 我主动、持续地使用数字设备、软件或平台进行专业知识与技能的学习。		0.611	0.955	
10. 我利用数字设备、软件或平台探索解决数字化教学实践问题的可行方案。		0.657	0.954	
11. 在您的课堂上，学生能正确且熟练地使用数字设备和软件（如手机、学习通、慕课等）配合教学活动（如提交作业、讨论交流等）的学生有多少人？	删除	**0.366**	0.956	
12. 学生利用数字设备进行资料检索和筛选，以完成学习任务时（如写报告、做课题等），正确运用设备和方法的能力怎样？		0.503	0.956	
13. 您在设计数字化教学内容时，满足学生个性化学习需求的程度怎样？		0.669	0.954	
14. 在数字化学习过程中，您运用数字化教学手段（例如一些在线学习平台）给予学生自主选择学习内容、安排学习进度，以满足学生自主性学习需求的程度是_____？		0.652	0.954	

名称	处理方式	校正项总计相关性（CITC）	项已删除的 α 系数	Cronbach α 系数
15. 技术赋能课堂互动环节容易让气氛热烈，但互动结束后，学生可能难以梳理知识脉络，缺乏对知识掌握情况的清晰认知。针对这一问题，您的处理方式是_____？		0.646	0.955	
16. 在科技赋能的课堂中，部分学生因担心老师要求其借助科技自行解决问题，而不敢主动提问。您在消除学生顾虑、鼓励学生提问方面的做法是_____？		0.680	0.954	
17. 当您熟练使用科技赋能教学时，对于学生因担心不会使用软件或害怕互动而精神紧张的情况，您缓解学生紧张情绪的做法是_____？		0.717	0.954	
18. 您认为目前学校在教学成果评定、职称晋升标准、奖项评选等方面的评价导向，与您在教育数字化方面的发展需求的契合程度如何？		0.669	0.954	
19. 学校的奖励措施在多大程度上影响您开展数字化教学的积极性？		0.696	0.954	
20. 学校为参与数字化教学的教师提供了如专业培训、晋升机会倾斜等有助于职业发展的支持，您觉得这些支持在多大程度上影响您开展数字化教学的积极性？		0.739	0.954	
21. 如果学校在数字化教学方面的顶层规划比较清晰，让您知道近五年的数字化教学工作意义和重点，这对您接受数字化教学会产生怎样的影响？		0.722	0.954	
22. 学校为推动数字化教学，实施的培训计划、课程建设项目等，对您的吸引力如何？		0.757	0.954	0.956
23. 当学校在分配数字化教学资源时能够充分体现普惠和公平原则，对您开展数字化教学的积极性有多大提升？		0.792	0.953	
24. 当学校分配给您的行政任务（如填写各类报表等）的频率与您的教学工作节奏相适配时，对您开展数字化教学的积极性有多大提升？		0.708	0.954	
25. 您认为学校在行政任务分配上的合理性（包括任务量、任务难度与教师本职工作的关联性等），对您开展数字化教学的积极性有多大影响？		0.669	0.954	
26. 如果学校为保证教育数字化转型效果，安排教师参加研讨、修改教案等活动，当这些任务的安排频率和工作量与您的个人意愿相契合时，对您投入数字化教学的积极性有多大提升？		0.752	0.954	
27. 当前教育数字化转型背景下，毕业生用人单位与您在课程设计上的合作程度如何？		0.670	0.954	
28. 您觉得毕业生用人单位提供的实践案例及行业数据，对您开展数字化教学的帮助程度如何？		0.720	0.954	
29. 如果针对数字技术赋能教学开展研究，您认为毕业生用人单位与您研究思路的一致性会如何？		0.692	0.954	

续表

名称	处理方式	校正项总计相关性（CITC）	项已删除的 α 系数	Cronbach α 系数
30. 当前教育数字化转型背景下，您与毕业生用人单位在该方面的沟通频率和效果如何？		0.675	0.954	
31. 政府在教育数字化转型方面确定的区域发展目标，与您个人期望达成的数字化教学效果契合度如何？		0.739	0.954	0.956
32. 政府推进教育数字化转型的速度，对您开展数字化教学的积极性影响如何？		0.666	0.954	
33. 政府在教育数字化转型进程中实施的激励政策（如奖励补贴、荣誉授予等）吸引力如何？		0.707	0.954	

备注：标准化 Cronbach α 系数 = 0.956

删除 1、3、7、8、11 题后的信度检验结果如下（见表 2-14），Cronbach α 值为 0.961，较之前信度更高，且项已删除的 α 系数均小于 0.961，校正项总计相关性（CITC）均大于 0.4。

表 2-14　调整后的 Cronbach 信度分析

名称	校正项总计相关性（CITC）	项已删除的 α 系数	Cronbach α 系数
2. 即使在数字化教学中遇到了困难或挫折，我也会尽力地去解决，而不是很快就放弃。	0.428	0.961	
4. 教学中出现的数字化设备、软件或平台的故障，我都能够及时解决。	0.488	0.961	
5. 开展教学前，我会考虑如何使用数字设备、软件或平台与学生进行互动。	0.594	0.960	
6. 我能够利用数字设备、软件或平台反馈的数据调整教学行为与活动。	0.603	0.960	
9. 我主动、持续地使用数字设备、软件或平台进行专业知识与技能的学习。	0.577	0.960	
10. 我利用数字设备、软件或平台探索解决数字化教学实践问题的可行方案。	0.640	0.960	
12. 学生利用数字设备进行资料检索和筛选，以完成学习任务时（如写报告、做课题等），正确运用设备和方法的能力怎样？	0.484	0.961	**0.961**
13. 您在设计数字化教学内容时，满足学生个性化学习需求的程度怎样？	0.681	0.959	
14. 在数字化学习过程中，您运用数字化教学手段（例如一些在线学习平台）给予学生自主选择学习内容、安排学习进度，以满足学生自主性学习需求的程度是_____？	0.655	0.959	
15. 技术赋能课堂互动环节容易让气氛热烈，但互动结束后，学生可能难以梳理知识脉络，缺乏对知识掌握情况的清晰认知。针对这一问题，您的处理方式是_____？	0.661	0.959	
16. 在科技赋能的课堂中，部分学生因担心老师要求其借助科技自行解决问题，而不敢主动提问。您在消除学生顾虑、鼓励学生提问方面的做法是_____？	0.692	0.959	

名称	校正项总计相关性（CITC）	项已删除的 α 系数	Cronbach α 系数
17. 当您熟练使用科技赋能教学时，对于学生因担心不会使用软件或害怕互动而精神紧张的情况，您缓解学生紧张情绪的做法是＿＿＿＿＿？	0.721	0.959	
18. 您认为目前学校在教学成果评定、职称晋升标准、奖项评选等方面的评价导向，与您在教育数字化方面的发展需求的契合程度如何？	0.680	0.959	
19. 学校的奖励措施在多大程度上影响您开展数字化教学的积极性？	0.709	0.959	
20. 学校为参与数字化教学的教师提供了如专业培训、晋升机会倾斜等有助于职业发展的支持，您觉得这些支持在多大程度上影响您开展数字化教学的积极性？	0.746	0.959	
21. 如果学校在数字化教学方面的顶层规划比较清晰，让您知道近五年的数字化教学工作意义和重点，这对您接受数字化教学会产生怎样的影响？	0.727	0.959	
22. 学校为推动数字化教学实施的培训计划、课程建设项目等，对您的吸引力如何？	0.767	0.959	
23. 当学校在分配数字化教学资源时能够充分体现普惠和公平原则，对您开展数字化教学的积极性有多大提升？	0.805	0.958	
24. 当学校分配给您的行政任务（如填写各类报表等）的频率与您的教学工作节奏相适配时，对您开展数字化教学的积极性有多大提升？	0.725	0.959	
25. 您认为学校在行政任务分配上的合理性（包括任务量、任务难度与教师本职工作的关联性等），对您开展数字化教学的积极性有多大影响？	0.688	0.959	0.961
26. 如果学校为保证教育数字化转型效果，安排教师参加研讨、修改教案等活动，当这些任务的安排频率和工作量与您的个人意愿相契合时，对您投入数字化教学的积极性有多大提升？	0.762	0.959	
27. 当前教育数字化转型背景下，毕业生用人单位与您在课程设计上的合作程度如何？	0.693	0.959	
28. 您觉得毕业生用人单位提供的实践案例及行业数据，对您开展数字化教学的帮助程度如何？	0.742	0.959	
29. 如果针对数字技术赋能教学开展研究，您认为毕业生用人单位与您研究思路的一致性会如何？	0.710	0.959	
30. 当前教育数字化转型背景下，您与毕业生用人单位在该方面的沟通频率和效果如何？	0.694	0.959	
31. 政府在教育数字化转型方面确定的区域发展目标，与您个人期望达成的数字化教学效果契合度如何？	0.753	0.959	
32. 政府推进教育数字化转型的速度，对您开展数字化教学的积极性影响如何？	0.675	0.959	
33. 政府在教育数字化转型进程中实施的激励政策（如奖励补贴、荣誉授予等）吸引力如何？	0.720	0.959	

备注：标准化 Cronbach α 系数＝0.961。

二、效度检验

（一）因变量的效度检验

本研究是要探索教师数字素养提升的影响因素，因而因变量能够准确反映出教师数字素养的水平十分重要，在本研究中，虽然因变量是基于已有的成熟量表改进的，但是为了保证因变量测量的准确性和有效性，有必要首先对因变量进行单独的效度分析。去掉 1、3、7、8 题后对教师数字素养因变量进行效度检验，结果见表 2-15，KMO 值为 0.863，KMO 值大于 0.8，研究数据非常适合提取信息（从侧面反映出效度很好）。

表 2-15　因变量的 KMO 和 Bartlett 检验

KMO 值		0.863
Bartlett 球形度检验	近似卡方	1338.976
	df	15
	p 值	0.000

（二）整体问卷的效度检验

效度检验包括内容效度和结构效度分析。内容效度方面，参照国际上经典的技术接受度量表，结合应用型本科教学实践编制问卷，经过两轮专家咨询和修订讨论等环节，充分保证了测试题项的设计逻辑与内容效度。结构效度方面，删除题项 1、3、7、8、11 后进行效度检验，如表 2-16 所示。进行 KMO 检验和 Bartlett 球形检验，样本数据的 KMO 值为 0.955，且 Bartlett 球形检验的 χ^2 值为 8855.277（$p=0.000$，<0.01），在统计学上具有显著意义，表明问卷结构较好，其结构能够解释变量之间的关系，适合做因子分析。

表 2-16　整个问卷的 KMO 和 Bartlett 的检验

KMO 值		**0.955**
Bartlett 球形度检验	近似卡方	8855.277
	df	378
	p 值	0.000

（三）探索性因子分析

接下来，分析题项与因子的对应关系。首先进行探索性因子分析（见表 2-17），以期进一步优化问卷结构，增强理论模型的解释能力。

表 2-17　探索性因子分析

名称	因子载荷系数					共同度（公因子方差）
	因子1（学校）	因子2（用人单位）	因子3（因变量）	因子4（学生）	因子5	
2. 即使在数字化教学中遇到了困难或挫折，我也会尽力地去解决，而不是很快就放弃。	0.204	0.041	**0.654**	0.090	0.034	0.481
4. 教学中出现的数字化设备、软件或平台的故障，我都能够及时解决。	0.105	0.187	**0.685**	−0.033	0.325	0.622
5. 开展教学前，我会考虑如何使用数字设备、软件或平台与学生进行互动。	0.279	0.062	**0.789**	0.148	0.142	0.746
6. 我能够利用数字设备、软件或平台反馈的数据调整教学行为与活动。	0.191	0.119	**0.793**	0.155	0.233	0.758
9. 我主动、持续地使用数字设备、软件或平台进行专业知识与技能的学习。	0.133	0.192	**0.758**	0.319	−0.050	0.733
10. 我利用数字设备、软件或平台探索解决数字化教学实践问题的可行方案。	0.188	0.247	**0.725**	0.342	−0.026	0.739
12. 学生利用数字设备进行资料检索和筛选，以完成学习任务时（如写报告、做课题等），正确运用设备和方法的能力怎样？	0.149	0.087	0.161	0.319	**0.699**	0.647
13. 您在设计数字化教学内容时，满足学生个性化学习需求的程度怎样？	0.161	0.328	0.205	**0.592**	0.456	0.734
14. 在数字化学习过程中，您运用数字化教学手段（例如一些在线学习平台）给予学生自主选择学习内容、安排学习进度，以满足学生自主性学习需求的程度是_____？	0.149	0.263	0.259	**0.561**	0.472	0.696
15. 技术赋能课堂互动环节容易让气氛热烈，但互动结束后，学生可能难以梳理知识脉络，缺乏对知识掌握情况的清晰认知。针对这一问题，您的处理方式是_____？	0.233	0.291	0.187	**0.719**	0.159	0.716
16. 在科技赋能的课堂中，部分学生因担心老师要求其借助科技自行解决问题，而不敢主动提问。您在消除学生顾虑、鼓励学生提问方面的做法是_____？	0.247	0.309	0.268	**0.690**	0.120	0.719
17. 当您熟练使用科技赋能教学时，对于学生因担心不会使用软件或害怕互动而精神紧张的情况，您缓解学生紧张情绪的做法是_____？	0.362	0.225	0.256	**0.694**	0.153	0.752
18. 您认为目前学校在教学成果评定、职称晋升标准、奖项评选等方面的评价导向，与您在教育数字化方面的发展需求的契合程度如何？	0.385	**0.421**	0.210	0.136	**0.466**	0.605

续表

名称	因子载荷系数					共同度（公因子方差）
	因子 1（学校）	因子 2（用人单位）	因子 3（因变量）	因子 4（学生）	因子 5	
19. 学校的奖励措施在多大程度上影响您开展数字化教学的积极性？	**0.531**	0.373	0.148	0.116	**0.479**	0.686
20. 学校为参与数字化教学的教师提供了如专业培训、晋升机会倾斜等有助于职业发展的支持，您觉得这些支持在多大程度上影响您开展数字化教学的积极性？	**0.724**	0.250	0.190	0.107	0.382	0.781
21. 如果学校在数字化教学方面的顶层规划比较清晰，让您知道近五年的数字化教学工作意义和重点，这对您接受数字化教学会产生怎样的影响？	**0.782**	0.148	0.260	0.179	0.182	0.767
22. 学校为推动数字化教学，实施的培训计划、课程建设项目等，对您的吸引力如何？	**0.810**	0.226	0.200	0.220	0.146	0.817
23. 当学校在分配数字化教学资源时能够充分体现普惠和公平原则，对您开展数字化教学的积极性有多大提升？	**0.770**	0.300	0.254	0.220	0.137	0.814
24. 当学校分配给您的行政任务（如填写各类报表等）的频率与您的教学工作节奏相适配时，对您开展数字化教学的积极性有多大提升？	**0.681**	0.356	0.197	0.171	0.101	0.669
25. 您认为学校在行政任务分配上的合理性（包括任务量、任务难度与教师本职工作的关联性等），对您开展数字化教学的积极性有多大影响？	**0.646**	**0.434**	0.183	0.146	−0.035	0.661
26. 如果学校为保证教育数字化转型效果，安排教师参加研讨、修改教案等活动，当这些任务的安排频率和工作量与您的个人意愿相契合时，对您投入数字化教学的积极性有多大提升？	**0.646**	0.371	0.264	0.259	0.042	0.693
27. 当前教育数字化转型背景下，毕业生用人单位与您在课程设计上的合作程度如何？	0.236	**0.725**	0.145	0.232	0.225	0.707
28. 您觉得毕业生用人单位提供的实践案例及行业数据，对您开展数字化教学的帮助程度如何？	**0.443**	**0.647**	0.205	0.167	0.112	0.697
29. 如果针对数字技术赋能教学开展研究，您认为毕业生用人单位与您研究思路的一致性会如何？	0.283	**0.703**	0.116	0.329	0.130	0.713
30. 当前教育数字化转型背景下，您与毕业生用人单位在该方面的沟通频率和效果如何？	0.238	**0.778**	0.157	0.137	0.240	0.763

续表

名称	因子载荷系数					共同度（公因子方差）
	因子1（学校）	因子2（用人单位）	因子3（因变量）	因子4（学生）	因子5	
31. 政府在教育数字化转型方面确定的区域发展目标，与您个人期望达成的数字化教学效果契合度如何？	**0.431**	**0.669**	0.151	0.263	0.072	0.730
32. 政府推进教育数字化转型的速度，对您开展数字化教学的积极性影响如何？	0.384	**0.585**	0.116	0.338	0.002	0.618
33. 政府在教育数字化转型进程中实施的激励政策（如奖励补贴、荣誉授予等）吸引力如何？	**0.542**	**0.516**	0.167	0.254	0.009	0.652

备注：表格中加粗数字表示载荷系数绝对值大于 0.4。

因子载荷系数是指原始变量与公共因子之间的相关系数。它反映了原始变量在每个公共因子上的相对重要性。根据因子载荷系数的大小，可以判断原始变量与各个公共因子之间的关联程度。一般来说，如果某个变量在某个公共因子上的载荷系数较大（通常绝对值大于 0.4 或者 0.5，标准不一），则认为该变量主要由这个公共因子解释，从而可以将该变量归到这个公共因子所代表的类别中。

第一，在假设模型中 1～10 题用来测量教师数字素养，是本研究的因变量，依据国家颁布的《教师数字素养》行业标准的 5 个维度来构建。在删除 1、3、7、8 题后，剩余 6 个题项均归属于因子 3。根据因子载荷系数的大小可以判断这 6 个题项与教师数字素养因变量高度相关。测量数字社会责任的 7～8 题均已删除，因而本研究的结论专注用来解释教师数字素养中的数字化意识、数字技术知识与技能、数字化应用及专业发展的变化，并给出提升策略。可能的原因是，描述性统计分析已经证明，在应用型本科教师数字素养现状中，数字社会责任得分是最高的，已经做得较好，教师普遍已经具有较高的数字化转型的责任感，只是还缺少必要的知识和技能等，因而同其他方面相比，可以认为数字社会责任不是急于提升的指标，可不做讨论。本研究主要探讨教师目前比较薄弱的数字技术知识与技能等四个方面的提升问题。

第二，在假设模型中题项 11～17（11 题已经删除）用来测量学生因素，是自变量之一。根据因子载荷系数的大小，13～17 题主要归属于因子 4。但是，12 题归属于因子 5，故删除。至此，属于学生数字化设备正确使用程度因子的题项 11、12 均已删除，因而删除假设 H1a。

第三，在假设模型中题项 18～26 用来测量学校因素，是第二个自变量。根据因子载荷系数的大小，19～26 题归属于因子 1；但是 18 题归属于因子 2，故删除。至此，归属于学校评价维度的题项 18 删除，因而删除假设 H2a，暂不做探讨。

第四，在假设模型中题项 27~30 测量用人单位因素，是第三个自变量。根据因子载荷系数的大小，27、29、30 题主要归属因子 2，而 28 题在归属因子 2 的同时还和因子 1 纠缠不清，故删除 28 题。

第五，在假设模型中 31~33 用来测量政府因素，是第四个自变量。根据因子载荷系数的大小，题项 32 比较不同，31、33 题比较一致，只有 32 题只归属因子 2，故删除 32 题。

第六，值得一提的是，政府因素这个维度同时跨越因子 1 和因子 2，且和用人单位维度非常相似，缺少区分度。而在教育实践中，政府又确实会对教师数字素养提升产生影响，结合统计分析结果，可认为政府和用人单位因素存在毋庸置疑，但是大概率对教师的影响不像学生和学校的影响那么直接。考虑存在中介变量，结合显示意义分析，一线教师通常不会因为个人问题同政府和用人单位发生直接的联系，在教育实践中，教师都是通过学校政策的上传下达来和政府产生联系，也主要通过学生的实习就业等问题和用人单位发生更多的关联。因而拒绝 H3 和 H4，重新提出 H5，即用人单位和政府通过学生和学校这两个中介变量发挥作用，对此将在后续研究中进行验证。

H5：学校和学生在用人单位、政府与教师数字素养的关系中起中介作用。

H5a：用人单位通过学生这个中介变量影响教师数字素养。

H5b：用人单位通过学校这个中介变量影响教师数字素养。

H5c：政府通过学生这个中介变量影响教师数字素养。

H5d：政府通过学校这个中介变量影响教师数字素养。

三、中介效应检验

删除 1、3、7、8、11、12、18、28、32 题项后，检验学生和学校的中介作用。中介作用分析的常见做法有两种，一种是因果逐步回归检验法，另一种是乘积系数检验法。本研究采用的是第二种方法——乘积系数检验法，其原理是检验 a*b 是否呈现显著性。其具体做法分为两种，一种是使用 Sobel 检验，另外一种是使用 Bootstrap 抽样法进行检验。当前较为流行的检验方法为 Bootstrap 抽样法，其检验功效相对较高，因此使用情况越来越多。

由表 2-18 分析结果可知，学生、学校在用人单位、政府与教师数字素养的关系中起完全中介作用，故 H5 得到验证。

表 2-18　学校、学生中介作用检验结果汇总

项	c 总效应	a	b	a*b 中介效应值	a*b （Boot SE）	a*b （z 值）	a*b （p 值）	a*b （95% BootCI）	c′ 直接效应	检验结论
X 政府因素 =>X 学校因素 =>Y 教师数字素养	0.212**	0.502**	0.291**	0.146	0.048	3.032	0.002	0.113~0.303	−0.008	完全中介

项	c 总效应	a	b	a*b 中介效应值	a*b (Boot SE)	a*b (z 值)	a*b (p 值)	a*b (95% BootCI)	c' 直接效应	检验结论
X 政府因素 =>X 学生因素 =>Y 教师数字素养	0.212**	0.222**	0.333**	0.074	0.029	2.590	0.010	0.051～0.164	−0.008	完全中介
X 用人单位因素 =>X 学校因素 =>Y 教师数字素养	0.154**	0.297**	0.291**	0.086	0.030	2.849	0.004	0.062～0.181	−0.067	完全中介
X 用人单位因素 =>X 学生因素 =>Y 教师数字素养	0.154**	0.405**	0.333**	0.135	0.041	3.300	0.001	0.109～0.270	−0.067	完全中介

备注：* 表示 $p<0.05$，** 表示 $p<0.01$。

四、验证性因子分析

为进一步验证所提出的理论模型的拟合度、聚合效度、区分效度等问题，进一步进行验证性因子分析（CFA）。

（一）第一次验证性因子分析

由 CFA 基本汇总表（见表 2-19）可知，针对 5 个因子、24 个题项进行分析，有效样本量为 411，超出分析项数量的 10 倍，样本量适中。

表 2-19　CFA 基本汇总表

因子	数量
教师	6
学生	5
学校	8
用人单位	3
政府	2
汇总	24
分析样本量	411

因子载荷系数（factor loading）值展示因子与分析项之间的相关关系情况，题项 2 的标准化载荷系数绝对值均 <0.6（见表 2-20），意味着测量关系较弱，故删除题项 2。

表 2-20　因子载荷系数表格

Factor（潜变量）	测量项（显变量）	非标准载荷系数（Coef.）	标准误差（Std. Error）	z（CR值）	p	标准载荷系数（Std. Estimate）	SMC
教师	2. 即使在数字化教学中遇到了困难或挫折，我也会尽力地去解决，而不是很快就放弃。	1.000	–	–	–	**0.591**	0.349
教师	4. 教学中出现的数字化设备、软件或平台的故障，我都能够及时解决。	1.253	0.118	10.654	0.000	0.647	0.418
教师	5. 开展教学前，我会考虑如何使用数字设备、软件或平台与学生进行互动。	1.267	0.101	12.528	0.000	0.825	0.681
教师	6. 我能够利用数字设备、软件或平台反馈的数据调整教学行为与活动。	1.293	0.102	12.634	0.000	0.837	0.700
教师	9. 我主动、持续地使用数字设备、软件或平台进行专业知识与技能的学习。	1.205	0.098	12.245	0.000	0.795	0.631
教师	10. 我利用数字设备、软件或平台探索解决数字化教学实践问题的可行方案。	1.245	0.101	12.374	0.000	0.808	0.653
学生	13. 您在设计数字化教学内容时，满足学生个性化学习需求的程度怎样？	1.000	–	–	–	0.791	0.626
学生	14. 在数字化学习过程中，您运用数字化教学手段（例如一些在线学习平台）给予学生自主选择学习内容、安排学习进度，以满足学生自主性学习需求的程度是_____？	0.917	0.056	16.343	0.000	0.754	0.568
学生	15. 技术赋能课堂互动环节容易让气氛热烈，但互动结束后，学生可能难以梳理知识脉络，缺乏对知识掌握情况的清晰认知。针对这一问题，您的处理方式是_____？	0.978	0.056	17.477	0.000	0.795	0.632
学生	16. 在科技赋能的课堂中，部分学生因担心老师要求其借助科技自行解决问题，而不敢主动提问。您在消除学生顾虑、鼓励学生提问方面的做法是_____？	0.952	0.053	17.915	0.000	0.811	0.658
学生	17. 当您熟练使用科技赋能教学时，对于学生因担心不会使用软件或害怕互动而精神紧张的情况，您缓解学生紧张情绪的做法是_____？	0.934	0.052	17.811	0.000	0.807	0.652
学校	19. 学校的奖励措施在多大程度上影响您开展数字化教学的积极性？	1.000	–	–	–	0.716	0.513
学校	20. 学校为参与数字化教学的教师提供了如专业培训、晋升机会倾斜等有助于职业发展的支持，您觉得这些支持在多大程度上影响您开展数字化教学的积极性？	1.066	0.065	16.364	0.000	0.817	0.667

续表

Factor（潜变量）	测量项（显变量）	非标准载荷系数（Coef.）	标准误差（Std. Error）	z（CR 值）	p	标准载荷系数（Std. Estimate）	SMC
学校	21. 如果学校在数字化教学方面的顶层规划比较清晰，让您知道近五年的数字化教学工作意义和重点，这对您接受数字化教学会产生怎样的影响？	1.023	0.062	16.631	0.000	0.830	0.689
学校	22. 学校为推动数字化教学实施的培训计划、课程建设项目等，对您的吸引力如何？	1.085	0.061	17.649	0.000	0.880	0.774
学校	23. 当学校在分配数字化教学资源时能够充分体现普惠和公平原则，对您开展数字化教学的积极性有多大提升？	1.091	0.061	17.961	0.000	0.895	0.801
学校	24. 当学校分配给您的行政任务（如填写各类报表等）的频率与您的教学工作节奏相适配时，对您开展数字化教学的积极性有多大提升？	1.073	0.068	15.866	0.000	0.793	0.628
学校	25. 您认为学校在行政任务分配上的合理性（包括任务量、任务难度与教师本职工作的关联性等），对您开展数字化教学的积极性有多大影响？	1.006	0.066	15.143	0.000	0.757	0.573
学校	26. 如果学校为保证教育数字化转型效果，安排教师参加研讨、修改教案等活动，当这些任务的安排频率和工作量与您的个人意愿相契合时，对您投入数字化教学的积极性有多大提升？	1.006	0.063	15.976	0.000	0.798	0.637
用人单位	27. 当前教育数字化转型背景下，毕业生用人单位与您在课程设计上的合作程度如何？	1.000	–	–	–	0.813	0.661
用人单位	29. 如果针对数字技术赋能教学开展研究，您认为毕业生用人单位与您研究思路的一致性会如何？	0.819	0.045	18.244	0.000	0.811	0.658
用人单位	30. 当前教育数字化转型背景下，您与毕业生用人单位在该方面的沟通频率和效果如何？	0.969	0.051	18.835	0.000	0.831	0.691
政府	31. 政府在教育数字化转型方面确定的区域发展目标，与您个人期望达成的数字化教学效果契合度如何？	1.000	–	–	–	0.860	0.740
政府	33. 政府在教育数字化转型进程中实施的激励政策（如奖励补贴、荣誉授予等）吸引力如何？	1.034	0.054	19.312	0.000	0.805	0.648

备注：横杠（-）表示该项为参照项。

（二）第二次验证性因子分析

进行上述调整后，针对 23 个题项第二次进行验证性因子分析，进一步调整理论模型结构。第二次验证性因子分析的样本数量合适（见表 2-21）。

表 2-21　CFA 分析基本汇总

因子	数量
教师	5
学生	5
学校	8
用人单位	3
政府	2
汇总	**23**
分析样本量	411

通过表 2-22 可见，因子载荷系数均大于 0.6。接下来，进一步分析模型的聚合效度和区分效度。

表 2-22　因子载荷系数表格

Factor（潜变量）	测量项（显变量）	非标准载荷系数（Coef.）	标准误差（Std. Error）	z（CR 值）	p	标准载荷系数（Std. Estimate）	SMC
教师	4. 教学中出现的数字化设备、软件或平台的故障，我都能够及时解决。	1.000	–	–	–	0.649	0.421
教师	5. 开展教学前，我会考虑如何使用数字设备、软件或平台与学生进行互动。	1.002	0.072	13.920	0.000	0.820	0.672
教师	6. 我能够利用数字设备、软件或平台反馈的数据调整教学行为与活动。	1.034	0.073	14.184	0.000	0.841	0.707
教师	9. 我主动、持续地使用数字设备、软件或平台进行专业知识与技能的学习。	0.957	0.070	13.578	0.000	0.793	0.629
教师	10. 我利用数字设备、软件或平台探索解决数字化教学实践问题的可行方案。	0.992	0.072	13.794	0.000	0.810	0.656
学生	13. 您在设计数字化教学内容时，满足学生个性化学习需求的程度怎样？	1.000	–	–	–	0.791	0.626
学生	14. 在数字化学习过程中，您运用数字化教学手段（例如一些在线学习平台）给予学生自主选择学习内容、安排学习进度，以满足学生自主性学习需求的程度是_____？	0.916	0.056	16.342	0.000	0.753	0.568
学生	15. 技术赋能课堂互动环节容易让气氛热烈，但互动结束后，学生可能难以梳理知识脉络，缺乏对知识掌握情况的清晰认知。针对这一问题，您的处理方式是_____？	0.978	0.056	17.488	0.000	0.795	0.633

续表

Factor（潜变量）	测量项（显变量）	非标准载荷系数（Coef.）	标准误差（Std. Error）	z（CR 值）	p	标准载荷系数（Std. Estimate）	SMC
学生	16. 在科技赋能的课堂中，部分学生因担心老师要求其借助科技自行解决问题，而不敢主动提问。您在消除学生顾虑、鼓励学生提问方面的做法是_____？	0.952	0.053	17.929	0.000	0.811	0.658
学生	17. 当您熟练使用科技赋能教学时，对于学生因担心不会使用软件或害怕互动而精神紧张的情况，您缓解学生紧张情绪的做法是_____？	0.934	0.052	17.818	0.000	0.807	0.652
学校	19. 学校的奖励措施在多大程度上影响您开展数字化教学的积极性？	1.000	–	–	–	0.716	0.512
学校	20. 学校为参与数字化教学的教师提供了如专业培训、晋升机会倾斜等有助于职业发展的支持，您觉得这些支持在多大程度上影响您开展数字化教学的积极性？	1.067	0.065	16.361	0.000	0.817	0.667
学校	21. 如果学校在数字化教学方面的顶层规划比较清晰，让您知道近五年的数字化教学工作意义和重点，这对您接受数字化教学会产生怎样的影响？	1.024	0.062	16.624	0.000	0.830	0.689
学校	22. 学校为推动数字化教学实施的培训计划、课程建设项目等，对您的吸引力如何？	1.085	0.062	17.642	0.000	0.880	0.774
学校	23. 当学校在分配数字化教学资源时能够充分体现普惠和公平原则，对您开展数字化教学的积极性有多大提升？	1.092	0.061	17.955	0.000	0.895	0.801
学校	24. 当学校分配给您的行政任务（如填写各类报表等）的频率与您的教学工作节奏相适配时，对您开展数字化教学的积极性有多大提升？	1.073	0.068	15.864	0.000	0.793	0.628
学校	25. 您认为学校在行政任务分配上的合理性（包括任务量、任务难度与教师本职工作的关联性等），对您开展数字化教学的积极性有多大影响？	1.007	0.066	15.146	0.000	0.758	0.574
学校	26. 如果学校为保证教育数字化转型效果，安排教师参加研讨、修改教案等活动，当这些任务的安排频率和工作量与您的个人意愿相契合时，对您投入数字化教学的积极性有多大提升？	1.007	0.063	15.973	0.000	0.798	0.637

续表

Factor（潜变量）	测量项（显变量）	非标准载荷系数（Coef.）	标准误差（Std. Error）	z（CR值）	p	标准载荷系数（Std. Estimate）	SMC
用人单位	27. 当前教育数字化转型背景下，毕业生用人单位与您在课程设计上的合作程度如何？	1.000	–	–	–	0.814	0.662
用人单位	29. 如果针对数字技术赋能教学开展研究，您认为毕业生用人单位与您研究思路的一致性会如何？	0.818	0.045	18.253	0.000	0.811	0.658
用人单位	30. 当前教育数字化转型背景下，您与毕业生用人单位在该方面的沟通频率和效果如何？	0.968	0.051	18.853	0.000	0.832	0.692
政府	31. 政府在教育数字化转型方面确定的区域发展目标，与您个人期望达成的数字化教学效果契合度如何？	1.000	–	–	–	0.860	0.740
政府	33. 政府在教育数字化转型进程中实施的激励政策（如奖励补贴、荣誉授予等）吸引力如何？	1.034	0.054	19.320	0.000	0.805	0.648

备注：横杠（–）表示该项为参照项。

AVE（平均方差萃取）和 CR（组合信度）用于聚合效度（收敛效度）分析。通常情况下，AVE 大于 0.5 且 CR 值大于 0.7，则说明聚合效度较高。由表 2-23 可知，5 个因子的 AVE 均大于 0.5，CR 值均大于 0.7，说明模型具有较好的聚合效度。接下来分析区分效度。

表 2-23　模型 AVE 和 CR 指标结果

因子	平均方差萃取 AVE 值	组合信度 CR 值
教师	0.617	0.889
学生	0.627	0.894
学校	0.660	0.939
用人单位	0.670	0.859
政府	0.694	0.819

验证性因子分析（CFA）可用于区分效度研究。表格中斜对角线粗体数字为 AVE 平方根值，其余值为相关系数。AVE 平方根值可表示因子的"聚合性"，相关系数表示相关关系，如果因子"聚合性"很强（明显强于与其他因子间的相关系数绝对值），则能说明其具有区分效度。如果某因子 AVE 平方根值大于该因子与其他因子的相关系数绝对值，且所有因子均呈现出这样的结论，则说明该因子具有良好的区分效度。由表 2-24 可见，针对教师数字素养因子，其 AVE 平方根值为 0.785，大于因子间相关系数绝对值的最大值 0.595，意味着其具有良好的区分效度。所有因子均如此，因而问卷具有良好的区分效度。

表 2-24　区分效度：Pearson 相关与 AVE 平方根值

	教师	学生	学校	用人单位	政府
教师	**0.785**				
学生	0.595	**0.792**			
学校	0.562	0.665	**0.813**		
用人单位	0.454	0.682	0.699	**0.819**	
政府	0.463	0.623	0.760	0.727	**0.833**

备注：斜对角线粗体数字为 AVE 平方根值。

接下来通过分析因子与测量项的对应关系 MI 值，来进一步优化模型结构。

因子和测量项间的 MI 指标，可用于研究因子与测量项的对应关系情况合理性。如果 MI 值较大，说明该因子与测量项间可能需要建立关联关系，即该项可能测量该因子更适合。MI 值的标准通常并不固定，表 2-25 中显示的 MI 值均大于 10。可以结合模型拟合度及研究综合考虑。题项 10 本是测量教师数字素养因子，却和学生、用人单位、政府多个因子相关，故删除。题项 19（MI=18.243）、21（MI=16.811）、22（MI=10.792）的 MI 值较大，这说明它们和其他因子关联更强，故而删除。至此，由于归属学校数字化转型战略规划维度的 21、22 题删除，故删除假设 H2c。其他题项因为所属因子题项过少，考虑研究目的需要，先不做删除，待进行第三次验证性因子分析后再思考是否需要处理。

表 2-25　因子和测量项 - MI 指标

测量项	关系	因子	MI 值	Par Change
10. 我利用数字设备、软件或平台探索解决数字化教学实践问题的可行方案。	测量	学生	11.573	0.195
19. 学校的奖励措施在多大程度上影响您开展数字化教学的积极性？	测量	学生	13.769	0.323
30. 当前教育数字化转型背景下，您与毕业生用人单位在该方面的沟通频率和效果如何？	测量	学生	10.070	−0.323
17. 当您熟练使用科技赋能教学时，对于学生因担心不会使用软件或害怕互动而精神紧张的情况，您缓解学生紧张情绪的做法是_____？	测量	学校	11.121	0.196
31. 政府在教育数字化转型方面确定的区域发展目标，与您个人期望达成的数字化教学效果契合度如何？	测量	学校	19.709	−0.659
33. 政府在教育数字化转型进程中实施的激励政策（如奖励补贴、荣誉授予等）吸引力如何？	测量	学校	19.693	0.681
10. 我利用数字设备、软件或平台探索解决数字化教学实践问题的可行方案。	测量	用人单位	11.406	0.133
19. 学校的奖励措施在多大程度上影响您开展数字化教学的积极性？	测量	用人单位	**18.243**	0.345

续表

测量项	关系	因子	MI 值	Par Change
21. 如果学校在数字化教学方面的顶层规划比较清晰，让您知道近五年的数字化教学工作意义和重点，这对您接受数字化教学会产生怎样的影响？	测量	用人单位	14.142	−0.224
22. 学校为推动数字化教学实施的培训计划、课程建设项目等，对您的吸引力如何？	测量	用人单位	**10.792**	−0.175
31. 政府在教育数字化转型方面确定的区域发展目标，与您个人期望达成的数字化教学效果契合度如何？	测量	用人单位	19.239	0.711
33. 政府在教育数字化转型进程中实施的激励政策（如奖励补贴、荣誉授予等）吸引力如何？	测量	用人单位	19.285	−0.736
10. 我利用数字设备、软件或平台探索解决数字化教学实践问题的可行方案。	测量	政府	10.406	0.145
21. 如果学校在数字化教学方面的顶层规划比较清晰，让您知道近五年的数字化教学工作意义和重点，这对您接受数字化教学会产生怎样的影响？	测量	政府	**16.811**	−0.377
29. 如果针对数字技术赋能教学开展研究，您认为毕业生用人单位与您研究思路的一致性会如何？	测量	政府	17.122	0.582

备注：表格中 MI 值均大于 10。

（三）第三次验证性因子分析

第三次也是最后一次分析结果见表 2-26、2-27、2-28、2-29、2-30，经过上述三次调整后，问卷总共 19 个题目，样本量、聚合效度、区分度各项指标均通过验证。模型拟合度的关键指标中，卡方自由度比为 2.760，GFI 为 0.907，RMSEA 为 0.066，RMR 为 0.023，CFI 为 0.954，NFI 为 0.930，NNFI 为 0.945，也均达标。

表 2-26　CFA 分析基本汇总

因子	数量
教师	4
学生	5
学校	5
用人单位	3
政府	2
汇总	**19**
分析样本量	411

表 2-27　因子载荷系数表格

因子（潜变量）	测量项（显变量）	非标准载荷系数（Coef.）	标准误差（Std. Error）	z（CR 值）	p	标准载荷系数（Std. Estimate）	SMC
教师	4. 教学中出现的数字化设备、软件或平台的故障，我都能够及时解决。	1.000	–	–	–	0.667	0.445
教师	5. 开展教学前，我会考虑如何使用数字设备、软件或平台与学生进行互动。	1.001	0.069	14.567	0.000	0.843	0.710
教师	6. 我能够利用数字设备、软件或平台反馈的数据调整教学行为与活动。	1.056	0.070	14.995	0.000	0.883	0.781
教师	9. 我主动、持续地使用数字设备、软件或平台进行专业知识与技能的学习。	0.852	0.066	12.929	0.000	0.726	0.527
学生	13. 您在设计数字化教学内容时，满足学生个性化学习需求的程度怎样？	1.000	–	–	–	0.794	0.630
学生	14. 在数字化学习过程中，您运用数字化教学手段（例如一些在线学习平台）给予学生自主选择学习内容、安排学习进度，以满足学生自主性学习需求的程度是_____？	0.913	0.056	16.381	0.000	0.753	0.568
学生	15. 技术赋能课堂互动环节容易让气氛热烈，但互动结束后，学生可能难以梳理知识脉络，缺乏对知识掌握情况的清晰认知。针对这一问题，您的处理方式是_____？	0.975	0.056	17.553	0.000	0.796	0.633
学生	16. 在科技赋能的课堂中，部分学生因担心老师要求其借助科技自行解决问题，而不敢主动提问。您在消除学生顾虑、鼓励学生提问方面的做法是_____？	0.949	0.053	17.983	0.000	0.811	0.658
学生	17. 当您熟练使用科技赋能教学时，对于学生因担心不会使用软件或害怕互动而精神紧张的情况，您缓解学生紧张情绪的做法是_____？	0.927	0.052	17.788	0.000	0.804	0.647
学校	20. 学校为参与数字化教学的教师提供了如专业培训、晋升机会倾斜等有助于职业发展的支持，您觉得这些支持在多大程度上影响您开展数字化教学的积极性？	1.000	–	–	–	0.765	0.585
学校	23. 当学校在分配数字化教学资源时能够充分体现普惠和公平原则，对您开展数字化教学的积极性有多大提升？	1.061	0.056	18.928	0.000	0.869	0.756
学校	24. 当学校分配给您的行政任务（如填写各类报表等）的频率与您的教学工作节奏相适配时，对您开展数字化教学的积极性有多大提升？	1.110	0.063	17.619	0.000	0.819	0.671

续表

因子 （潜变量）	测量项（显变量）	非标准载 荷系数 （Coef.）	标准误 差（Std. Error）	z（CR 值）	p	标准载荷 系数（Std. Estimate）	SMC
学校	25. 您认为学校在行政任务分配上的合理性（包括任务量、任务难度与教师本职工作的关联性等），对您开展数字化教学的积极性有多大影响？	1.058	0.062	17.020	0.000	0.795	0.633
学校	26. 如果学校为保证教育数字化转型效果，安排教师参加研讨、修改教案等活动，当这些任务的安排频率和工作量与您的个人意愿相契合时，对您投入数字化教学的积极性有多大提升？	1.044	0.059	17.820	0.000	0.827	0.683
用人单位	27. 当前教育数字化转型背景下，毕业生用人单位与您在课程设计上的合作程度如何？	1.000	–	–	–	0.814	0.662
用人单位	29. 如果针对数字技术赋能教学开展研究，您认为毕业生用人单位与您研究思路的一致性会如何？	0.819	0.045	18.303	0.000	0.812	0.659
用人单位	30. 当前教育数字化转型背景下，您与毕业生用人单位在该方面的沟通频率和效果如何？	0.967	0.051	18.850	0.000	0.830	0.689
政府	31. 政府在教育数字化转型方面确定的区域发展目标，与您个人期望达成的数字化教学效果契合度如何？	1.000	–	–	–	0.862	0.744
政府	33. 政府在教育数字化转型进程中实施的激励政策（如奖励补贴、荣誉授予等）吸引力如何？	1.029	0.053	19.275	0.000	0.803	0.645

备注：横杠（–）表示该项为参照项。

表 2-28　模型 AVE 和 CR 指标结果

因子	平均方差萃取 AVE 值	组合信度 CR 值
教师	0.616	0.864
学生	0.627	0.894
学校	0.666	0.909
用人单位	0.670	0.859
政府	0.694	0.819

表 2-29　区分效度：Pearson 相关与 AVE 平方根值

	教师	学生	学校	用人单位	政府
教师	**0.785**				
学生	0.566	**0.792**			

续表

	教师	学生	学校	用人单位	政府
学校	0.532	0.645	**0.816**		
用人单位	0.428	0.682	0.697	**0.819**	
政府	0.431	0.623	0.755	0.727	**0.833**

备注：斜对角线粗体数字为 AVE 平方根值。

表 2-30　模型拟合指标

常用指标	χ^2	df	p	卡方自由度比 χ^2/df	GFI	RMSEA	RMR	CFI	NFI	NNFI
判断标准	–	–	<0.05	<3	>0.9	<0.10	<0.05	>0.9	>0.9	>0.9
值	391.920	142	0.000	**2.760**	**0.907**	**0.066**	**0.023**	**0.954**	**0.930**	**0.945**

五、结构方程模型（SEM）分析

（一）SEM 第一次分析

结构方程模型 SEM 是一种多元数据分析方法，可用于研究多个潜变量之间的影响关系。结构方程模型包括两种关系，分别是测量关系和影响关系。根据前期探索性因子分析和验证性因子分析的结果，学生和学校影响教师数字素养提升，用人单位和政府影响学生，用人单位和政府影响学校。检验结果如表 2-31 所示。

表 2-31　结构方程模型假设检验结果

研究假设			显著性	标准化回归系数	检验结果
学生	→	教师	0.000	0.425	接受
学校	→	教师	0.000	0.280	接受
用人单位	→	学生	0.000	0.438	接受
用人单位	→	学校	**0.916**	**0.014**	**拒绝**
政府	→	学生	**0.002**	**0.377**	**拒绝**
政府	→	学校	0.000	0.876	接受
教师	→	9. 我主动、持续地使用数字设备、软件或平台进行专业知识与技能的学习。	0.000	0.724	接受
教师	→	6. 我能够利用数字设备、软件或平台反馈的数据调整教学行为与活动。	0.000	0.882	接受
教师	→	5. 开展教学前，我会考虑如何使用数字设备、软件或平台与学生进行互动。	0.000	0.841	接受

续表

		研究假设	显著性	标准化回归系数	检验结果
教师	→	4.教学中出现的数字化设备、软件或平台的故障，我都能够及时解决。	–	0.665	接受
学生	→	17.当您熟练使用科技赋能教学时，对于学生因担心不会使用软件或害怕互动而精神紧张的情况，您缓解学生紧张情绪的做法是_____？	0.000	0.803	接受
学生	→	16.在科技赋能的课堂中，部分学生因担心老师要求其借助科技自行解决问题，而不敢主动提问。您在消除学生顾虑、鼓励学生提问方面的做法是_____？	0.000	0.811	接受
学生	→	15.技术赋能课堂互动环节容易让气氛热烈，但互动结束后，学生可能难以梳理知识脉络，缺乏对知识掌握情况的清晰认知。针对这一问题，您的处理方式是_____？	0.000	0.796	接受
学生	→	14.在数字化学习过程中，您运用数字化教学手段（例如一些在线学习平台）给予学生自主选择学习内容、安排学习进度，以满足学生自主性学习需求的程度是_____？	0.000	0.753	接受
学生	→	13.您在设计数字化教学内容时，满足学生个性化学习需求的程度怎样？	–	0.795	接受
学校	→	24.当学校分配给您的行政任务（如填写各类报表等）的频率与您的教学工作节奏相适配时，对您开展数字化教学的积极性有多大提升？	0.000	0.819	接受
学校	→	23.当学校在分配数字化教学资源时能够充分体现普惠和公平原则，对您开展数字化教学的积极性有多大提升？	0.000	0.869	接受
学校	→	20.学校为参与数字化教学的教师提供了如专业培训、晋升机会倾斜等有助于职业发展的支持，您觉得这些支持在多大程度上影响您开展数字化教学的积极性？	–	0.764	接受
学校	→	26.如果学校为保证教育数字化转型效果，安排教师参加研讨、修改教案等活动，当这些任务的安排频率和工作量与您的个人意愿相契合时，对您投入数字化教学的积极性有多大提升？	0.000	0.826	接受
学校	→	25.您认为学校在行政任务分配上的合理性（包括任务量、任务难度与教师本职工作的关联性等），对您开展数字化教学的积极性有多大影响？	0.000	0.797	接受
用人单位	→	30.当前教育数字化转型背景下，您与毕业生用人单位在该方面的沟通频率和效果如何？	0.000	0.830	接受
用人单位	→	29.如果针对数字技术赋能教学开展研究，您认为毕业生用人单位与您研究思路的一致性会如何？	0.000	0.810	接受
用人单位	→	27.当前教育数字化转型背景下，毕业生用人单位与您在课程设计上的合作程度如何？	–	0.815	接受
政府	→	33.政府在教育数字化转型进程中实施的激励政策（如奖励补贴、荣誉授予等）吸引力如何？	0.000	0.800	接受
政府	→	31.政府在教育数字化转型方面确定的区域发展目标，与您个人期望达成的数字化教学效果契合度如何？	–	0.852	接受

结构方程模型（SEM）显示，学生的作用正向影响教师数字素养（p=0.000，在 0.01 水平上具有显著影响，标准化回归系数为 0.425），H1 假设成立。学校的作用正向影响教师数字素养（p=0.000，在 0.01 水平上具有显著影响，标准化回归系数为 0.280），H2 假设成立。用人单位通过学生这个中介变量正向影响教师数字素养（p=0.000，在 0.01 水平上具有显著影响，标准化回归系数为 0.438），H5a 假设成立。用人单位通过学校这个中介变量正向影响教师数字素养（p=0.916，p>0.05），H5b 假设不成立。政府通过学生这个中介变量正向影响教师数字素养（p=0.002，p>0.001），在 0.001 水平上没有显著影响，H5c 假设不成立。政府通过学校这个中介变量正向影响教师数字素养（p=0.000，在 0.01 水平上具有显著影响，标准化回归系数为 0.876），H5d 假设成立。

卡方检验用于评估观测数据与模型预测数据之间的差异程度。自由度是指在统计分析中可以自由变化的变量数量。卡方自由度比就是将卡方值除以自由度得到的比值，该比值越小，说明观测数据与模型预测数据之间的差异相对较小，模型对数据的拟合程度较好。通常认为，卡方自由度比在 1 到 3 之间表示模型拟合良好。一般来说，该比值越小越好。但这一指标需结合其他指标综合判断模型拟合度。

由表 2-31、2-32 可见，该模型的拟合度各关键指标已经达标。但是依据模型回归系数汇总表格（见表 2-31），用人单位对学校的影响 p=0.916>0.05，政府对学生的影响 p=0.002>0.001，在 0.001 的严格水平上，这两个影响关系可以删除。结合教育实践分析，同学校相比，用人单位确实和学生的联系更为紧密，特别是在对教师数字素养的影响上，教师通常是因为学生实习等问题才和用人单位的联系变得频繁，因而接受统计分析结果的建议，仅接受用人单位通过学生影响教师，拒绝用人单位通过学校影响教师的路径。同学生相比，政府也确实同学校的联系更加紧密，因而 0.001 水平上，仅接受政府通过影响学校来影响教师，拒绝政府通过影响学生进而影响教师的路径。因此，删除上述两个影响关系后再次进行验证。

表 2-32　模型拟合指标

常用指标	χ^2	df	p	卡方自由度比 χ^2/df	GFI	RMSEA	RMR	CFI	NFI	NNFI
判断标准	–	–	<0.05	<3	>0.9	<0.10	<0.05	>0.9	>0.9	>0.9
值	409.711	145	0.000	2.826	0.903	0.067	0.026	0.951	0.927	0.943

并且，参考影响关系 MI 值综合判断（见表 2-33），教师对学生和学校的影响关系 MI 都比较大。这也符合现实中教学相长的原则，以及教师和学校之间的相互作用关系。因此，将模型中的学生与教师、学校与教师之间的影响关系调整为相关关系。

表 2-33　影响关系 -MI 指标

项	关系	项	MI 值	Par Change
教师	→	学生	14.740	0.428
教师	→	学校	14.519	0.262

备注：表格中 MI 值均大于 10。

（二）SEM 第二次分析

第二次模型拟合度检验，各项关键指标也均达标（见表 2-34）。两次验证相比（见表 2-35），第二次的模型更符合教育实践现状，也均比第一次指标更好。因此，本研究最终确定应用型本科教师数字素养影响因素理论模型，模型示意图如图 2-4 所示。

表 2-34　模型拟合指标

常用指标	χ^2	df	p	卡方自由度比 χ^2/df	GFI	RMSEA	RMR	CFI	NFI	NNFI
判断标准	–	–	<0.05	<3	>0.9	<0.10	>0.05	>0.9	>0.9	>0.9
值	417.951	147	0.000	2.772	0.906	0.066	0.024	0.953	0.929	0.944

表 2-35　两次模型拟合指标比较

	常用指标	卡方自由度比 χ^2/df	GFI	RMSEA	RMR	CFI	NFI	NNFI
	判断标准	<3	>0.9	<0.10	<0.05	>0.9	>0.9	>0.9
第一次	值	2.826	0.903	0.067	0.026	0.951	0.927	0.943
第二次	值	2.772	0.906	0.066	0.024	0.953	0.929	0.944

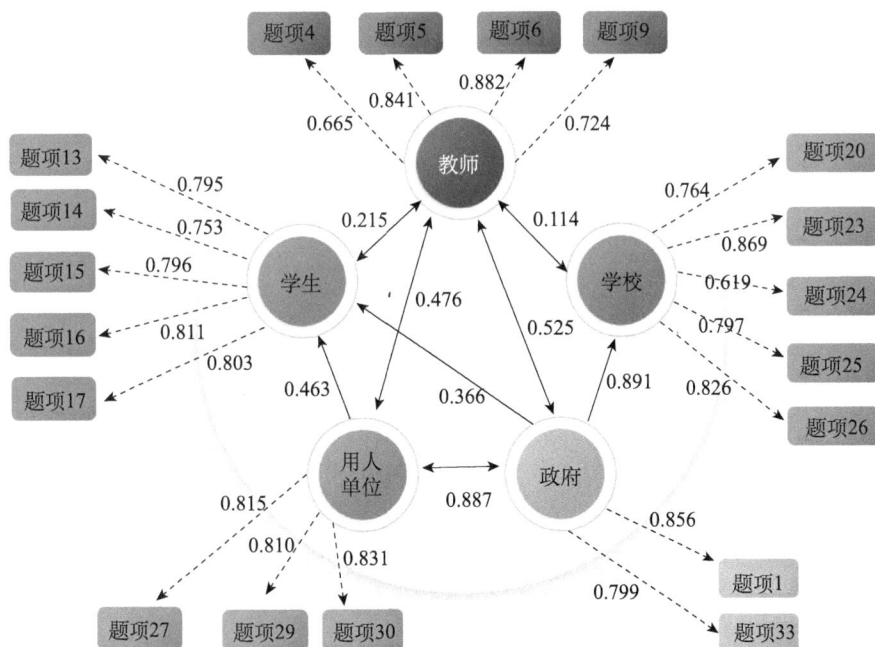

图 2-4　应用型本科教师数字素养影响因素理论模型

在确定了数据的可靠性和结构后，为进一步探究各影响因素与应用型本科教师数字素养各个维度之间的具体影响，需要进行相关分析和回归分析。相关分析是回归分析的前提。准确地说，本模型能够解释教师数字素养的数字技术知识与技能、数字化应用和专业发展三个维度。可能的解释是，在数字社会责任和数字化意识两个维度上，应用型本科教师具有较高的水平，在现状分析里得分排在前两位，提升空间有限。本模型中涉及的各自变量并不能继续提升应用型本科教师在这两个维度上的数字素养水平。

第四节　影响因素分析

结构方程模型能够在整体上检验理论构建的结构和变量之间的关系，但是，如果想要更具体地量化各个因子之间的线性关联程度，以及确定自变量对因变量的预测能力和影响方向，就有必要进行相关分析和回归分析。也就是说，在本研究中，已经通过结构方程模型在宏观上把握了各个一级影响因素（教师数字素养、学生因素、学校因素、用人单位因素和政府因素）之间的关系，以及哪些题项能够准确测量出这些一级影响因素。但是，如果要切实探索出提升应用型本科教师数字素养的路径，还需要对 10 个二级影响因素（包括 X1 学生数字化学习需求被满足的程度、X2 学生数字化时代学习压力和焦虑的疏解程度、X3 学校激励制度、X4 学校数字化资源分配的普惠性和公平性、X5 学校管理工作、X6 学校对数字化教学成果的期待和行动、X7 与用人单位在微观层面的协同合作、X8 与用人单位在宏观层面的协同合作、X9 政府的发展目标、X10 政府的激励政策）与因变量之间的关系做进一步检验。且研究假设 H1b、H1c、H2b、H2d、H2e、H2f，仍有待验证。

一、相关分析结果

相关分析旨在确定变量之间是否存在关联，以及这种关联的紧密程度。它并不涉及变量之间的因果关系，只是描述变量间的共变趋势。通过计算皮尔逊相关系数来反映变量之间的相关性强弱，范围在 –1 到 +1 之间。

（一）影响因素与教师数字素养的相关分析

1. 四大影响因素的相关分析

四大影响因素（自变量）都在 0.01 水平上，与教师数字素养（因变量）具有显著的正相关关系（见表 2-36）。相关程度由高到低排序为"学生 > 学校 > 政府 > 用人单位"，学生和学校同教师数字素养之间的相关程度高于用人单位和政府，而相比教师数字素养这个因变量，用人单位和政府同学校和学生的相关程度要更高。例如，用人单位同教师数字素养之间的相关系数为 0.428，而用人单位同学校因素和学生因素之间的相关系数则均在 0.6 以上（见表 2-37）。这恰好同学校、学生为中介变量的判断是一致的，用人单位和政府是通过影响学校、学生来影响教师数字素养的。这进一步验证了 SEM 结果的可靠性和稳健性。

表 2-36　四大影响因素与教师数字素养的相关分析

		教师数字素养
学生因素	相关系数	0.566**
	p 值	0.000
	样本量	411
学校因素	相关系数	0.532**
	p 值	0.000
	样本量	411
用人单位因素	相关系数	0.428**
	p 值	0.000
	样本量	411
政府因素	相关系数	0.431**
	p 值	0.000
	样本量	411

备注：* $p<0.05$，** $p<0.01$。

表 2-37　相关系数之间的比较

	教师数字素养	学校因素	学生因素
用人单位因素	0.428**	0.697**	0.682**
政府因素	0.431**	0.755**	0.623**

备注：* $p<0.05$，** $p<0.01$。

2. 十个二级影响因素的相关分析

十个二级影响因素都在 0.01 水平上，与教师数字素养因变量具有显著的正相关关系（见表 2-38）。这也进一步验证了 SEM 结果的可靠性和稳健性。相关程度从高到低如表 2-38 所示。在学生因素中，学生的压力和焦虑程度同教师数字素养的相关程度最高（0.538）；在学校因素中，学校数字化资源分配的普惠性和公平性与教师数字素养的相关程度最高（0.506），预期中非常关注的学校的激励制度只排在学校维度的第三位。

表 2-38　10 个二级维度影响因素与教师数字素养的相关分析

	Y：教师数字素养
X2：数字化时代学习压力和焦虑的疏解程度	**0.538****
X1：数字化学习需求被满足的程度	0.513**
X4：学校数字化资源分配的普惠性和公平性对教师数字化教学的影响	**0.506****

续表

	Y：教师数字素养
X6：学校对数字化教学成果的期待对教师数字化教学的影响	0.494**
X3：学校激励制度对教师数字化教学的影响	0.451**
X5：学校管理工作对教师数字化教学的影响	0.447**
X8：宏观层面的协同合作	0.415**
X10：关于政府的激励政策	0.402**
X9：关于政府的发展目标	0.390**
X7：微观层面的协同合作	0.380**

备注：*$p<0.05$，**$p<0.01$。

（二）影响因素与教师数字素养三个维度的相关分析

1.四大影响因素与教师数字素养三个维度的相关分析

由表 2-39 可知，四大影响因素同教师数字素养的三个二级维度（Y1：数字技术知识与技能；Y2：数字化应用；Y3：专业发展），均在 0.01 水平上，具有显著的正相关关系。其中，学生因素同教师数字素养的各个维度的相关程度都是最高的，分别为 0.399、0.532、0.516。

表 2-39   四大影响因素与教师数字素养三个维度的相关分析

	Y1：数字技术知识与技能	Y2：数字化应用	Y3：专业发展	学生因素	学校因素	用人单位因素	政府因素
Y1：数字技术知识与技能	1						
Y2：数字化应用	0.619**	1					
Y3：专业发展	0.464**	0.662**	1				
学生因素	**0.399****	**0.532****	**0.516****	1			
学校因素	0.387**	0.514**	0.445**	0.645**	1		
用人单位因素	0.340**	0.378**	0.388**	0.682**	0.697**	1	
政府因素	0.287**	0.412**	0.400**	0.623**	0.755**	0.727**	1

备注：*$p<0.05$，**$p<0.01$。

2.十个二级影响因素与教师数字素养三个维度的相关分析

十个变量和教师数字素养三个维度之间均是显著正相关关系（见表 2-40）。其中，教师的数字技术知识与技能同学生的数字化学习需求被满足的程度相关程度最高（0.382），教师的数字化应用和专业发展同学生在数字化时代的学习压力和焦虑的疏解相关程度最高（0.506、0.508）。

表 2-40　十个二级影响因素与教师数字素养三个维度的相关分析

	1	2	3	4	5	6	7	8	9	10	11	12	13
Y1: 数字技术知识与技能（1）	1												
Y2: 数字化应用（2）	0.619**	1											
Y3: 专业发展（3）	0.464**	0.662**	1										
X1: 数字化学习需求被满足的程度（4）	**0.382**	0.482**	0.444**	1									
X2: 数字化时代学习压力和焦虑的疏解程度（5）	0.365**	**0.506**	**0.508**	0.731**	1								
X3: 学校激励制度对教师数字化教学的影响（6）	0.335**	0.449**	0.340**	0.502**	0.518**	1							
X4: 学校数字化资源分配的普惠性和公平性对教师数字化教学的影响（7）	0.357**	0.495**	0.423**	0.506**	0.586**	0.706**	1						
X5: 学校管理工作对教师数字化教学的影响（8）	0.316**	0.426**	0.396**	0.469**	0.556**	0.632**	0.735**	1					
X6: 学校对数字化教学成果的期待对教师数字化教学的影响（9）	0.379**	0.466**	0.408**	0.489**	0.587**	0.612**	0.706**	0.727**	1				
X7: 微观层面的协同合作（10）	0.307**	0.347**	0.316**	0.575**	0.573**	0.482**	0.531**	0.569**	0.559**	1			
X8: 宏观层面的协同合作（11）	0.326**	0.360**	0.393**	0.594**	0.623**	0.557**	0.608**	0.618**	0.583**	0.745**	1		
X9: 关于政府的发展目标（12）	0.247**	0.364**	0.395**	0.525**	0.581**	0.566**	0.631**	0.627**	0.605**	0.592**	0.739**	1	
X10: 关于政府的激励政策（13）	0.279**	0.393**	0.344**	0.469**	0.546**	0.563**	0.691**	0.597**	0.623**	0.528**	0.607**	0.693**	1

备注：*$p<0.05$，**$p<0.01$。

二、回归分析结果

相关分析能够证明变量之间是否存在关联以及关联的紧密程度和方向，但无法确定这种关系是否为因果关系。例如，研究发现冰激凌的销量和溺水事故的发生次数呈正相关，但这并不意味着冰激凌销量的增加导致了溺水事故增多，或者溺水事故增多使得冰激凌销量上升，实际上二者可能都受到气温等其他因素的影响。所以，相关分析仅能揭示变量间的共变关系，不能证明因果联系。回归分析是在相关分析的基础上，进一步研究变量之间的数量依存关系，通过建立回归模型来预测因变量的值。为进一步探究各影响因素对教师数字素养三个维度的影响，并量化其影响程度，需要根据研究假设对各变量进行回归分析。

（一）影响因素与教师数字素养的回归分析

1. 四大影响因素的影响程度分析

在相关分析中，四大影响因素（自变量）都在 0.01 水平上，与教师数字素养（因变量）具有显著的正相关关系。而通过表 2-41 的回归分析可见，VIF 值全部小于 5，说明模型没有多重共线性问题，模型构建良好。D-W 值为 2.005，在 2 附近（1.7～2.3），说明没有自相关性，模型构建良好。学生因素的回归系数值为 0.405，并且呈现出 0.01 水平的显著性（$p<0.01$），意味着学生因素会对教师数字素养产生显著的正向影响关系。以及，学校因素回归系数值为 0.279，并且呈现出 0.01 水平的显著性（$p<0.01$），意味着学校因素会对教师数字素养产生显著的正向影响关系。总之，学生因素和学校因素对教师数字素养具有显著的正向影响，学生因素每增加一个单位，教师数字素养平均增加 0.405 个单位；学校因素每增加一个单位，教师数字素养平均增加 0.279 个单位。而用人单位因素和政府因素同教师数字素养有相关关系，但没有回归影响关系。这是非常合理的，因为之前已经通过中介效应检验，发现用人单位和政府是通过学生和学校这两个中介变量来间接影响教师数字素养的。下面通过对用人单位因素和政府因素与学生因素和学校因素分别进行回归分析，可以验证中介效应的结论，并进一步通过标准化系数（Beta）比较不同自变量之间对因变量的影响程度。

表 2-41　四大影响因素与因变量的回归分析（$n=411$）

	非标准化系数		标准化系数	t	p	共线性诊断	
	B	标准误差	Beta			VIF	容忍度
常数	1.770	0.153	–	11.546	0.000**	–	–
学生因素	**0.405**	0.056	**0.414**	7.236	**0.000****	2.116	0.473
学校因素	**0.279**	0.055	**0.335**	5.122	**0.000****	2.760	0.362
用人单位因素	−0.051	0.053	−0.062	−0.962	0.336	2.718	0.368

续表

	非标准化系数		标准化系数	t	p	共线性诊断	
	B	标准误差	Beta			VIF	容忍度
政府因素	−0.028	0.054	−0.035	−0.527	0.599	2.880	0.347
R_2	0.371						
调整 R_2	0.365						
F	$F(4,406)=59.829, p=0.000$						
D-W 值	2.005						

备注：因变量＝Y：教师数字素养
*$p<0.05$，**$p<0.01$。

由下面两个回归分析（表 2-42、2-43）可知，用人单位因素和政府因素确实与学生因素、学校因素具有显著的正向影响关系，均呈现出 0.01 水平的显著性（$p<0.01$）。并且，用人单位因素对学生因素的影响更大一些（Beta=0.486，>0.270），政府因素则对学校因素的影响更大一些（Beta=0.527，>0.314）。

表 2-42   用人单位、政府因素与学生因素的回归分析结果（n=411）

	非标准化系数		标准化系数	t	p	共线性诊断	
	B	标准误差	Beta			VIF	容忍度
常数	1.661	0.111	–	14.973	0.000**	–	–
用人单位因素	0.405	0.042	**0.486**	9.546	0.000**	2.118	0.472
政府因素	0.222	0.042	**0.270**	5.299	0.000**	2.118	0.472
R_2	0.500						
调整 R_2	0.498						
F	$F(2,408)=204.089, p=0.000$						
D-W 值	2.082						

备注：因变量＝学生因素
*$p<0.05$，**$p<0.01$。

表 2-43   用人单位、政府因素与学校因素的回归分析结果（n=411）

	非标准化系数		标准化系数	t	p	共线性诊断	
	B	标准误差	Beta			VIF	容忍度
常数	0.793	0.114	–	6.968	0.000**	–	–
用人单位因素	0.306	0.044	**0.314**	7.030	0.000**	2.118	0.472
政府因素	0.509	0.043	**0.527**	11.827	0.000**	2.118	0.472
R_2	0.617						
调整 R_2	0.615						

续表

	非标准化系数		标准化系数	t	p	共线性诊断	
	B	标准误差	Beta			VIF	容忍度
F			$F(2,408)=328.412,p=0.000$				
D-W 值			1.912				

备注：因变量＝学校因素
*$p<0.05$，**$p<0.01$。

综上所述，学生因素和学校因素会对教师数字素养产生显著的正向影响关系，而用人单位因素和政府因素并不会对教师数字素养产生影响关系，这再一次证明了 SEM 结果的可靠性和稳健性。用人单位因素和政府因素是通过学生因素和学校因素这两个中介变量来间接影响教师数字素养的。而用人单位因素对学生因素的正向影响比政府因素对学生因素的影响更大，同时政府因素对学校因素的影响更大。

2. 十个二级影响因素的影响程度分析

由表 2-44 可知，VIF 值全部小于 5，说明模型没有多重共线性问题，模型构建良好。D-W 值为 2.009，在 2 附近（1.7～2.3），说明没有自相关性，模型构建良好。在相关分析中，十个二级影响因素都在 0.01 水平上，与教师数字素养因变量具有显著的正相关关系。而在十个二级影响因素与教师数字素养的回归分析中，仅有四个变量对教师数字素养具有正向影响关系。政府因素（X9、X10）和用人单位因素（X7 和 X8）是通过学生和学校因素的中介作用来间接影响教师数字素养的，因而上面的结果自然不显著。但是在学校因素中，通过上表可以发现，X3 学校激励制度和 X5 学校管理工作与教师数字素养具有相关关系，但是并不能导致教师提升数字素养，假设 H2b、H2e 不成立。

表 2-44　十个二级影响因素的线性回归分析结果（$n=411$）

一级影响因素	二级影响因素	非标准化系数		标准化系数	t	p	共线性诊断	
		B	标准误差	Beta			VIF	容忍度
	常数	1.766	0.156	–	11.305	0.000**	–	–
政府因素	X10：关于政府的激励政策	−0.009	0.044	−0.013	−0.215	0.830	2.504	0.399
	X9：关于政府的发展目标	−0.050	0.052	−0.064	−0.957	0.339	2.935	0.341
用人单位因素	X8：宏观层面的协同合作	−0.007	0.061	−0.008	−0.114	0.909	3.483	0.287
	X7：微观层面的协同合作	−0.026	0.041	−0.039	−0.628	0.530	2.510	0.398
学校因素	X6：学校对数字化教学成果的期待对教师数字化教学的影响	0.119	0.048	**0.162**	2.493	**0.013***	2.739	0.365

续表

一级影响因素	二级影响因素	非标准化系数		标准化系数	t	p	共线性诊断	
		B	标准误差	Beta			VIF	容忍度
学校因素	X5：学校管理工作对教师数字化教学的影响	0.011	0.050	0.014	0.212	0.832	2.933	0.341
	X4：学校数字化资源分配的普惠性和公平性对教师数字化教学的影响	0.133	0.055	**0.176**	2.425	**0.016***	3.407	0.294
	X3：学校激励制度对教师数字化教学的影响	0.048	0.042	0.068	1.143	0.254	2.263	0.442
学生因素	X2：数字化时代学习压力和焦虑的疏解程度	0.196	0.061	**0.207**	3.197	**0.001****	2.724	0.367
	X1：数字化学习需求被满足的程度	0.191	0.053	**0.221**	3.609	**0.000****	2.417	0.414
R_2		0.382						
调整 R_2		0.366						
F		$F(10,400)=24.716, p=0.000$						
D-W 值		2.009						

备注：因变量 = Y：教师数字素养
$*p<0.05$，$**p<0.01$。

　　"学生数字化学习需求被满足的程度"正向影响教师数字素养，$p=0.000,<0.01,B=0.191$，H1b 假设成立。"学生数字化时代学习压力和焦虑的疏解程度"正向影响教师数字素养，$p=0.001<0.01,B=0.196$，H1c 假设成立。"学校数字化资源分配的普惠性和公平性"在 0.05 水平上正向影响教师数字素养，H2d 假设成立。"学校对数字化教学成果的期待和行动"在 0.05 水平上正向影响教师数字素养，假设 H2f 成立。其影响程度由大到小为"学生数字化学习需求被满足的程度"（Beta=0.221）>"学生数字化时代学习压力和焦虑的疏解程度"（Beta=0.207）>"学校数字化资源分配的普惠性和公平性"（Beta=0.176）>"学校对数字化教学成果的期待和行动"（Beta=0.162）。

　　接下来，分别对政府和用人单位的二级影响因素与中介变量进行回归分析（见表 2-45、2-46、2-47），探索其影响程度。VIF 值全部小于 5，说明模型没有多重共线性问题，模型构建良好。D-W 值为 2.036、2.091、1.923，在 2 附近（1.7～2.3），说明没有自相关性，模型构建良好。用人单位的宏观和微观两个层面的工作均对学生因素具有显著的正向影响关系，具有 0.01 水平的显著性（$p<0.01$）。用人单位与教师在宏观层面的合作每增加一个单位，学生因素平均增加 0.374 个单位；用人单位与教师在微观层面的合作每增加一个单位，学生因素平均增加 0.194 个单位。宏观

层面的协同合作其影响要大于微观层面（Beta=0.443>0.285）。其中，在宏观层面，用人单位与学校教师在研究思路上的一致性要比沟通频率更为重要（p=0.000<0.01,Beta=0.447>0.277）。政府因素的"激励政策"和"发展目标"两个二级影响因素均对学校因素具有显著的正向影响关系，具有 0.01 水平的显著性（p<0.01）。"政府的发展目标"每增加一个单位，学校因素平均增加 0.380个单位；"政府的激励政策"每增加一个单位，学校因素平均增加 0.351 个单位。但是从重要程度来看，"政府的激励政策"高于"政府的发展目标"（Beta=0.415>0.406）。

表 2-45　用人单位二级影响因素与中介变量学生因素的线性回归分析结果（n=411）

	非标准化系数		标准化系数	t	p	共线性诊断	
	B	标准误差	Beta			VIF	容忍度
常数	1.888	0.109	–	17.289	0.000**	–	–
X8：宏观层面的协同合作	**0.374**	0.046	**0.443**	8.160	0.000**	2.249	0.445
X7：微观层面的协同合作	0.194	0.037	0.285	5.255	0.000**	2.249	0.445
R_2	0.466						
调整 R_2	0.463						
F	$F(2,408)$=177.826, p=0.000						
D-W 值	2.036						

备注：因变量＝学生因素
*p<0.05，**p<0.01。

表 2-46　用人单位宏观层面影响因素与中介变量学校因素的线性回归分析结果（n=411）

	非标准化系数		标准化系数	t	p	共线性诊断	
	B	标准误差	Beta			VIF	容忍度
常数	1.831	0.116	–	15.824	0.000**	–	–
29. 如果针对数字技术赋能教学开展研究，您认为毕业生用人单位与您研究思路的一致性会如何？	0.370	0.041	**0.447**	9.082	0.000**	1.755	0.570
30. 当前教育数字化转型背景下，您与毕业生用人单位在该方面的沟通频率和效果如何？	0.198	0.035	**0.277**	5.626	0.000**	1.755	0.570
R_2	0.438						
调整 R_2	0.435						
F	$F(2,408)$=158.993, p=0.000						
D-W 值	2.091						

备注：因变量＝学生因素
*p<0.05，**p<0.01。

表 2-47　政府二级影响因素与中介变量学校因素的线性回归分析结果（n=411）

	非标准化系数		标准化系数	t	p	共线性诊断	
	B	标准误差	Beta			VIF	容忍度
常数	1.064	0.114	–	9.367	0.000**	–	–
X10：政府的激励政策	0.351	0.038	**0.415**	9.226	0.000**	1.922	0.520
X9：政府的发展目标	**0.380**	0.042	0.406	9.033	0.000**	1.922	0.520
R_2	0.571						
调整 R_2	0.568						
F	$F(2,408)=271.073, p=0.000$						
D-W 值	1.923						

备注：因变量 = 学校因素
*p<0.05，**p<0.01。

（二）影响因素与教师数字素养三个二级维度的回归分析

1. 数字技术知识与技能的影响因素

对四大影响因素与"数字技术知识与技能"进行回归分析（见表 2-48），VIF 值全部小于 5，说明模型没有多重共线性问题，模型构建良好；D-W 值为 1.948，在 2 附近（1.7～2.3），说明没有自相关性，模型构建良好。在相关分析中，四大影响因素都在 0.01 水平上，与"数字技术知识与技能"具有显著的正相关关系。但是由下表回归分析可知，用人单位和政府因素不显著。学生和学校因素均呈现出 0.01 水平的显著性（p<0.01），意味着学生因素和学校因素会对"数字技术知识与技能"产生显著的正向影响关系。如果要进一步探究究竟是学校和学生因素中的哪些指标会产生影响，则需要对二级影响因素进行回归分析。

表 2-48　四大影响因素与"数字技术知识与技能"的线性回归分析结果（n=411）

	非标准化系数		标准化系数	t	p	共线性诊断	
	B	标准误差	Beta			VIF	容忍度
常数	1.438	0.246	–	5.837	0.000**	–	–
学生因素	0.359	0.090	0.259	3.991	**0.000****	2.116	0.473
学校因素	0.316	0.088	0.267	3.604	**0.000****	2.760	0.362
用人单位因素	0.080	0.085	0.069	0.937	0.349	2.718	0.368
政府因素	−0.144	0.086	−0.126	−1.666	0.097	2.880	0.347
R_2	0.194						
调整 R_2	0.186						
F	$F(4,406)=24.383, p=0.000$						
D-W 值	1.948						

备注：因变量 = Y1：数字技术知识与技能
*p<0.05，**p<0.01。

对学生和学校因素中的二级影响因素与"数字技术知识与技能"进行回归分析（见表 2-49），VIF 值全部小于 5，说明模型没有多重共线性问题，模型构建良好；D-W 值为 1.912，在 2 附近（1.7～2.3），说明没有自相关性，模型构建良好。在相关分析中，学生和学校因素下的 6 个二级影响因素都在 0.01 水平上，与"数字技术知识与技能"具有显著的正相关关系。但是由下表回归分析可知，只有 2 个变量对"数字技术知识与技能"具有正向影响关系，其他因素并不会对"教师的数字技术知识与技能"产生影响。X1"数字化学习需求被满足的程度"在 0.01 水平上，与"数字技术知识与技能"具有显著的正向影响关系（$p=0.003<0.01$），"数字化学习需求被满足的程度"每增加一个单位，"数字技术知识与技能"平均增加 0.246 个单位。"学校对数字化教学成果的期待与行动"在 0.05 水平上，与"数字技术知识与技能"具有正向影响关系（$p=0.011<0.05$），"学校对数字化教学成果的期待与行动"每增加一个单位，"数字技术知识与技能"平均增加 0.190 个单位。"数字化学习需求被满足的程度"的重要程度高于"学校对数字化教学成果的期待与行动"（前者的 Beta 为 0.200，后者为 0.183）。

表 2-49 二级影响因素与"数字技术知识与技能"的线性回归分析结果（$n=411$）

二级影响因素	非标准化系数		标准化系数	t	p	共线性诊断	
	B	标准误差	Beta			VIF	容忍度
常数	1.448	0.247	–	5.859	0.000**	–	–
X1：数字化学习需求被满足的程度	**0.246**	0.082	**0.200**	3.000	**0.003****	2.249	0.445
X2：数字化时代学习压力和焦虑的疏解程度	0.072	0.096	0.054	0.745	0.457	2.625	0.381
X3：学校激励制度	0.064	0.067	0.064	0.966	0.335	2.235	0.447
X4：学校数字化资源分配的普惠性和公平性	0.086	0.084	0.080	1.025	0.306	3.074	0.325
X5：学校管理工作	−0.043	0.078	−0.040	−0.547	0.584	2.768	0.361
X6：学校对数字化教学成果的期待与行动	**0.190**	0.075	**0.183**	2.544	**0.011***	2.631	0.380
R_2	0.203						
调整 R_2	0.191						
F	$F(6,404)=17.113, p=0.000$						
D-W 值	1.912						

备注：因变量 = Y1：数字技术知识与技能
*$p<0.05$，**$p<0.01$。

2. 数字化应用的影响因素

对四大影响因素与"数字化应用"进行回归分析（见表 2-50），VIF 值全部小于 5，说明模型没有多重共线性问题，模型构建良好；D-W 值为 2.050，在 2 附近（1.7～2.3），说明没有自相关性，模型构建良好。在相关分析中，四大影响因素都在 0.01 水平上，与"数字化应用"具有显著的正相关关系。但是由下表回归分析可知，政府因素不显著。学生和学校因素均呈现出 0.01 水平的显著性（$p<0.01$），意味着学生因素和学校因素会对"数字技术知识与技能"产生显著的正向影响关系；用人单位因素呈现出 0.05 水平的显著性（$p<0.05$），意味着用人单位因素会对"数字化应用"产生一般显著的正向影响关系。如果要进一步探究究竟是哪些指标会产生影响，则需要对二级影响因素进行回归分析。

表 2-50　四大影响因素与"数字化应用"的线性回归分析结果（$n=411$）

	非标准化系数		标准化系数	t	p	共线性诊断	
	B	标准误差	Beta			VIF	容忍度
常数	1.827	0.166	–	11.026	0.000**	–	–
学生因素	0.413	0.060	0.400	6.823	**0.000**	2.116	0.473
学校因素	0.314	0.059	0.357	5.331	**0.000**	2.760	0.362
用人单位因素	−0.120	0.057	−0.139	−2.098	**0.037***	2.718	0.368
政府因素	−0.005	0.058	−0.005	−0.079	0.937	2.880	0.347
R_2	0.341						
调整 R_2	0.334						
F	$F(4,406)=52.508, p=0.000$						
D-W 值	2.050						

备注：因变量＝Y2：数字化应用
* $p<0.05$，** $p<0.01$。

对二级影响因素与"数字化应用"进行回归分析（见表 2-51），VIF 值全部小于 5，说明模型没有多重共线性问题，模型构建良好；D-W 值为 2.053，在 2 附近（1.7～2.3），说明没有自相关性，模型构建良好。在相关分析中，8 个二级影响因素都在 0.01 水平上，与"数字化应用"具有显著的正相关关系。但是由下表回归分析可知，只有 3 个变量对"数字化应用"具有显著的正向影响关系，均在 0.01 水平上呈现出显著性，其他因素并不会对"数字化应用"产生影响。但是在一级影响因素的分析中，用人单位因素在 0.05 水平上，对"数字化应用"有一般显著的正向影响。这可能是因为，用人单位因素主要是通过学生因素（中介变量）对因变量产生影响，而其中的 2 个二级影响因素并不能直接反映这种关系，故而不显著。X1"数字化学习需求被满足的程度"每增加一个单位，"数字化应用"平均增加 0.191 个单位。X2"数字化时代学习压力和焦虑的疏解程度"每增加一个单位，"数字化应用"平均增加 0.197 个单位。X4"学校数字化资源分配的普惠性和公平性"每增加一个单位，"数字化应用"平均增加 0.153 个单位。二级影响因素对"数字化应用"的重要程度由高到低排序为：数字化学习需求被满足的程度（Beta=0.208）＞数字化时代学习压力和焦虑的疏解程度（Beta=0.198）＞学校数字化资源分配的普惠性和公平性（Beta=0.192）。

表 2-51　二级影响因素与"数字化应用"的线性回归分析结果（n=411）

	非标准化系数		标准化系数	t	p	共线性诊断	
	B	标准误差	Beta			VIF	容忍度
常数	1.844	0.168	–	10.947	0.000**	–	–
X8：宏观层面的协同合作	−0.110	0.060	−0.127	−1.852	0.065	2.900	0.345
X7：微观层面的协同合作	−0.014	0.045	−0.020	−0.316	0.752	2.506	0.399
X6：学校对数字化教学成果的期待与行动	0.098	0.051	0.127	1.942	0.053	2.675	0.374
X5：学校管理工作	0.007	0.053	0.010	0.140	0.889	2.902	0.345
X4：学校数字化资源分配的普惠性和公平性	0.153	0.056	**0.192**	2.712	**0.007**	3.105	0.322
X3：学校激励制度	0.077	0.045	0.103	1.710	0.088	2.253	0.444
X2：数字化时代学习压力和焦虑的疏解程度	0.197	0.066	**0.198**	2.998	**0.003**	2.704	0.370
X1：数字化学习需求被满足的程度	0.191	0.057	**0.208**	3.338	**0.001**	2.415	0.414
R_2	0.353						
调整 R_2	0.340						
F	$F(8,402)$=27.359, p=0.000						
D-W 值	2.053						

备注：因变量＝Y2：数字化应用

* p<0.05，** p<0.01。

3.专业发展的影响因素

对四大影响因素与"专业发展"进行回归分析（见表 2-52），VIF 值全部小于 5，说明模型没有多重共线性问题，模型构建良好；D-W 值为 2.103，在 2 附近（1.7～2.3），说明没有自相关性，模型构建良好。在相关分析中，四大影响因素都在 0.01 水平上，与"专业发展"具有显著的正相关关系。但是由下表回归分析可知，用人单位因素和政府因素不显著。学生和学校因素均呈现出 0.01 水平的显著性（p<0.01），意味着学生因素和学校因素会对"专业发展"产生显著的正向影响关系。如果要进一步探究具体是哪些指标会产生影响，则需要对二级影响因素进行回归分析。

表 2-52　四大影响因素与"专业发展"的线性回归分析结果（n=411）

	非标准化系数		标准化系数	t	p	共线性诊断	
	B	标准误差	Beta			VIF	容忍度
常数	1.987	0.181	–	10.971	0.000**	–	–
X：学生	0.435	0.066	**0.401**	6.585	**0.000****	2.116	0.473
X：学校	0.173	0.064	**0.186**	2.682	**0.008****	2.760	0.362
X：用人单位	−0.043	0.062	−0.048	−0.694	0.488	2.718	0.368
X：政府	0.040	0.063	0.045	0.628	0.531	2.880	0.347
R_2	0.289						
调整 R_2	0.282						
F	$F(4,406)$=41.281, p=0.000						
D-W 值	2.103						

备注：因变量＝Y3：专业发展
* p<0.05，** p<0.01。

对二级影响因素与"专业发展"进行回归分析（见表 2-53）：VIF 值全部小于 5，说明模型没有多重共线性问题，模型构建良好；D-W 值为 2.132，在 2 附近（1.7～2.3），说明没有自相关性，模型构建良好。在相关分析中，6 个二级影响因素都在 0.01 水平上，与"专业发展"具有显著的正相关关系。但是由表 2-53 回归分析可知，只有学生因素的二级影响因素呈现出显著影响。可能的原因是，学校因素的显著性反映的是整体效应，当检验二级指标时出于样本量不足等原因导致检测不到显著效应。

X1"数字化学习需求被满足的程度"每增加一个单位，"专业发展"平均增加 0.126 个单位。X2"数字化时代学习压力和焦虑的疏解程度"每增加一个单位，"专业发展"平均增加 0.300 个单位。二级影响因素对"专业发展"的重要程度由高到低排序为：数字化时代学习压力和焦虑的疏解程度（Beta=0.286）＞数字化学习需求被满足的程度（Beta=0.131）。学校因素整体影响"专业发展"，且学生因素的影响高于学校因素（前者的 Beta 为 0.401，后者为 0.186）。

表 2-53　二级影响因素与"专业发展"的线性回归分析结果（n=411）

	非标准化系数		标准化系数	t	p	共线性诊断	
	B	标准误差	Beta			VIF	容忍度
常数	1.970	0.182	–	10.827	0.000**	–	–
X6：学校对数字化教学成果的期待对教师数字化教学的影响	0.056	0.055	0.069	1.021	0.308	2.631	0.380
X5：学校管理工作对教师数字化教学的影响	0.048	0.057	0.058	0.837	0.403	2.768	0.361

	非标准化系数		标准化系数	t	p	共线性诊断	
	B	标准误差	Beta			VIF	容忍度
X4：学校数字化资源分配的普惠性和公平性对教师数字化教学的影响	0.109	0.062	0.129	1.764	0.078	3.074	0.325
X3：学校激励制度对教师数字化教学的影响	−0.035	0.049	−0.044	−0.710	0.478	2.235	0.447
X2：数字化时代学习压力和焦虑的疏解程度	**0.300**	0.071	**0.286**	4.231	**0.000****	2.625	0.381
X1：数字化学习需求被满足的程度	**0.126**	0.060	**0.131**	2.086	**0.038***	2.249	0.445
R_2	0.294						
调整 R_2	0.284						
F	$F(6,404)=28.103, p=0.000$						
D-W 值	2.132						

备注：因变量＝Y3：专业发展

* $p<0.05$，** $p<0.01$。

三、教龄和学历的调节效应

自变量为 X，因变量为 Y，调节变量为 Z。如果交互项（$X*Z$）呈现出显著性，则说明具有调节作用。其中，X 为定量数据，进行中心化处理；Z 为定类数据，进行虚拟变量。模型如下：

$$Y=b_0+b_1*X+b_2*Z+b_3*X*Z+e$$

（一）学历调节效应检验

1. 自变量为学生因素

检验结果如下表 2-54 所示，自变量对因变量的影响呈现出显著性（$p=0.000<0.05$），但是模型 3 中的交互项均未呈现显著性影响。这说明在自变量对因变量的影响中，学历并未出现调节作用。

2. 自变量为学校因素

检验结果如表 2-55 所示，自变量对因变量的影响呈现出显著性（$p=0.000<0.05$），但是模型 3 中的交互项均未呈现显著性影响。这说明在自变量对因变量的影响中，学历并未出现调节作用。

（二）教龄调节效应检验

1. 自变量为学生因素

由表 2-56 可见，自变量对因变量的影响呈现出显著性（$p=0.000<0.05$），教龄中"16～25 年"

表 2-54　调节效应分析结果（$n=411$）

	模型 1					模型 2					模型 3				
	B	标准误差	t	p	β	B	标准误差	t	p	β	B	标准误差	t	p	β
常数	4.065	0.026	158.724	0.000**	–	3.957	0.096	41.223	0.000**	–	3.971	0.104	38.359	0.000**	–
学生因素	0.553	0.040	13.880	0.000**	0.566	0.559	0.041	13.808	0.000**	0.572	0.520	0.118	4.421	0.000**	0.532
学历 –1.0 [参照项]	–	–	–	–	–	–	–	–	–	–	–	–	–	–	–
学历 –2.0						0.103	0.110	0.937	0.349	0.070	0.091	0.116	0.778	0.437	0.061
学历 –3.0						0.126	0.103	1.218	0.224	0.099	0.113	0.111	1.021	0.308	0.089
学历 –4.0						0.113	0.109	1.032	0.303	0.078	0.103	0.116	0.889	0.374	0.071
X: 学生 * 学历 –2.0											0.066	0.145	0.457	0.648	0.032
X: 学生 * 学历 –3.0											0.011	0.134	0.081	0.935	0.007
X: 学生 * 学历 –4.0											0.078	0.142	0.549	0.584	0.040
R_2			0.320					0.323					0.324		
调整 R_2			0.319					0.316					0.312		
F值	$F(1,409)=192.654, p=0.000$					$F(4,406)=48.362, p=0.000$					$F(7,403)=27.566, p=0.000$				
△R_2			0.320					0.003					0.001		
△F值	$F(1,409)=192.654, p=0.000$					$F(3,406)=0.500, p=0.682$					$F(3,403)=0.213, p=0.888$				

备注：因变量 = Y：教师数字素养
*$p<0.05$，**$p<0.01$。

表 2-55　调节效应分析结果（$n=411$）

	模型 1					模型 2					模型 3				
	B	标准误差	t	p	β	B	标准误差	t	p	β	B	标准误差	t	p	β
常数	4.065	0.026	154.571	0.000**	–	3.875	0.099	38.953	0.000**	–	3.842	0.121	31.655	0.000**	–
学校因素	0.444	0.035	12.711	0.000**	0.532	0.459	0.036	12.810	0.000**	0.550	0.514	0.121	4.236	0.000**	0.616
学历 – 1.0 [参照项]	–	–	–	–	–	–	–	–	–	–	–	–	–	–	–
学历 – 2.0						0.174	0.113	1.535	0.126	0.118	0.206	0.133	1.546	0.123	0.139
学历 – 3.0						0.226	0.107	2.109	0.036*	0.179	0.259	0.128	2.026	0.043*	0.204
学历 – 4.0						0.195	0.113	1.724	0.086	0.135	0.237	0.133	1.787	0.075	0.163
X：学历 * 学历 – 2.0											-0.101	0.142	-0.709	0.479	-0.057
X：学历 * 学历 – 3.0											-0.087	0.134	-0.647	0.518	-0.064
X：学历 * 学历 – 4.0											0.013	0.139	0.096	0.924	0.008
R_2	0.283					0.291					0.294				
调整 R_2	0.281					0.284					0.282				
F 值	$F(1,409)=161.581, p=0.000$					$F(4,406)=41.691, p=0.000$					$F(7,403)=24.028, p=0.000$				
△R_2	0.283					0.008					0.003				
△F 值	$F(1,409)=161.581, p=0.000$					$F(3,406)=1.521, p=0.208$					$F(3,403)=0.630, p=0.596$				

备注：因变量＝Y：教师数字素养
* $p<0.05$，** $p<0.01$。

表 2-56　教龄对学生因素（自变量）和教师数字素养（因变量）的调节效应分析结果（n=411）

	模型 1					模型 2					模型 3				
	B	标准误差	t	p	β	B	标准误差	t	p	β	B	标准误差	t	p	β
常数	4.065	0.026	158.724	0.000**	–	4.135	0.049	84.530	0.000**	–	4.153	0.050	83.872	0.000**	–
学生因素	0.553	0.040	13.880	0.000**	0.566	0.544	0.040	13.583	0.000**	0.557	0.446	0.072	6.176	0.000**	0.456
教龄-1.0 [参照项]	–	–	–	–	–	–	–	–	–	–	–	–	–	–	–
教龄-2.0						-0.105	0.068	-1.543	0.124	-0.076	-0.129	0.068	-1.902	0.058	-0.094
教龄-3.0						-0.003	0.071	-0.038	0.970	-0.002	-0.006	0.071	-0.090	0.928	-0.004
教龄-4.0						-0.213	0.077	-2.757	0.006**	-0.131	-0.222	0.077	-2.878	0.004**	-0.136
X：学生 * 教龄-2.0											-0.062	0.109	-0.569	0.570	-0.030
X：学生 * 教龄-3.0											**0.233**	0.110	2.111	**0.035***	0.113
X：学生 * 教龄-4.0											**0.255**	0.109	2.348	**0.019***	0.126
R_2	0.320					0.337					0.356				
调整 R_2	0.319					0.330					0.345				
F 值	$F_{(1,409)}=192.654, p=0.000$					$F_{(4,406)}=51.530, p=0.000$					$F_{(7,403)}=31.823, p=0.000$				
$\triangle R_2$	0.320					0.017					0.019				
$\triangle F$ 值	$F_{(1,409)}=192.654, p=0.000$					$F_{(3,406)}=3.372, p=0.019$					$F_{(3,403)}=4.015, p=0.008$				

备注：因变量＝Y：教师数字素养。
*$p<0.05$，**$p<0.01$。

和"26 年以上"的影响作用较为显著，其中教龄越长则影响越大，回归系数为 0.255。可能的原因是，教龄长的教师具有丰富的教学经验，而且大概率已经没有评职等科研压力，既可以心无旁骛地专心于教学改革，同时丰富的教学经历也使得他们在面对职能教育变革时更有面对困难的信心。这比较鲜明地体现了应用型本科教师的现状，应用型本科教师的博士率并不高，总体还是以本科和硕士为主，因而他们的评职压力通常持续的时间较长，大多数教龄为 6～15 年的教师确实还面临着评职的压力，无暇投入到教学改革中。

值得一提的是，当深入到学生的两个二级影响因素中时，可以看到 16～25 年教龄的老师更关注学生的个性化需求被满足的程度，虽然都显著，但是 16～25 的回归系数更大（B=0.237）（见表 2-57）。而对于"学生压力和焦虑的疏解程度"二级影响因素，仅有"26 年以上"这个变量有显著性影响（见表 2-58）。而且从斜率图（图 2-5）来看，高水平的影响比低水平的更大。这说明教师的年龄越大，越关注学生的压力和焦虑，而受此影响对自身数字素养的影响就越大。

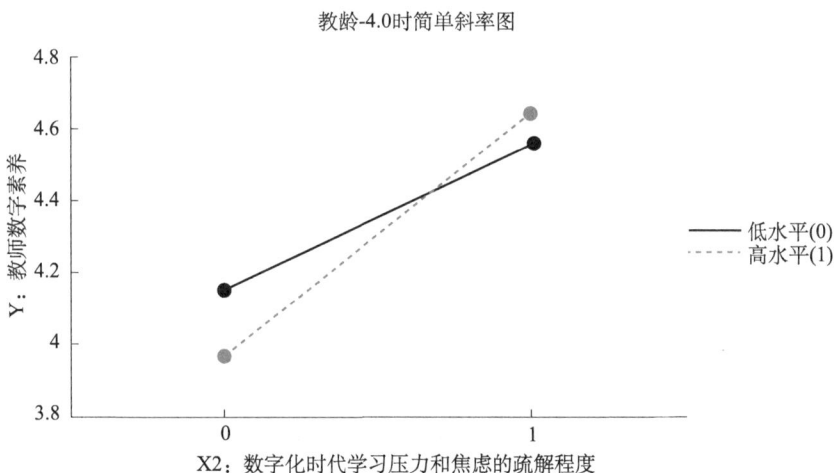

图 2-5　不同水平的教龄影响

2. 自变量为学校因素

检验结果如表 2-59 所示，自变量对因变量的影响呈现出显著性（p=0.000<0.05)，但是模型 3 中的交互项均未呈现显著性影响。这说明在自变量对因变量的影响中教龄并未出现调节作用，意味着在面对学校政策时不同教龄的老师没有表现出差异性，反映了老师们在学校政策影响数字素养的过程中所有年龄阶段的老师的感受基本是一致的。

四、聚类效应分析结果

为研究教师数字素养和四大影响因素在省份上是否存在聚类效应，还需要进行聚类效应分析。其中，教师数字素养等定量数据使用的是 Kmeans 聚类分析方法，省份是定类数据使用的是

表 2-57　教龄对"数字化学习需求被满足的程度"（自变量）和教师数字素养（因变量）的调节效应分析结果（$n=411$）

	模型 1					模型 2					模型 3				
	B	标准误差	t	p	β	B	标准误差	t	p	β	B	标准误差	t	p	β
常数	4.065	0.027	152.509	0.000**	—	4.169	0.050	82.742	0.000**	—	4.182	0.050	83.108	0.000**	—
X1: 数字化学习需求被满足的程度	0.445	0.037	12.102	0.000**	0.513	0.440	0.037	12.036	0.000**	0.508	0.351	0.062	5.655	0.000**	0.406
教龄 – 1.0［参照项］	—		—	—	—	—			—	—	—		—	—	—
教龄 – 2.0						-0.128	0.070	-1.827	0.068	-0.093	-0.151	0.070	-2.168	0.031*	-0.110
教龄 – 3.0						-0.055	0.073	-0.755	0.451	-0.038	-0.055	0.073	-0.762	0.446	-0.038
教龄 – 4.0						-0.289	0.079	-3.641	0.000**	-0.178	-0.306	0.079	-3.873	0.000**	-0.188
X1: 数字化学习需求被满足的程度 * 教龄 – 2.0											-0.046	0.097	-0.474	0.636	-0.026
X1: 数字化学习需求被满足的程度 * 教龄 – 3.0											0.237	0.102	2.335	0.020*	0.123
X1: 数字化学习需求被满足的程度 * 教龄 – 4.0											0.231	0.099	2.342	0.020*	0.125
R_2	0.264					0.289					0.310				
调整 R_2	0.262					0.282					0.298				
F 值	$F_{(1,409)}=146.456, p=0.000$					$F_{(4,406)}=41.256, p=0.000$					$F_{(7,403)}=25.848, p=0.000$				
△ R_2	0.264					0.025					0.021				
△ F 值	$F_{(1,409)}=146.456, p=0.000$					$F_{(3,406)}=4.821, p=0.003$					$F_{(3,403)}=4.060, p=0.007$				

备注：因变量 = Y：教师数字素养

* $p<0.05$，** $p<0.01$。

表 2-58　教龄对"数字化时代学习压力和焦虑的疏解程度"（自变量）和教师数字素养（因变量）的调节效应分析结果（n=411）

	模型 1					模型 2					模型 3				
	B	标准误差	t	p	β	B	标准误差	t	p	β	B	标准误差	t	p	β
常数	4.065	0.026	155.202	0.000**	-	4.132	0.050	82.211	0.000**	-	4.148	0.051	80.830	0.000**	-
X2：数字化时代学习压力和焦虑的疏解程度	0.507	0.039	12.894	0.000**	0.538	0.497	0.040	12.489	0.000**	0.527	0.413	0.075	5.515	0.000**	0.438
教龄 -1.0 [参照项]	-	-	-	-	-	-	-	-	-	-	-	-	-	-	-
教龄 -2.0						-0.115	0.070	-1.648	0.100	-0.083	-0.135	0.070	-1.927	0.055	-0.098
教龄 -3.0						0.002	0.073	0.034	0.973	0.002	-0.005	0.073	-0.064	0.949	-0.003
教龄 -4.0						-0.184	0.080	-2.312	0.021*	-0.113	-0.181	0.080	-2.267	0.024*	-0.111
X2：数字化时代学习压力和焦虑的疏解程度 * 教龄 -2.0											-0.074	0.109	-0.678	0.498	-0.038
X2：数字化时代学习压力和焦虑的疏解程度 * 教龄 -3.0											0.169	0.109	1.550	0.122	0.088
X2：数字化时代学习压力和焦虑的疏解程度 * 教龄 -4.0											0.265	0.111	2.384	0.018*	0.134
R_2	0.289					0.303					0.322				
调整 R_2	0.287					0.296					0.310				
F 值	$F_{(1,409)}=166.246, p=0.000$					$F_{(4,406)}=44.137, p=0.000$					$F_{(7,403)}=27.337, p=0.000$				
△ R_2	0.289					0.014					0.019				
△ F 值	$F_{(1,409)}=166.246, p=0.000$					$F_{(3,406)}=2.731, p=0.044$					$F_{(3,403)}=3.744, p=0.011$				

备注：因变量＝Y：教师数字素养

* $p<0.05$，** $p<0.01$。

表 2-59　教龄对学生因素（自变量）和教师数字素养（因变量）的调节效应分析结果（n=411）

	模型 1					模型 2					模型 3				
	B	标准误差	t	p	β	B	标准误差	t	p	β	B	标准误差	t	p	β
常数	4.065	0.026	154.571	0.000**	–	4.096	0.051	79.638	0.000**	–	4.117	0.055	75.419	0.000**	–
学校因素	0.444	0.035	12.711	0.000**	0.532	0.434	0.036	11.978	0.000**	0.520	0.366	0.069	5.276	0.000**	0.439
教龄-1.0 [参照项]	–	–	–	–	–	–	–	–	–	–	–	–	–	–	–
教龄-2.0						-0.035	0.072	-0.484	0.629	-0.025	-0.059	0.074	-0.800	0.424	-0.043
教龄-3.0						-0.002	0.074	-0.030	0.976	-0.002	-0.023	0.076	-0.300	0.764	-0.016
教龄-4.0						-0.111	0.082	-1.356	0.176	-0.068	-0.108	0.084	-1.289	0.198	-0.067
X：学校 * 教龄-2.0											0.041	0.099	0.413	0.680	0.025
X：学校 * 教龄-3.0											0.074	0.101	0.737	0.462	0.043
X：学校 * 教龄-4.0											0.178	0.104	1.704	0.089	0.098
R^2	0.283					0.287					0.293				
调整 R^2	0.281					0.280					0.280				
F 值	$F_{(1,409)}=161.581,p=0.000$					$F_{(4,406)}=40.893,p=0.000$					$F_{(7,403)}=23.818,p=0.000$				
$\triangle R^2$	0.283					0.004					0.005				
$\triangle F$ 值	$F_{(1,409)}=161.581,p=0.000$					$F_{(3,406)}=0.759,p=0.517$					$F_{(3,403)}=1.035,p=0.377$				

备注：因变量=Y：教师数字素养

* $p<0.05$，** $p<0.01$。

K-prototype 聚类分析方法。

（一）教师数字素养在省份上的聚类效应分析

通过对"教师数字素养"进行聚类分析，由上面两个表可知，当运用方差分析研究省份（定类）对"教师数字素养"（定量）的差异时，在 0.01 显著水平上"教师数字素养"可以分为素养较高、素养中等和素养较低三类人群（见表 2-60）。接下来，对福建和黑龙江两个省份进行交叉（卡方）分析，比较两个省份教师在数字素养不同水平（素养较高、素养中等和素养较低）上的分布是否有显著差异。由分析结果可知（见表 2-61），原本福建省样本为 273 人，黑龙江省样本为 138 人，约为 6：3，在每类人群中，各观测值在聚类结果中分布较为均匀，福建和黑龙江两省均有较为均衡的样本，每个省份都有素质较高、素质中等和素养较低的人群，且比例基本维持在6：3 左右。可以认为，本次研究的数据在"教师数字素养"现状上不存在省份间的聚类效应。因而，本研究依据黑龙江和福建采集的 411 份样本在教师数字素养现状上不具有省份差异性，可以共同作为应用型本科的代表。

表 2-60　"教师数字素养"聚类类别方差分析差异对比结果

| | 聚类类别方差分析差异对比结果（平均值 ± 标准差） | | | F | p |
	素养较高（n=284）	素养较低（n=5）	素养中等（n=122）		
Y：教师数字素养	4.37 ± 0.39	1.40 ± 0.55	3.46 ± 0.30	396.994	**0.000****

*p<0.05，**p<0.01。

表 2-61　省份"教师数字素养"交叉（卡方）分析结果

| 题目 | 名称 | Cluster_Kprototype_457923 | | | 总计 | χ^2 | p |
		素养较高	素养较低	素养中等			
所在省份	福建	174（61.27）	4（80.00）	95（77.87）	**273（66.42）**	10.964	0.004**
	黑龙江	110（38.73）	1（20.00）	27（22.13）	**138（33.58）**		
总计		284	5	122	411		

*p<0.05，**p<0.01。

（二）四大影响因素在省份上的聚类效应分析

通过对四大影响因素（学生因素、学校因素、用人单位因素、政府因素）进行聚类分析，由上面分析数据可知，均在 0.01 显著水平上，分为影响程度较高、中等和较低三类人群（见表 2-62、2-64、2-66、2-68）。接下来，进行省份对各影响因素的交叉（卡方）分析，比较两个省份教师在影响程度不同水平（影响较高、影响中等和影响较低）上的分布是否有显著差异。由分析结果可知（见表 2-63、2-65、2-67、2-69），原本福建省样本为 273 人，黑龙江省样本为 138 人，约为 6∶3，在每类人群中，各观测值在聚类结果中分布较为均匀，福建和黑龙江两省均有较为均衡的样本，每个省份都有影响较高、影响中等和影响较低的人群，且比例基本维持在 6∶3 左右。可以认为，本次研究的数据在四大影响因素上不存在省份间的聚类效应。因而，本研究依据黑龙江和福建采集的 411 份样本在教师数字素养影响因素上不具有省份差异性，可以共同作为应用型本科的代表。

表 2-62 "学生因素"聚类类别方差分析差异对比结果

	聚类类别方差分析差异对比结果（平均值 ± 标准差）			F	p
	较高（n=196）	较低 2（n=58）	中等（n=157）		
学生因素	4.37 ± 0.40	2.85 ± 0.32	3.53 ± 0.21	595.320	0.000**

*p<0.05，**p<0.01。

表 2-63 省份"学生因素"交叉（卡方）分析结果

题目	名称	Cluster_Kprototype_454335			总计	χ^2	p
		较高	较低	中等			
所在省份	福建	115（58.67）	42（72.41）	116（73.89）	273（66.42）	10.131	0.006**
	黑龙江	81（41.33）	16（27.59）	41（26.11）	138（33.58）		
总计		196	58	157	411		

*p<0.05，**p<0.01。

表 2-64 "学校因素"聚类类别方差分析差异对比结果

	聚类类别方差分析差异对比结果（平均值 ± 标准差）			F	p
	较高（n=186）	较低（n=27）	中等（n=198）		
学校因素	4.33 ± 0.46	2.30 ± 0.35	3.18 ± 0.25	666.458	0.000**

* p<0.05，** p<0.01。

表 2-65 省份"学校因素"交叉（卡方）分析结果

题目	名称	Cluster_Kprototype_346731			总计	χ^2	p
		较高	较低	中等			
所在省份	1.0	99（53.23）	23（85.19）	151（76.26）	273（66.42）	27.382	0.000**
	2.0	87（46.77）	4（14.81）	47（23.74）	138（33.58）		
总计		186	27	198	411		

* p<0.05，** p<0.01。

表 2-66　"用人单位因素"聚类类别方差分析差异对比结果

	聚类类别方差分析差异对比结果（平均值 ± 标准差）			F	p
	较高（n=164）	较低（n=36）	中等（n=211）		
用人单位因素	4.20 ± 0.50	2.10 ± 0.40	3.06 ± 0.21	697.994	0.000**

*p<0.05，**p<0.01。

表 2-67　省份"用人单位"交叉（卡方）分析结果

题目	名称	Cluster_Kprototype_688286			总计	χ^2	p
		较高	较低	中等			
所在省份	福建	90（54.88）	32（88.89）	151（71.56）	273（66.42）	20.448	0.000**
	黑龙江	74（45.12）	4（11.11）	60（28.44）	138（33.58）		
总计		164	36	211	411		

* p<0.05，** p<0.01。

表 2-68　"政府因素"聚类类别方差分析差异对比结果

	聚类类别方差分析差异对比结果（平均值 ± 标准差）			F	p
	较高（n=148）	较低（n=37）	中等（n=226）		
政府因素	4.42 ± 0.44	2.28 ± 0.34	3.16 ± 0.23	933.724	0.000**

*p<0.05，**p<0.01。

表 2-69　省份"政府因素"交叉（卡方）分析结果

题目	名称	Cluster_Kprototype_757964			总计	χ^2	p
		较高	较低	中等			
所在省份	1.0	81（54.73）	26（70.27）	166（73.45）	273（66.42）	14.325	0.001**
	2.0	67（45.27）	11（29.73）	60（26.55）	138（33.58）		
总计		148	37	226	411		

*p<0.05，**p<0.01。

第五节　实证分析研究结果

一、假设检验结果（见表 2-70）

表 2-70　研究假设检验结果

研究假设编号	研究假设内容	结论	原因分析
H1	学生对教师数字化教学的正反馈正向影响教师数字素养	成立	
H1a	学生数字化设备正确使用程度正向影响教师数字素养	未探索	因模型拟合度删除
H1b	学生数字化学习需求被满足的程度正向影响教师数字素养	成立	
H1c	学生数字化时代学习压力和焦虑的疏解程度正向影响教师数字素养	成立	
H2	学校的作用正向影响教师数字素养	成立	
H2a	学校的评价导向正向影响教师数字素养	未探索	因模型拟合度删除
H2b	学校的激励制度正向影响教师数字素养	不成立	
H2c	学校的数字化转型战略规划正向影响教师数字素养	未探索	因模型拟合度删除
H2d	学校数字化资源分配的普惠性和公平性正向影响教师数字素养	成立	
H2e	学校的管理工作正向影响教师数字素养	不成立	
H2f	学校对数字化教学成果的期待和行动正向影响教师数字素养	成立	
H3	用人单位的作用正向影响教师数字素养	拒绝直接影响	发现存在中介变量
H3a	用人单位的宏观作用正向影响教师数字素养	拒绝直接影响	发现存在中介变量
H3b	用人单位的微观作用正向影响教师数字素养	拒绝直接影响	发现存在中介变量
H4	政府的作用正向影响教师数字素养	拒绝直接影响	发现存在中介变量
H4a	政府的发展目标正向影响教师数字素养	拒绝直接影响	发现存在中介变量
H4b	政府的激励政策正向影响教师数字素养	拒绝直接影响	发现存在中介变量
H5	学校和学生在用人单位、政府与教师数字素养的关系中起中介作用	成立	
H5a	用人单位通过学生这个中介变量影响教师数字素养	成立	

续表

研究假设编号	研究假设内容	结论	原因分析
H5b	用人单位通过学校这个中介变量影响教师数字素养	不成立	
H5c	政府通过学生这个中介变量影响教师数字素养	不成立	在 0.001 水平上拒绝此假设
H5d	政府通过学校这个中介变量影响教师数字素养	成立	

二、关于应用型本科教师数字素养影响因素的研究结果

研究结果表明，应用型本科教师数字素养的影响因素依次为：学生因素大于学校因素，政府因素和用人单位因素通过影响学生及学校因素能够间接影响教师的数字素养。16 年以上的教龄正向调节应用型本科教师数字素养，省份间不存在显著性差异。

1. 应用型本科教师数字素养现状。应用型本科教师数字素养整体处于中上等水平，其中数字化社会责任和数字化意识得分最高。

2. 应用型本科教师提升数字素养的影响因素。

（1）一级影响因素中，学生因素和学校因素会对教师数字素养产生显著的正向影响关系，且学生因素（Beta=0.414）>学校因素（Beta=0.335）。二级影响因素有 4 个，影响程度由高到低排序为："学生数字化学习需求被满足的程度"（Beta=0.221）>"学生数字化时代学习压力和焦虑的疏解程度"（Beta=0.207）>"学校数字化资源分配的普惠性和公平性"（Beta=0.176）>"学校对数字化教学成果的期待和行动"（Beta=0.162）。

（2）用人单位和政府因素通过影响学生和学校因素来间接影响教师数字素养的提升。其中，用人单位对学生因素的影响中"教师与用人单位在宏观层面的协同合作"（Beta=0.443）的影响更大（"教师与用人单位在微观层面的协同合作"的 Beta=0.285），并且研究思路的一致性（Beta=0.447）还要大于沟通频率（Beta=0.277）。政府的激励政策和发展目标都对学校因素有显著的正向影响关系，其中激励政策的影响（Beta=0.415）略微大于发展目标（Beta=0.406）。

（3）教师"数字技术知识与技能"的影响因素有 2 个，影响程度由高到低排序为：数字化学习需求被满足的程度（Beta=0.200）>学校对数字化教学成果的期待与行动（Beta=0.183）。

（4）教师"数字化应用"的影响因素有 3 个，影响程度由高到低排序为：数字化学习需求被满足的程度（Beta=0.208）>数字化时代学习压力和焦虑的疏解程度（Beta=0.198）>学校数字化资源分配的普惠性和公平性（Beta=0.192）。

（5）教师"专业发展"的影响因素，影响程度由高到低排序为：数字化时代学习压力和焦虑的疏解程度（Beta=0.286）>数字化学习需求被满足的程度（Beta=0.131）。学校因素一级指标整

体影响"专业发展",且学生因素的影响高于学校因素(前者的 Beta 为 0.401,后者为 0.186)。

3. 学历对教师数字素养的调节效应并不显著。

4.16 年以上的教龄对教师数字素养具有正向调节作用。

5. 省份间不存在聚类效应。

6. 研究的局限性。由于删除了教师数字素养两个维度的样本数据,研究结果仅适用于所保留的三个维度,不能代表对教师数字素养所有方面影响因素的全面理解。删除这两个维度是基于数据质量和模型拟合的考虑,是为了确保研究的科学性和可靠性。未来本研究将在改进测量工具、扩大研究范围的基础上,对教师数字素养的影响因素进行更全面、深入的探讨。虽然删除了两个维度,但保留的数字技术知识与技能、数字化应用和专业发展这三个维度正是目前教师数字素养中相对薄弱且亟待提升的方面。研究这些维度的影响因素正好可以聚焦关键薄弱环节,对于有针对性地提高教师数字素养具有重要的实践意义。

AI

第 3 章

应用型本科教师提升数字素养的影响因素

第一节　学生是教师数字素养的第一影响因素

学生是教师数字素养的第一影响因素（Beta=0.414），其下包括两个二级维度影响因素："学生数字化学习需求被满足的程度"和"学生数字化时代学习压力和焦虑疏解程度"。二级维度中，"学生数字化学习需求被满足的程度"（Beta=0.221）的影响高于"学生数字化时代学习压力和焦虑疏解程度"（Beta=0.207），是教师需要关注的首要问题。

一、学生数字化学习需求被满足的程度

影响教师数字素养的第一个二级影响因素是"学生数字化学习需求被满足的程度"。这主要是指在数字化学习环境下，学生在自主学习和个性化学习等方面的需求得到满足的情况。

（一）个性化学习方面，教师是否充分发挥智能技术在因材施教方面的特长

调查发现，学生的个性化学习需求被满足的程度最低（平均值为 3.618），见表 3-1。

表 3-1　"数字化学习需求被满足的程度"二级维度

名称	样本量	最小值	最大值	平均值	标准差	中位数
14. 在数字化学习过程中，您运用数字化教学手段（例如一些在线学习平台）给予学生自主选择学习内容、安排学习进度，以满足学生**自主学习需求**的程度是_____？	411	1.000	5.000	3.681	0.773	4.000
13. 您在设计数字化教学内容时，满足学生**个性化学习需求**的程度怎样？	411	1.000	5.000	**3.618**	0.804	4.000

数字化环境下，学生的个性化学习需求是指学生根据自身的特点、兴趣、学习目标和学习风格等因素，对学习过程和学习资源提出的具有个体差异的需求。学生的兴趣爱好各异，他们对学习内容有不同的需求，而且每个学生在学习过程中都有自己的薄弱环节，他们希望利用数字化教学环境中的资源，有针对性地强化训练、弥补自己的不足。此外，在学习方式上，不同学生也存在差异。例如，对于视觉型学习者，他们更倾向于通过观看视频、图片、动画等视觉资料来学习。因此，他们期待老师能提供丰富的视频课程、教学动画等资源，以便通过直观的视觉感受来理解和掌握知识。对于听觉型学习者，他们擅长通过听老师讲解、讨论等方式学习。对于这类学生，

诸如在线讲座录音、英语听力练习音频等资源，以及在线讨论区、语音答疑功能等就显得尤为重要，这些资源能够满足他们通过听觉获取知识和参与学习的需求。而对于动手实践型学习者，他们喜欢通过实际操作来学习知识和技能。在数字化教学环境下，他们希望有虚拟实验室、在线编程平台、模拟操作软件等资源，让他们能够在实践中学习，通过亲自动手操作来加深对知识的理解和掌握。

班级授课制的优点是可以大规模地向学生传授系统知识，提高教学效率，有利于发挥教师的主导作用和集体教育的作用。缺点是难以照顾到学生的个体差异，不利于学生的个性化学习，容易忽视学生的自主性和创造性，教学形式较为单一。而班级授课制的缺点在 AI 时代将得到弥补。智能技术和设备通过收集分析学生的过程性学习数据，能精准了解学生的学习特点与需求，为因材施教提供依据，借助自适应学习系统，可根据学生的学习进度和能力调整教学内容与难度，实现个性化学习。同时，智能辅导工具能为学生提供及时的针对性辅导，助力不同层次的学生更好地掌握知识，提升教学效果。

但是，目前教师并没有很好地发挥出智能技术和设备在因材施教方面的特长。从教师自身方面来分析，部分教师的数字素养仍然有待进一步提升。研究结果显示，在教师数字素养五个维度中，数字技术知识与技能和数字化应用的得分最低，在操作和运用上不够熟练，难以将其与专业教学内容有机融合，限制了智能技术在因材施教中的应用。从学生方面的因素来分析，应用型本科学生的自主学习能力参差不齐，部分学生缺乏自主规划和管理学习的能力，不能有效利用智能技术和设备进行自主探究和个性化学习。这需要教师花费额外的精力进行引导和督促，增加了因材施教的实施难度。

（二）自主学习方面，教师是否管理得过严

自主学习需求是指，学生在数字化学习过程中，对自主选择学习内容、安排学习进度的需求。在学习内容方面，学生可以依据自己的学习目标和兴趣，从丰富的数字化学习资源中自由挑选适合自己的学习内容。比如，在学习历史知识时，学生可以根据自己对不同历史时期或事件的兴趣，选择相应的在线课程、电子书籍或纪录片等资源进行学习，而不是局限于教师指定的内容。在学习进度方面，学生能够根据自己的学习能力和实际情况，自主安排学习进度。对于容易理解的内容，学生可以加快学习速度；对于较难的知识点，学生可以放慢进度，反复学习，直到掌握为止。以编程课为例，学生在使用在线编程学习平台时，对于已经熟练掌握的编程语言知识，学生通过快速浏览平台上对应知识点的讲解视频，便能迅速跳过，直接进入相关的代码练习环节，以巩固所学。而当遇到复杂的算法逻辑，比如动态规划算法这类难点时，学生可以利用平台提供的重复播放功能，多次回看详细讲解该算法原理的视频，还能借助平台的在线答疑功能，向专业导师或其他同学请教，投入更多时间深入钻研，直至透彻理解并能灵活运用该算法解决实际编程问题。

现在的问题是在自主学习方面，教师经常管理得过严，没有较好地满足学生自主学习的需求。问题产生的原因，一是教师对数字化教学的认识和应用不足。部分教师虽然身处数字化教学环境，但对数字化教学工具和资源的认识有限，不知道如何利用这些工具和资源来支持学生的自主学习。他们可能只是将传统的教学内容简单地搬到线上，没有充分发挥数字化教学的优势，如个性化学习、在线互动等，从而无法满足学生的自主学习需求。教师对智能教学平台的使用不够熟练，缺乏对平台功能的深入了解，不能有效地利用平台的管理和监控功能来促进学生的自主学习，反而可能因为操作不熟练而过度依赖传统的教学管理方式，对学生进行严格统一的管理。二是教师担心学生自主学习效果不佳。应用型本科学生的学习基础和学习能力可能存在一定差异，部分教师担心学生在自主学习过程中会出现学习动力不足、学习方法不当等问题，导致学习效果不理想；还有一些教师认为学生在数字化环境中容易受到各种干扰，如网络娱乐、社交等，担心学生无法自觉地投入到学习中去。因此，为了保证教学质量和学生的学习成绩，教师采取统得过严的方式，对学生进行严格的管理和监督，限制学生的自主学习空间，试图将学生的学习行为完全纳入自己的掌控之下。

二、学生数字化时代学习压力和焦虑的疏解程度

（一）学生的情绪成为一个需要高度关注的问题

数字化时代也给学生带来了压力和焦虑，主要表现为三个"担心"：一是学生担心老师在课堂上使用的软件或者某些操作系统自己不会或者不能熟练使用，这给学生增加了一些除学习学科知识内容以外的负担；二是学生担心如果向老师提问，老师会让自己借助智能工具自行探究，给了老师开展研究性学习的契机，给自己增加研究性学习任务，尤其是通常后面都要自行汇报，徒增工作量，而不愿意主动提问；三是学生担心技术赋能下的课堂互动环节只是"虚张声势"，活动过后，对关键性知识认识模糊不清、自己难以把握要点，导致学习效果不佳。

这个影响因素是在前期理论探索期，通过访谈调查发现的。原本课题组将教师数字素养提升的主要矛盾聚焦在教师自己身上，认为教师和学生之间的矛盾主要是由教师自身数字素养不足引起的。但是，课题组在调查中发现，有好几位同学在提及对教师的期望和建议时，同时谈及了学生自身的焦虑问题，以及自己感受到的这些焦虑和压力对自身学习产生的影响，课题组于是将此影响因素纳入"学生因素"一级维度下。可见，应用型本科教师如果要提升自身数字素养，其中一个途径便是要关注和帮助学生解决其在数字化学习中产生的情绪问题，想办法疏解学生在数字化学习过程中产生的压力和焦虑，让学生能心无旁骛地投入到学习中去。

（二）导致学生产生情绪问题的三大因素

1. 缺少课堂总结

由表 3-2 可知，梳理知识脉络的得分是最低的。在基础教育课堂教学中，总结是课程结束前必不可少的一环；而在高等教育课堂教学中，很多老师可能不同程度地存在听到铃声就下课，讲到哪算哪，反正下一节课可以继续讲的现象。而应用型本科的学生没有研究型大学的学生那么擅长逻辑归纳，因而对应用型本科教学来说，及时总结就变得尤为重要。

表 3-2　"数字化时代学习压力和焦虑的疏解程度"二级维度

名称	样本量	最小值	最大值	平均值	标准差	中位数
16. 在科技赋能的课堂中，部分学生因担心老师要求其借助科技自行解决问题，而**不敢主动提问**。您在消除学生顾虑、鼓励学生提问方面的做法是_____？	411	1.000	5.000	**4.032**	0.747	4.000
17. 当您熟练使用科技赋能教学时，对于学生因担心不会使用软件或害怕互动而精神**紧张**的情况，您缓解学生紧张情绪的做法是_____？	411	1.000	5.000	3.995	0.736	4.000
15. 技术赋能课堂互动环节容易让气氛热烈，但互动结束后，学生可能难以**梳理知识脉络**，缺乏对知识掌握情况的清晰认知。针对这一问题，您的处理方式是_____？	411	1.000	5.000	**3.849**	0.782	4.000

部分教师没有充分认识到学生的这一特性，没有根据学生的实际情况调整教学方法。他们依然采用与研究型大学相似的教学模式，没有意识到应用型本科学生在学习过程中对总结环节的迫切需求，从而造成课堂教学与学生需求相脱节。在高等教育中，部分教师认为大学教学更注重知识的广度和深度传递，相比于基础教育，总结环节并非关键。他们过度关注对知识的讲解，而忽视了学生对知识的消化吸收过程。

2. 教师对学生的紧张情绪置之不理

数字化学习方式对学生的自主学习能力提出较高要求，容易引发学生的压力和焦虑，因此良好的课堂氛围对学生的学习非常重要，最佳的氛围无疑是民主的、轻松的。独断专行地展示教师权威并非良策，学生可能会紧张到无法思考，学习效果自然不好。

第一种情况是，部分老师着实没有想到，当他们在惴惴不安地探索技术赋能课堂教学改革时，他们的学生也是同等紧张。第二种情况可能是，一些老师习惯了教师权威，受传统教育观念影响较深，认为课堂上应凸显自身主导地位，将学生视为知识的被动接受者。在这种观念影响下，他们更关注教学任务的完成进度，而忽视了学生在课堂上的情感体验，包括紧张情绪，没有意识到良好课堂氛围对学习效果的重要性。其他情况还可能包括，教师缺乏情绪感知能力，以及能察觉但是缺少应对策略，等等。

3. 教师缺乏对学生的鼓励和引导

在当下的课堂中，提问已经变成一个越来越难能可贵的品质。特别是对于应用型本科学生来说，他们非常善于吸收掌握操作技能，而对问题产生的原因却较少有深入探究的欲望。久而久之，他们反而比较喜欢传统的讲授式、灌输式教学。有些学生甚至希望老师自己讲就好，不要让我们学生去苦苦探究。

这个问题产生的原因是复杂的，但是从教师层面来讲，学生觉得探究很苦，这和老师的引导不力有很大关系。苏格拉底在教导枚农（一个小厮）思考"面积是小正方形二倍的大正方形，其边长是小正方形的几倍"这一问题时，枚农就是在苏格拉底的启发下自己顺势推导出来的。启发式教学的思想，《论语》《学记》等中华古典文化也有记载，且一直流传至今。而在人工智能技术快速发展的当下，教师如何引导、启发学生，让学生学会借助智能工具积极开展自主学习，成为一个亟须得到老师关注的问题。

三、对学生因素问题的本质反思

（一）学生的数字素养影响教师的数字素养

无论是对学生情绪关注不够，还是对满足学生数字化学习需求的程度不够，本质上都是教师将数字素养提升的关注点放在了教师自己身上。无论是"以学生为中心"的理念，还是本次实证调查的统计数据，都充分说明，在教师提升数字素养这件事情上，仍然要"以学生为中心"，学生的数字素养影响着教师的数字素养的提升，如果不转移重心，教师自身数字素养的提升也会受到制约。

在数字教学环境下，学生的数字素养有待提升，其中一个表现就是学生自我管理能力欠缺。有些学生缺乏足够的自律和自我管理训练，面对数字设备带来的各种诱惑，难以有效控制自己的行为，无法合理安排学习时间和任务，导致在学习过程中容易出现偷玩手机、依赖电子设备搜索答案等问题。并且，很多学生长期处于传统教育模式下，已经形成了固定的学习方法和习惯，对于数字化学习这种强调自主探究和个性化的学习方式，一时难以适应，在数字化学习环境中，不知道如何主动获取知识、构建知识体系，缺乏独立思考和解决问题的能力。教师在教学过程中，往往更关注教学任务和教学目标的达成，忽视了学生在教育数字化转型过程中的心理变化和压力感受，没有及时给予学生必要的心理支持和引导。因为无人指导，学生对自身在数字化学习中的能力和表现缺乏信心，担心无法跟上数字化课堂的节奏，害怕在课堂互动中表现不佳，对新知识的掌握情况也缺乏有效的自我评价标准，这些因素共同引发了学生在教育数字化转型过程中的焦虑情绪。

在这种情况下，如果教师的教育理念转变不彻底，仍然固守传统教育观念，不能充分认识到数字化时代学生学习方式的变革，不能将"以学生为中心"的教育理念真正落实到数字化教学中，就会导致对学生的个性化需求和自主学习能力培养重视不够。教师数字素养的提升并不仅仅涉及教师自己的事情，还要充分关注学生数字素养的培育，因为归根结底学生才是学习的主体。若教师一味专注提升自身数字素养，却对学生的数字素养情况不管不顾，那么即便教师掌握了十分先进的数字教学技术，拥有十分丰富的数字化教学资源，也难以在教学中发挥应有的效果。比如教师精心制作了精美的多媒体课件，利用了前沿的数字互动工具，可学生缺乏基本的操作能力，连参与互动都困难重重，这些精心准备的内容就如同空中楼阁，无法真正影响到学生。又或者，教师在教学中引入复杂的线上协作学习模式，可学生不具备相应的线上协同沟通素养，导致小组协作混乱无序，无法达成预期的学习目标。教师只有重视学生数字素养的培育，根据学生的实际水平和需求去运用自身的数字技术知识和能力，才能让数字技术与教学深度融合，切实提升课堂教学质量，促进学生全面发展。

（二）学生缺乏数字素养还会导致其他矛盾：学生与学校之间的矛盾

第一，资源有限性与需求多样性之间的矛盾。学校的资金与资源是有限的，而学生的个性化需求是多样和动态的，需要在众多教育需求中进行分配：既要用于硬件设施建设、师资队伍建设，又要用于教学活动开展，等等。在数字化建设方面，资金的有限性导致无法全面、及时地满足学生对丰富多元、个性化的数字化学习资源与平台的需求。即使有资金投入，技术和师资方面的限制也会影响资源的开发和利用效率，使得数字化资源建设难以跟上学生的期望。并且，学生群体庞大，不同个体之间的兴趣、特长和学习需求差异很大，而且随着时代发展和技术进步，学生对数字化学习资源的需求仍在持续变化。学校难以精准地把握和满足每一位学生的个性化学习需求，导致资源配备与学生期望之间存在差距。

第二，管理理念与学生诉求的差异。学校行政管理部门的主要职责是维护教学秩序、保障教学活动的顺利进行和实现学校的整体发展目标，因此会更加注重从宏观层面对教育教学进行统一管理，对学生使用数字化设备和平台进行限制是为了确保教学秩序不被干扰，避免学生过度使用数字化资源和设备而出现各种问题。例如，2025 年全国高校已经陆续对毕业生在毕业论文中使用生成式人工智能工具提出了必要的规定。学校行政管理部门是从学生的身心发展特点出发，考虑到学生的"未完成"状态，其三观的发展还需要成人引导。虽然本科生从年龄上已经成熟，但是社会生活经验仍然不足，高校教师仍然要积极发挥引导作用。学生则更关注自身的学习体验和个性发展，追求自由便捷的学习方式，希望根据自己的节奏和需求来使用数字化工具，这种学校管理理念和学生个人目标诉求的差异就导致双方产生了矛盾。部分行政管理部门可能受传统管理思维的束缚，习惯采用统一规范、集中管理的方式，对学生的个性化需求和新兴的学习方式认识不足、重视不够，没有充分考虑到数字化时代学生学习的特点和需求变化，在管理方式上缺乏灵活性和创新性，难以与学生的期望相契合。

第三，信息沟通与反馈机制的缺失。学校行政管理部门与学生之间可能没有建立起顺畅、有效的沟通渠道，学生的需求和意见不能及时、准确地传达给行政管理部门，导致行政管理部门在进行决策和资源分配时，无法充分了解学生的真实想法和需求，便可能出现与学生期望不符的情况。即使学生有一些反馈渠道，但反馈机制可能不健全，行政管理部门对学生的反馈不能及时回应和处理，或者处理结果不能让学生满意，这使得学生的需求得不到重视，问题得不到解决，进一步加剧了双方的矛盾。例如在经费使用方向上，学生的意见如果不能得到行政管理部门重视和关注，就会导致双方在这方面产生分歧且持续存在。

在数字化教学这一问题上，学生与学校管理部门之间的矛盾，主要应由教师来负责解决，由其他部门配合。因为，学生在数字化学习方面与学校管理部门的意见存在差异，其本质是学生的数字素养欠缺。试想，如果学生在课堂上根本就不存在偶尔管不住自己要看几眼手机，甚至玩很久的现象，学校就不会为了保障教学效果，强制对手机等电子设备进行管控，从而学生的各类数字化学习硬件设备和资源的需求就更易得到学校的保障和支持。而提升学生数字素养的任务应由各学科专任教师通过学科课程教学来同步落实和完成，这成为一条必由之路。

第二节　学校是教师数字素养的第二影响因素

除学生因素外，影响教师数字素养的第二个关键因素是学校政策的保障度（Beta=0.335）。在这个一级维度影响因素下，在假设模型中原本设置了六个二级维度指标，其中学校评价和学校数字化战略规划两个指标没有通过模型拟合度检验，直接被删除了。而在探索期比较看好的学校激励制度和学校管理工作两个指标，通过了相关分析，但是回归分析不显著。最后，在学校因素一级指标下，统计结果显示，教师数字素养的两个关键二级影响因素，第一是"学校数字化资源分配的普惠性和公平性"（Beta=0.176），第二是"学校对数字化教学成果的期待和行动"（Beta=0.162）。

一、学校数字化资源分配的普惠性和公平性

在本研究模型中，"学校数字化资源分配的普惠性和公平性"是指，全体教师都能普遍地、公平地享受到数字化资源，无论其年龄、学科、职称等指标处于何位置，都有机会获取和使用数字化资源，使全体教师在利用人工智能技术改革课堂教学方面具有相对平等的机会和条件。在调查中，有 162 位教师选择了答案 4，即学校的普惠性和公平性政策对教师数字化教学改革的积极性"提升较大"（见表 3-3）。如果再加上答案 5 "提升极大"的选项，合计共有 242 位，占比达到约59%，超过半数的老师都非常看重政策的普惠性和公平性。

表 3-3　频数分析结果

名称	选项	频数	百分比（%）	累积百分比（%）
23. 当学校在分配数字化教学资源时能够充分体现普惠和公平原则，对您开展数字化教学的积极性有多大提升？	1.0	3	0.73	0.73
	2.0	13	3.16	3.89
	3.0	153	37.23	41.12
	4.0	**162**	39.42	80.54
	5.0	80	19.46	100.00
合计		411	100.0	100.0

这说明对大多数一线教师来讲，他们虽然不是学院内数字化教学改革的主力军，但是也有一定的数字化改革意愿，希望自己偶尔在有余力的时候，也能做一点教学改革的尝试，而不是永远

都没有机会，永远都得不到一点点资助。角色定位和参与机会不平衡，导致部分教师虽有尝试进行改革的想法，但由于长期得不到机会和资助，逐渐失去了积极性，也限制了学校整体数字化教学改革的推进。

对于那些偶尔或经常积极参加数字化教学改革的老师来讲，他们最关注的通常是评审程序的公平性。评审过程如果存在不公平现象，会严重打击他们参与教学改革的积极性，也会影响其他教师对数字化教学改革的信心，进而阻碍学校数字化教学改革的整体进程。

教育数字化转型是全体教师的历史使命，而学校在鼓励和支持数字化教学改革研究时，往往受预算和效益的限制，只能优先支持少部分教师进行教学改革探索，这也无可厚非。但是，对于更多教师而言，因为缺少必要的资金和资源支持，可能会使得很多教师虽有意愿却缺乏行动。在资源有限的情况下，如何平衡资源分配和教师需求，激励广大教师参与数字化教学改革，这已经成为学校和二级学院必须思考解决的一个难题。

二、学校对数字化教学成果的期待和行动

在本研究中，"学校对数字化教学成果的期待和行动"是指学校越重视教育数字化转型，就越希望采取更多的行动措施来帮助教师。而从调查结果来看，适度的期待和行动才是最合理的，如表 3-4 所示，选择第 3 个选项的人数最多。除个别老师无论学校怎样做，都没有兴趣开展数字化教学改革外，通过图 3-1 能明显看到，选择中间维度的比例最大。

表 3-4　教师对学校期待和行动的态度频数分析结果

名称	选项	频数	百分比（%）	累积百分比（%）
26. 如果学校为保证教育数字化转型效果，安排教师参加研讨、修改教案等活动，当这些任务的安排频率和工作量与您的个人意愿相契合时，对您投入数字化教学的积极性有多大提升？	毫无提升，即便任务安排合理，我对数字化教学也没有积极性	4	0.97	0.97
	提升很小，任务安排基本符合意愿，但对我数字化教学的热情促进有限	18	4.38	5.35
	有一定提升，合理的任务安排让我对数字化教学的积极性有所提高	**161**	39.17	44.53
	提升较大，任务安排契合意愿，使我更有精力和热情投入数字化教学	151	36.74	81.27
	提升极大，合理的任务安排让我完全充满动力，迫不及待地深入开展数字化教学	77	18.73	100.00
合计		411	100.0	100.0

教师参加研讨、修改教案等活动，这些任务的安排频率
和工作量与您的个人意愿相契合的百分比

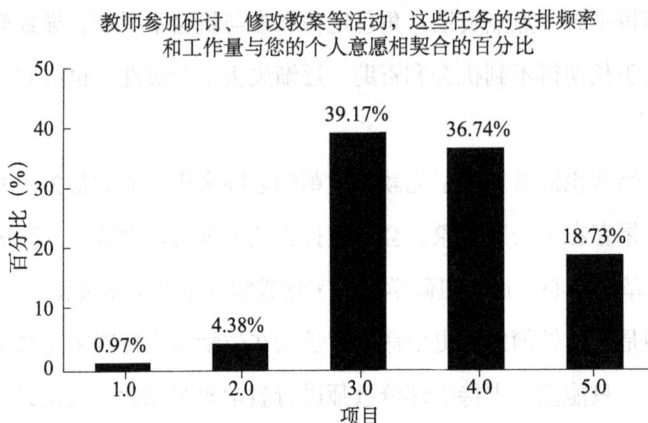

图 3-1　教师对学校期待和行动的态度

　　这说明并不是学校做的工作越多效果就越好，或者说，学校如果帮助过多，开展的强制性培育活动过多，反而会抑制教师的主观能动性。因为，有时候管理得过于精细会破坏教师的个性化工作安排。不同的教师在长期的教学工作中形成了各自的教学风格和工作节奏。学校对数字化教学成果期待过高、管理过于精细时，可能会要求教师按照统一的模式或标准去开展数字化教学，这会打乱教师原有的个性化工作安排，使他们感到不适应，甚至产生抵触情绪。教学工作偏向专业性与自主性，而学校管理工作则更多体现为整体性与复杂性。教学工作具有很强的专业性和自主性，教师通常认为自己的核心任务是教学，希望能够专注备课、教研等教学工作。而学校行政管理部门需要考虑学校的整体工作，包括教学、科研、行政事务等多个方面，强调工作的全面性。这种管理的整体性和复杂性使得行政部门在布置工作时难以完全顾及教师教学工作的特殊性和教师个人的实际情况，容易引发双方在工作重点和时间分配上的矛盾。例如，在调查中，我们经常会听到教师抱怨"学校的各种杂事特别多，很多会议、培训等和自己没什么关系也要求自己去听会，浪费了很多本可以专注教学和科研的工作的时间"。

　　过高的关注和期待会给教师带来较大的心理压力。教师在感受到过度的压力时，可能会担心无法达到学校的要求，从而产生焦虑情绪，这种情绪会影响他们在数字化教学改革中的表现和积极性。相反，适度的压力可以转化为动力，促使教师积极尝试数字化教学改革，同时又不至于让他们因压力过大而望而却步。在适度的压力和期待下，教师能获得一定的自主空间，他们可以根据自身情况去调整和探索数字化教学，这更有利于发挥教师的主观能动性。教师群体在数字化教学方面的能力、经验和需求存在差异。部分教师可能需要更多的支持和引导来逐步适应数字化教学，而另一些教师则希望有更多的自主探索空间。学校统一的、过高的期待难以满足教师的多样化需求，而适度的期待能够让学校采取更灵活的措施，根据不同教师的情况提供有针对性的帮助，从而取得更好的效果。

　　上述问题的产生和沟通不畅有一定的关系。一线教师和学校行政管理部门存在一定程度的信

息传递与理解障碍，且缺乏双向反馈机制。学校行政管理部门在推动各项工作时，可能没有充分与教师进行沟通，导致教师对学校的政策、目标和工作安排理解不到位。例如在数字化转型过程中，教师可能没有充分认识到其紧迫性和必要性，而学校也未能深入了解教师对新技术的顾虑和实际困难，双方信息不对称，就容易产生观念上的差异和矛盾。学校在制定政策和工作安排时，可能没有充分听取教师的意见和建议，缺乏有效的双向反馈机制。教师对学校的评价体系、工作安排等存在的问题无法及时反馈并得到重视，学校也难以根据教师的实际情况调整政策和工作方式，导致矛盾不断累积。虽然学校通常会在各项文件发布之前广泛征求教师的意见，但是很多教师其实没有非常认真地审读文件，以及研判该项制度会对自身专业发展产生的影响。即使部分老师提出反馈意见，也没有进一步研究并给出有说服力的分析过程和解决问题的方法，从而导致教师和行政管理部门的对话常常没有下文。

三、对不显著指标的解释

1. 关于"学校激励制度"指标。在老师们的第一印象中，惯性思维会使大家希望学校加大支持力度，提高对数字化教改课题的经费支持。但是在现实中，对应用型本科教师来说，大部分教师比较擅长和习惯课堂教学，对教育教学改革和研究并不十分有热情，哪怕学校加大了经费支持力度，踊跃申报的仍然是几乎固定的那一小部分教师。大多数老师要么认为自己不会做，没办法报，要么觉得即使研究经费很有吸引力，但是自己报了也比不过其他人，所以还是不会申报。因此，在惯性思维中，普遍认为很重要的指标，其实对大多数普通教师来讲，影响并不大。而教师数字素养提升的研究面对的是全体应用型本科教师，这个指标因不显著而被删除是合乎应用型本科的教育现实的。

2. 关于"学校管理工作"指标。学校管理工作这个指标和上一个指标的分析有一定关联性。上一个指标的阐释中，已经指出参与数字化教学改革的教师本就是少数，因此学校管理工作的强度对教学改革的影响同样只对那少部分参与教学改革的老师有影响。绝大多数未参与教学改革研究的老师和学校的行政管理部门几乎没有往来交流。这个指标的删除也合乎教育现实。

3. 关于"学校数字化转型战略规划"和"学校评价"两个指标，是在探索阶段，通过与学校行政管理人员的访谈获得的教师数字素养的影响因素。这两项指标被删除应该是主体价值取向不同导致的。这并不是说学校数字化战略规划和评价丝毫不会影响教师数字素养，一定会有影响的，但此影响对学校行政管理人员来讲比较大，而对普通一线教师的直接影响却比较小，而本研究的调查对象是一线教师，对应用型本科教师自身来说，模型建构的是日常中能够促进其提升数字素养的影响因素。相比之下，肯定是每天都接触的学生对教师的影响最大、最直接，而学校的目标规划等确实对一线教师的直接影响不大，不适合本模型，因而其不能通过模型拟合度检验是合理的。此外，可能有一部分教师，其个人发展规划同学校数字化转型发展战略规划不一致，导致这一部分教师并不关注学校的战略发展目标，自然就对其自身的影响比较小。例如，大部分青年教师可能会面临科研和教学改革的矛盾。教师面临着职称评定、职业发展等现实压力，科研成果在这些评价中往往占据重要地位，导致教师将更多精力放在科研上以获取职业晋升资本，从而相对忽视教学改革。这使得教师个人职业发展的价值取向与学校教育数字化转型的价值取向存在差异。而学校从整体发展和竞争角度出发，将数字化转型视为提升教育竞争力、顺应时代发展的关键，更注重学校的整体声誉和长远发展。这种宏观的价值取向与部分教师对教学工作的传统认知和个人发展诉求存在差异，导致双方在对学校相关工作的理解和重视程度上产生分歧。目前应用型本科的现状是，学校的评价体系并没有对教师在数字化教学等方面的额外投入给予足够的认可和回报。这使得教师缺乏内在动力去积极参与教学改革和数字化转型工作，因为他们的努力无法在现有的评价和激励机制中得到合理体现。

第三节　用人单位通过学生因素间接发挥影响作用

用人单位和政府分别通过影响学生、学校来间接发挥影响教师数字素养的作用，本节就是专门分析用人单位的作用。在前期探索阶段，通过文献研究和访谈调查，用人单位一级影响因素下分设了"教师与用人单位在微观层面的协同合作"和"教师与用人单位在宏观层面的协同合作"两个二级维度影响因素。微观层面的影响是指用人单位与教师在课程设计、实践案例等具体项目上的协同合作。宏观层面的影响是指用人单位与教师在研究思路、沟通频率等宏观方法层面的合作交流。调查结果显示，宏观层面的影响要更大一些，两个影响因素都在 0.01 显著水平上，与中介变量学生具有正相关关系，但是宏观层面的标准化回归系数为 0.443，大于微观层面的标准化回归系数 0.285。

一、用人单位的宏观影响：研究思路高于沟通频率

在宏观影响中，研究思路（Beta=0.447）的影响程度高于沟通频率（Beta=0.277）。这说明在数字化教学方面用人单位与教师首先要在价值取向上达成一致，而后进一步频繁沟通具体合作方案才会更有意义。并且，在沟通中仍然要不断地统一思想。现状（见图 3-2（a））是用人单位与教师在合作研究思路方面的一致性处于中等偏上水平，选第 3 个"部分一致"选项的教师最多（43.31%），选第 4 个"大部分一致"的也相差不多（40.39%）。而在沟通频率问题（见图 3-2（b））上，选择第 3 个选项"有一定交流，交流效果一般"的教师占比 48.91%，遥遥领先其他选项。

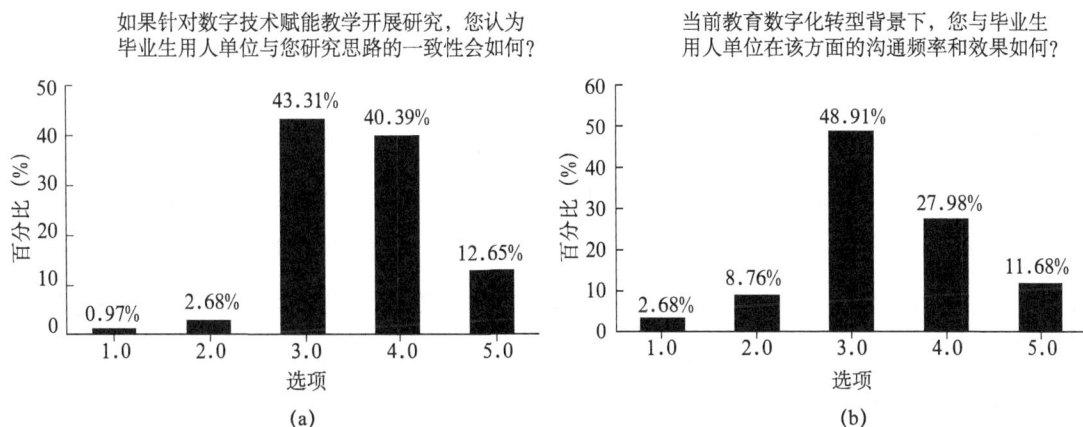

图 3-2　用人单位与教师在宏观层面的协作现状

二、微观层面的合作受制于宏观层面

用人单位与教师在微观层面的合作非常明显，呈现"中间大"的趋势，如图 3-3 所示，有 205 位教师选择了中间项，占比 49.88%（中位数）。可见，在课程设计层面的合作亟须进一步深化，目前只停留在有合作但是不深入的表层，用人单位并没有真正参与到应用型本科学生的人才培养方案、课程设计等具体的育人环节之中，大多还只是发挥实践教学基地的传统作用。

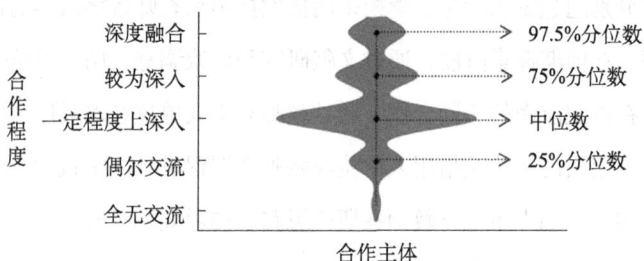

图 3-3　用人单位与教师在微观层面的协作现状

微观层面的作用受到了宏观层面的制约，在研究思路和沟通频率方面均处于一般或者不理想的状态下时，必定无法深入到课程设计等微观层面。可见，用人单位和教师在协同合作上的关键问题仍然是先解决好宏观思想问题。

三、用人单位与教师之间矛盾的焦点

第一，双方利益诉求差异。用人单位的核心目标是追求经济效益和自身发展，参与人才培养可能被视为额外负担，除非能直接获得回报，如培养出符合岗位需求的员工、通过合作获得技术创新等。否则，他们在投入时间和精力参与课程设计等微观层面合作时会比较谨慎。而教师关注的是学生的知识技能培养和课堂教学质量提升。教师希望用人单位能深度参与其中，并提供实践案例和行业最新信息以优化课程设计，但由于教育的延时作用，可能无法给予用人单位直接的利益激励。

第二，专业认知差异。首先，双方对课程目标的理解不同。教师通常从教育教学规律和学生全面发展的角度来设计课程目标，注重学科知识体系的完整性和学生综合素质的培养。而用人单位更关注学生能否快速适应工作岗位，是否具备特定的职业技能。这种差异使得双方在课程设计的目标定位上难以达成一致，影响了合作的深度。其次，双方对教学内容侧重点的理解不同。教师在课程内容设计上可能更倾向于对基础知识的传授以及追求学科体系的系统性和完整性，而用人单位则希望在教学中突出实践技能和实际工作场景中的应用知识。由于对教学内容侧重点的理解不同，双方在课程设计过程中容易产生分歧，导致用人单位难以真正深入参与到课程设计的具体环节中。

第三，资源投入受限。用人单位参与课程设计等微观层面的合作需要投入一定的人力、物力和财力资源。若安排专业人员参与课程讨论、提供实践案例和实习场地等，则可能会增加用人单位的运营成本。在资源有限的情况下，用人单位可能优先保障自身业务发展，而减少在人才培养微观环节上的投入。学校在推动用人单位与教师在微观层面的合作时，可能缺乏足够的资源支持。比如，没有设立专项经费用于鼓励用人单位参与课程设计，或者没有为教师提供相关的培训和支持以帮助他们更好地与用人单位合作，从而限制了合作的深入开展。

第四，信息不对称。沟通渠道不畅，教育领域和就业市场之间缺乏有效的沟通桥梁和平台，没有建立起常态化、制度化的沟通机制。学校和教师难以直接、及时地获取用人单位的需求信息，用人单位也难以将对人才的具体要求和反馈准确而及时地传达给学校和教师。在 AI 时代，行业技术和市场需求的变化速度极快，用人单位的人才需求也会随之迅速变化。然而，同市场相比，教育系统的信息更新、专业建设等仍然相对滞后，教师受到教学任务、研究工作等多种因素的限制，难以及时跟踪和了解行业的最新动态和用人单位的需求变化，导致教学内容和人才培养方向与市场需求存在一定程度的脱节。

第五，在体制机制方面。教育体制具有一定的稳定性和规范性，其教学计划、课程设置、人才培养模式等往往需要经过较长时间的论证和实践才能进行调整。面对快速变化的市场需求时，教育体制的调整就显得相对缓慢，难以迅速做出适应性变革，导致人才培养与市场需求之间出现时间差。

从根本上说，教师与用人单位之间的矛盾，是育人与企业利益之间的根本矛盾，是人的发展至上还是企业利益至上之间的矛盾。不同主体有不同主体的利益诉求，这无可厚非。关键是如何沟通与合作，而且这种沟通应该是及时的、充分的，是明确的成果导向的。教师与用人单位应摒弃对立思维，树立共生共赢的理念，深刻认识到人的全面发展与企业利益并非截然对立，而是相互依存、相互促进的关系。学校和教师要在育人过程中融入企业需求，将职业素养、实践能力的培养作为重要目标。企业也应将人才培养视为长期投资，积极参与教育环节，为学生提供实践机会与职业指导，助力学生成长，从而实现人才培养与企业发展的良性循环。

第四节　政府通过学校因素间接发挥影响作用

政府通过学校来间接发挥影响教师数字素养的作用。其中，政府因素一级维度包含"政府的发展目标"和"政府的激励政策"两个二级影响因素。统计结果显示，二者都通过中介变量学校对教师数字素养在 0.01 水平上有显著的正向影响关系，其中"政府的激励政策"的作用程度（Beta=0.415）略大于"政府的发展目标"（Beta=0.406）。

一、政府激励政策的影响

激励政策能在教育系统内营造重视教师数字素养提升的良好氛围，鼓励教师探索和尝试新的数字化教学模式与手段，使学校和教师都更加关注我国的教育数字化战略，推动教师在数字化教学改革方面不断创新，这有助于促进教师的专业成长，提升其在数字化教学方面的能力和水平。激励政策虽然能在一定程度上激发教师提升数字素养的积极性，但可能存在激励方式较为单一或不够精准的问题。而且，激励政策可能难以覆盖到所有教师群体，一些处于偏远地区或非重点学校的教师，可能无法充分享受到激励政策带来的好处，从而影响了整体的激励效果。调查结果显示（见图 3-4），关于政府激励政策的吸引力问题，大多数教师（43.07%）还是选择了中立态度，认为只在一定程度上对自己开展数字化教学有积极的影响作用。

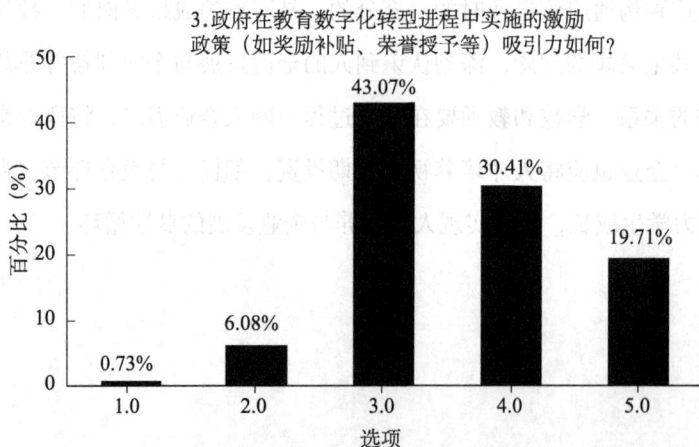

图 3-4　教师对政府激励政策吸引力的态度

同时，由于政府的激励政策是通过学校中介发挥作用的，所以也可能存在激励政策在实施过程中落实不到位或出现执行偏差的问题。学校在执行激励政策时，可能出于各种原因，如管理不善、缺乏监督机制等，导致激励政策无法有效传达给教师，或者教师在申请相关资助时遇到繁琐的程序和条件限制，使得激励政策的实际效果大打折扣。相比之下，政府目标具有更强的权威性和稳定性，学校和教师更倾向于按照目标要求去行动，而激励政策的不确定性可能会影响其对教师数字素养的提升作用。

二、政府发展目标的影响

政府目标通常从教育发展的宏观层面出发，着眼于整个教育系统的数字化转型和提升，具有更强的引领性和方向性。它为学校和教师提供了明确的发展方向和战略指引，使学校能够围绕政府设定的目标来规划和推进教师数字素养提升工作，教师也能更清晰地认识到自身数字素养提升对于实现区域教育整体目标的重要性，从而更有动力和方向去提升自己的数字素养。政府将提升教师数字素养纳入其目标体系，会促使相关部门在教育资源分配上向教育数字化相关领域倾斜，如投入资金用于数字教育基础设施建设、开展教师数字素养培训项目等。学校在资源支持下，能够为教师提供更多提升数字素养的机会和平台，进而对教师数字素养产生积极影响。

关于"政府在教育数字化转型方面确定的区域发展目标与教师个人目标的契合度"问题（见图 3-5），超过半数（54.74%）的教师认为"有一定契合，对我开展数字化教学的积极性有一定提升"，前两个选项，即"完全不契合"和"契合度很低"，在 411 个样本中，仅有 26 位教师选择此两项（见表 3-5）。这说明教师对政府发展目标的满意度还是非常高的。

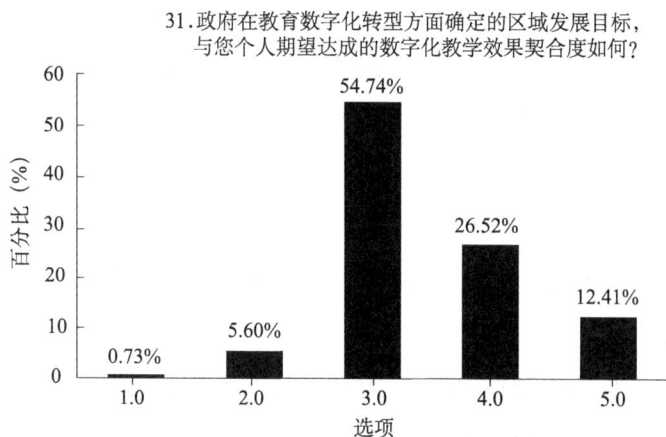

图 3-5　政府教育数字化发展目标与教师个人目标的契合度

表 3-5　政府教育数字化发展目标与教师个人目标契合度频数分析结果

名称	选项	频数	百分比（%）	累积百分比（%）
31. 政府在教育数字化转型方面确定的区域发展目标，与您个人期望达成的数字化教学效果契合度如何？	1.0	3	0.73	0.73
	2.0	23	5.60	6.33
	3.0	225	54.74	61.07
	4.0	109	26.52	87.59
	5.0	51	12.41	100.00
合计		411	100.0	100.0

政府确定的教育数字化转型区域发展目标，使教师认识到自己在教育现代化进程中也具有重要的推动作用，这增强了他们的使命感和责任感。教师在意识到自己的工作与区域教育发展的整体目标紧密相连时，会更加积极主动地投身于数字化教学改革工作中，主动将个人目标与政府目标相结合，为实现教育数字化转型贡献力量。这种使命感和责任感的提升，也使得教师对政府目标有更高的认同感和契合度。这些目标与教师个人追求专业成长、提升教学效果的诉求相呼应。教师们意识到，通过参与教育数字化转型，能够获得更多的专业发展机会。这个结果和教师数字素养水平现状调查中的数据正好相吻合。我国应用型本科教师普遍具有较高的数字社会责任和数字化意识，这两项得分在数字素养五个维度中分列第一位和第二位。

三、政府与教师之间的观念和行为差异

首先，教师与政府部门的职责定位存在宏观性与微观性的差异。政府部门承担着推动整个教育事业发展的宏观职责，需要从国家和社会的整体利益出发，考虑教育对社会公平、经济发展等方面的影响。教育数字化被视为促进教育公平、提升教育质量的重要战略手段，因此政府更注重从宏观层面进行整体规划和政策引导，以实现教育现代化的长远目标，这使得其在决策和推动工作时更关注整体和长远效果。而教师的主要职责是在具体的教学场景中开展教学活动，直接面对学生进行知识传授和能力培养。他们更关心的是教育数字化在实际课堂教学中的可操作性和适用性，因为这直接关系到教学效果和学生的学习成果。教师需要考虑如何将数字化工具和资源有效地融入日常教学中，满足不同学生的学习需求，而政策在实际教学中的实施细节和可能遇到的问题是他们关注的重点。

其次，信息掌握程度不同。政府对基层教学实际了解有限，而教师对宏观政策意图可能理解不深。政府部门在制定教育数字化政策和规划时，虽然会进行充分调研，但由于教育系统的复杂性和多样性，很难全面、深入地了解每一个学校、每一位教师在实际教学中所面临的具体情况和困难。这就可能导致政策在某些方面与教学实际脱节，无法充分考虑到教师在实施过程中可能遇

到的问题。教师在日常工作中主要专注于教学任务，可能没有足够的时间和精力去深入研究和理解政府教育数字化政策的宏观背景、战略目标和长远意义。同时，政策传达过程中也可能存在信息衰减或解读偏差的情况，使得教师对政策的理解不够准确和全面，难以将自身的教学实践与政策目标有效对接。

再次，利益诉求不同。政府关注教育的社会效益，而教师关注个体工作体验。政府推动教育数字化的主要目标是提升整个教育系统的质量和公平性，以培养更多适应社会发展需求的人才，从而促进社会进步和经济发展。因此，政府更关注教育数字化在宏观层面所产生的社会效益，如缩小城乡教育差距、提高整体教育水平等，对改革的推进速度和整体成效有较高期望。作为教育数字化的直接实施者，教师在关注教学效果的同时，也会考虑自身在数字化转型过程中的工作负担和职业发展。面对教学任务和数字化转型的双重压力，教师需要一定时间来学习和掌握新的技术和教学方法，担心过快的改革速度会增加工作压力，影响教学质量和自身的职业发展，更希望在一个相对稳定和可适应的节奏下进行教学改革。

最后，专业视角不同。政府部门多从政策和管理视角出发，在制定教育政策时更多从资源调配、宏观治理等角度来思考问题。他们关注的是如何通过政策引导和资源投入来推动教育数字化的整体发展，注重政策的普遍性和指导性，以确保政策能够在较大范围内实施并取得预期效果。教师则是从教育教学的专业角度来看待教育数字化。他们在教学实践中积累了丰富的经验，对学生的学习特点和需求有深入了解，因此更注重数字化教学方法和工具是否符合教育教学规律，是否能够真正促进学生的学习和成长。这种专业视角的差异导致双方在对教育数字化的理解和期望上存在不同。

综上所述，教师与政府部门，特别是同省级、国家级的部门之间还是相距较远，且国家和省市颁布的教育政策对大多数普通教师来说相对宏观，大多数教师很难深刻理解和切实想清楚这些政策和自己每一天的课堂教学到底有什么直接关系。而政策的落地实施恰恰依赖于教师在课堂上的具体实践。所以，这就需要充分发挥学校的中介作用，承担起政策解读和上传下达的作用，让教师清晰地认识到教育政策对教学具有实际的指导意义，从而主动参与到教育改革进程中，推动教育质量不断提升。

第五节　教师数字素养的二级影响因素

应用型本科教师数字素养的二级影响因素如图 3-6 所示。教师在数字化意识和数字社会责任两个素养上处于中上等，未纳入本研究模型。本节重点分析数字技术知识与技能、数字化应用和专业发展三个素养的影响因素。

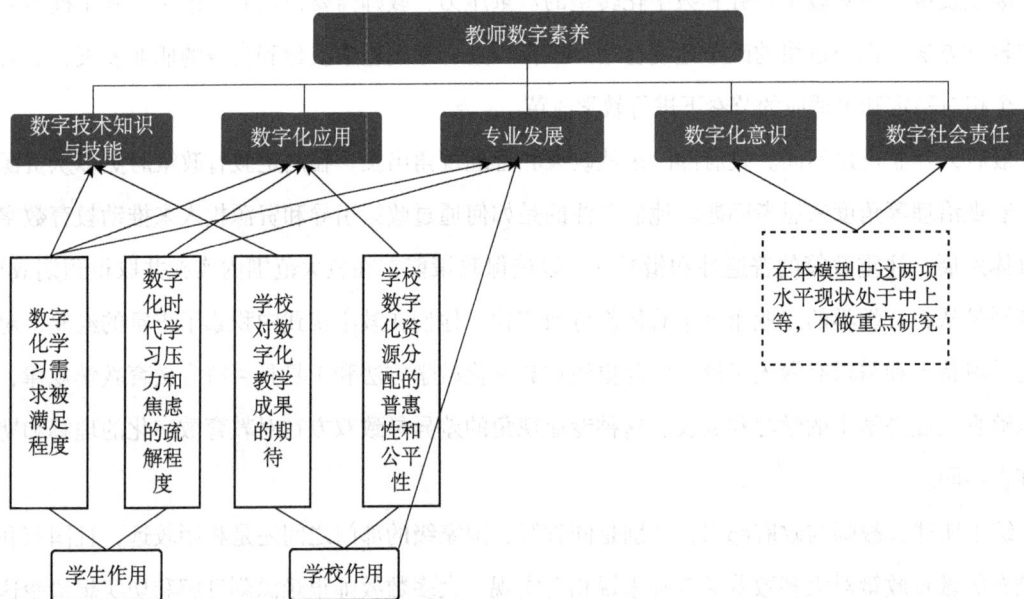

图 3-6　应用型本科教师数字素养的二级影响因素

一、数字技术知识与技能的影响因素

教师数字技术知识与技能的影响因素有两个，其影响程度由高到低排序为：学生数字化学习需求被满足的程度（Beta=0.200）＞学校对数字化教学成果的期待与行动（Beta=0.183）。

（一）学生数字化学习需求被满足的程度

学生因素不仅是教师数字素养的第一影响因素，还可以正向影响教师的数字技术知识与技能指标。其中，"学生学习需求被满足的程度"对教师数字素养的影响最为显著，而学生的情绪问题没有检测出显著性。也就是说，教师越能满足学生的个性化学习和主动性学习的需求，意味着教师的数字技术知识与技能越高。

原因在于，一是学生的需求驱动了教师不断提升数字技术知识与技能。随着时代发展，学生学习的需求日益呈现多样化和个性化，他们期望通过数字化手段获取更丰富的知识、更高效的学习体验。为了满足这些需求，教师必须不断提升自己的数字技术知识与技能，例如掌握智能教学平台的使用、设计沉浸式的课堂学习体验等，以便为学生提供优质的数字化学习体验。二是学生的学习需求促使教师探索新的教学方法和模式。为了更好地吸引学生的注意力、提高学习效果，教师会尝试运用虚拟现实等新兴数字技术，这进一步推动教师自觉提升自身数字素养，以适应 AI 的教学要求。三是学生的反馈进一步推动教师提升数字技术知识与技能。当教师努力满足学生学习需求并采用数字化教学方式后，学生的反馈能让教师明确教学效果和存在的问题。教师会根据这些反馈，有针对性地改进教学方法和提升相关技能，形成良性循环，使得学生学习需求被满足的程度对教师数字技术知识与技能指标的影响越发显著。

值得注意的是，对学生情绪的关注，及时帮助学生疏解数字化时代的学习压力和焦虑对教师数字素养来说是排在第二位的影响因素，但对"数字技术知识与技能"指标来说却影响不显著。这恰好与《教师数字素养》行业标准的指标设定相契合。对学生情绪的关注和疏解更多的应该属于育人工作，因而对"教师数字技术知识与技能"的直接影响比较小。而在《教师数字素养》标准中，"数字化应用"维度包括"数字化协同育人"等 4 个下级指标。"学生数字化时代学习压力和焦虑的疏解程度"对"数字化应用"这一指标有显著的正向影响。这也从侧面印证了本研究提出的理论模型的合理性和可靠性。

（二）学校对数字化教学成果的期待和行动

学校因素是提升教师数字素养的第二影响因素，其中包括四个二级维度影响因素，分别为"学校激励制度""学校数字化资源分配的普惠性和公平性""学校管理工作"和"学校对数字化教学成果的期待和行动"。其中，"学校对数字化教学成果的期待和行动"对教师的"数字技术知识与技能"有较为显著的正向影响（Beta=0.183）。这意味着学校为保证教育数字化转型效果，积极开展研讨等工作时，这些措施的工作强度同教师的个人意愿越契合，教师的数字技术知识与技能就越高。而其他三个因素主要作用于教师提升数字素养的积极性，主要功效确实不在教师的数字技术知识与技能上。

当学校的期待、行动与教师个人意愿相契合时，教师能够清晰地明确自己在教育数字化转型中的目标和方向。这种明确的目标导向使教师能更有针对性地提升自己的数字技术知识与技能，他们知道自己需要朝着什么方向努力，以及如何将这些技能应用于教学实践中，以实现学校所期望的数字化教学成果。学校为实现数字化教学成果的期待，通常会提供相应的资源和支持。当教师与学校期待相契合时，他们能够更好地整合和利用这些资源，加速自身数字技术知识与技能的提升。契合的期待会让教师感到自己的工作得到了学校的认可和支持，从而增强他们提升数字技术知识与技能的动力。教师会更加积极主动地投入时间和精力去学习新的数字技术，参加相关培训和研讨活动。例如，学校鼓励教师运用在线教学平台开展混合式教学，教师如果认同这一期待，就会主动学习智能教学平台的各种功能，探索如何利用其提高学生的参与度和学习效果。而这一切最终可以形成良好的校园文化氛围。当教师与这种氛围相契合时，他们会受到周围同事的影响和激励，形成相互学习、相互促进的良好局面。在这种氛围下，教师更愿意分享自己的数字技术经验和教学成果，也更愿意向他人学习，从而不断提升自己的数字技术知识与技能。

二、数字化应用的影响因素

数字化应用是指教师应用数字技术资源开展教育教学活动的能力，包括数字化教学设计、数字化教学实施、数字化学业评价及数字化协同育人。应用型本科教师数字化应用的影响因素有 3 个，影响程度由高到低排序为：学生数字化学习需求被满足的程度（Beta=0.208）>学生数字化时代学习压力和焦虑的疏解程度（Beta=0.198）>学校数字化资源分配的普惠性和公平性（Beta=0.192）。学生、学校两个维度都会对其产生影响，用人单位通过学校中介发挥影响。

（一）学生数字化学习需求被满足的程度

在本研究中，学生数字化学习需求被满足的程度，主要指学生的个性化学习和自主性学习需求被满足的程度。"学生数字化学习需求被满足的程度"与教师的"数字化应用"具有显著的正相关关系，学生的数字化学习需求被满足的程度越高，教师数字素养的数字化应用水平就越高。学生的数字化学习需求，如分层作业设计、自适应学习路径、虚拟实验平台等，会直接驱动教师学习数字化工具的深层应用，倒逼教师提高数字化应用技能。

（二）学生数字化时代学习压力和焦虑的疏解程度

"学生数字化时代学习压力和焦虑的疏解程度"与教师的"数字化应用"具有显著的正相关关系，学生数字化时代学习压力和焦虑的疏解程度越高，教师数字素养的数字化应用水平就越高。可能的原因是，学生的情绪对数字化教学技术的运用有促进或阻碍作用。学生情绪稳定地欣然参与数字化学习课堂时，会更愿意接受和尝试数字化教学改革，教师在得到学生积极的反馈后就会更主动地探索和应用数字技术。而当学生对数字化学习感到压力和焦虑，产生明显抵触情绪时，就会导致教师的数字化教学难以推进。

（三）学校数字化资源分配的普惠性和公平性

"学校数字化资源分配的普惠性和公平性"与教师的"数字化应用"具有显著的正相关关系，学校数字化资源分配的普惠性和公平性程度越高，教师数字素养的数字化应用水平就越高。和"数字技术知识与技能"不同，"数字化应用"不是付出时间学习和理解就够了，而是要实实在在地开展和实施，比较依赖软硬件资源。当资源匮乏时，教师使用新技术需要付出额外代价。比如现在非常鼓励教师开展混合式教学，但是特别符合应用型本科教学需要的现成的线上资源其实并不丰富，教师们更多地需要自己录制微课视频，而高质量的微课视频录制和后期制作等需要占用大量时间以及需要一定的资金支持。相反，如果教师能普遍地获得一定程度的资源支持，试错成本就会降低，更有利于激励教师开展数字化教学改革，提高"数字化应用"的能力。这说明数字化应用需要想办法让尽可能多的老师行动起来，而不是仅依靠个别教师力量。个别教师的示范作用和全体教师的行动都非常重要，要两手抓，相互促进。

三、专业发展的影响因素

专业发展是指教师利用数字技术资源促进自身及共同体专业发展的能力，包括数字化学习与研修，以及数字化教学研究与创新。应用型本科教师专业发展的影响因素中，影响程度由高到低排序为：数字化时代学习压力和焦虑的疏解程度（Beta=0.286）＞数字化学习需求被满足的程度（Beta=0.131）。学校因素一级指标整体影响"专业发展"，且学生因素的影响高于学校因素（前者的 Beta 为 0.401，后者为 0.186）。

（一）数字化时代学习压力和焦虑的疏解程度

"学生数字化时代学习压力和焦虑的疏解程度"与教师的"专业发展"具有显著的正相关关系，学生数字化时代学习压力和焦虑的疏解程度越高，教师数字素养的专业发展水平就越高。可能的原因是，学生在情感上的需求倒逼教师提升数字素养，特别是通过学习与研修思考解决学生学习压力和焦虑的方法，并在数字化教学研究与创新的过程中反思总结问题解决的最优路径。

（二）数字化学习需求被满足的程度

"学生数字化学习需求被满足的程度"与教师的"专业发展"具有显著的正相关关系，学生的数字化学习需求被满足的程度越高，教师数字素养的专业发展水平就越高。学生在学习上的需求同样是倒逼教师提升数字素养的最佳动力。在本次调查中，统计结果已经证明了影响教师数字素养提升的第一影响因素就是学生因素。学生的作用充分印证了教学相长的作用，只要为了满足学生的需求，想要解决学生在数字化学习中的问题，教师就必须想尽办法提升自己，从而促进自身专业发展。

（三）学校因素一级指标整体发挥作用

调查还发现，虽然学校因素一级维度指标下面有两个二级维度影响因素，即"学校数字化资源分配的普惠性和公平性"和"学校对数字化教学成果的期待和行动"，但是二级维度的影响因素并不显著，学校因素整体影响"专业发展"。可能的原因是，两个二级维度影响因素需要发挥协同效应才能对教师的专业发展产生显著的影响。试想这样一种情况，当学校发布了某种数字化教学改革的措施，每位教师都可以参与，而且都可能得到学校管理部门在一定程度上的关注和支持，甚至有奖励，学校教师参与的热情可能会相对较高。但是如果只有政策发布，缺少相关政策解读，管理部门未就相关内容组织培训和宣讲等，教师可能由于对新事物比较陌生而丧失参与的主动性。在这种情况下，普惠性政策与学校管理部门的期待和行动相互配合才能发挥好作用。另外一个可能的原因是，两个二级指标要同时达到阈值才能产生影响。也就是说，教师既要有普惠性、公平性的资源，也要有相应的培训和持续的专业发展支持政策，才会愿意将数字化转型作为自己的专业发展目标之一。

四、数字化意识和数字社会责任的影响因素

根据《教师数字素养》行业标准，数字化意识是指客观存在的数字化相关活动在教师头脑中的能动反应，包括数字化认识、数字化意愿及数字化意志。数字社会责任是指教师在数字化活动中的道德修养和行为规范方面的责任，包括法治道德规范及数字安全保护。在本次关于应用型本科教师数字素养现状的调查中，这两个维度的得分在五个维度中居于前两位，数字社会责任得分9.078分，数字化意识得分8.737分，显著高于平均值8.483分，而其他三个维度均低于或约等于平均值（数字技术知识与技能得分7.859分，数字化应用得分8.253分，专业发展得分8.489分）。这说明应用型本科教师在数字化意识和数字社会责任方面处于中上等水平，因而这两项不作为本研究的重点。

第4章

第章

应用型本科教师提升数字素养的策略

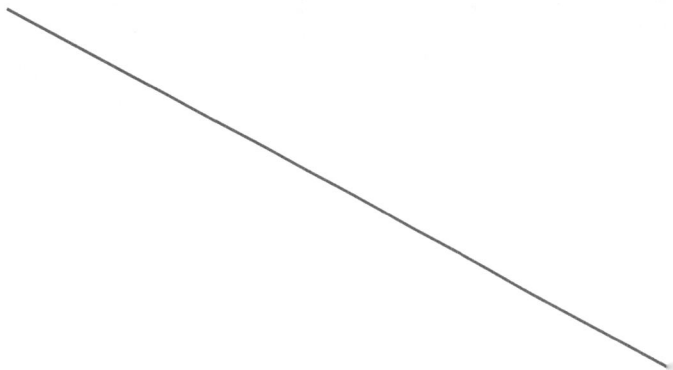

　　应用型本科教师数字素养的提升不仅仅是教师自己的事情，还需要学生、学校、用人单位和政府等多元主体协同配合，故本研究从单一要素单元转向多元要素的组合研究，并提出了一个基于自组织原理的应用型本科教师数字素养提升的自组织原则，使得教师数字素养提升系统能够通过自身的调节作用，在没有外部力量的干预下，自发地从无序走向有序。在此过程中系统中的状态变量经过积累会达到临界值，要突破临界值到达新的层次，就不只是状态变量的简单相加，而要依靠在子系统的竞争和涨落过程中产生的序参量。主要包括：当教师已经很精心地设计了数字化教学，并取得了较为不错的教学效果时，发现学生对数字化学习有一定疑虑，并且对数字化学习有一些个性化的学习需求，此时教师如何处理这个变量？当学校积极实施数字化教学创新项目，遴选了研究基础扎实、实力较强的骨干教师承担示范项目研究，积极为学校数字化教学开拓新发展路径时，很多普通教师也想参与教学改革，但感到申报无望、有心无力，此时学校如何处理这个变量？当学校管理部门为数字化教学改革参与者积极提供指导和帮助时，由于工作的力度超过参与者的心理预期，而使参与者产生了一定的抵触情绪，此时学校如何处理这个变量？当教师与用人单位通过校企合作的方式协同育人，虽然合作能够按照既定程序完成，但是在学生的实习内容和实习环节等具体问题上一直存在不同意见，此时教师如何处理这个变量？当学校贯彻落实政府数字化转型各项方针政策时，各部门、二级学院、一线教师已经做出积极响应，但是会产生一些舆论认为工作量比较大、额外增加了负担，或者把握不准上级政策要求时，学校如何处理这个变量？

　　上述变量经统计分析，验证其为应用型本科教师数字素养提升的序参量，是决定教师数字素养系统自发地从无序向有序转变过程中，决定系统宏观结构和功能的少数关键变量。如果序参量处理得好，系统就会发生结构性质变，对教师数字素养提升系统来讲，意味着教师可以达到更高层次的数字素养水平。

第一节　应用型本科教师数字素养提升策略的指导原则

一、依据役使原理找到关键矛盾

协同论认为系统中的各子系统相互作用会产生一个或几个"序参量"，序参量是描述系统宏观有序程度的变量，它支配着其他子系统的行为，主宰着系统的整体演化过程。在解决系统矛盾时，通过识别和控制序参量，可把握系统的整体状态和发展方向，使各子系统围绕序参量协同运作，以实现系统的有序化。例如，在激光系统中，光场强度就是一个序参量。当系统处于无序的自发辐射状态时，各原子的发光行为是独立的、无规则的。但当外界能量输入达到一定阈值后，光场强度这个序参量开始起作用，它使得大量原子的发光行为变得协同一致，产生有序的激光输出，解决原子发光行为的无序矛盾，使系统从无序状态转变为有序的激光状态。

序参量对系统的作用就如同"以人民为中心"的发展思想对整个国家发展的作用。序参量方法强调序参量对系统整体演化的支配作用，通过把握序参量来引导系统向有序发展。在习近平新时代中国特色社会主义思想理论体系中，人民是核心，就如同序参量一样。一切工作都以人民为中心展开，把人民对美好生活的向往作为奋斗目标，这一核心思想支配着中国社会各项事业的发展方向，引导着经济、政治、文化、社会、生态文明等各个领域协同发展，以实现国家的繁荣昌盛和人民的幸福安康。

二、协同效应强调让步

协同效应强调系统中各子系统之间存在相互协作的关系，这种协作是系统从无序走向有序的关键。各子系统通过相互作用，彼此影响、相互制约，在一定条件下形成协同效应，使系统整体呈现出有序的结构和功能。例如，生态系统中，各生物种群之间存在捕食、竞争、共生等复杂的相互关系。这些关系就是子系统之间的协同作用。狼和羊的种群数量相互制约，狼的捕食压力促使羊种群保持一定的警惕性和奔跑能力，而羊的存在又为狼提供了食物来源，维持了狼种群的生存。通过这种协同作用，生态系统中的各个种群得以保持相对稳定的数量和分布，整个生态系统处于有序的平衡状态。

协同作用分析方法与协调发展理念相一致。协同作用分析方法注重系统中各子系统间相互协作、相互制约而形成的协同效应，以实现系统整体的有序发展和功能优化。习近平新时代中国特色社会主义思想强调协调发展，重点推进城乡区域协调发展、经济社会协调发展，新型工业化、信息化、城镇化、农业现代化同步发展。这体现了对经济社会各子系统之间协同关系的重视，通过加强各领域、各区域之间的相互协作与配合，避免出现发展不平衡、不协调的问题，以实现整个社会系统全面、协调、可持续发展，这与协同作用分析方法的理念相一致。

三、构建自适应原则

由协同理论自组织原理可知，当组织内外环境变化时，原有平衡即被打破，组织系统运行只有遵循一定的规则和流程，才能自发地形成新的稳态，从而达到新的动态平衡。例如，我国师范类专业认证倡导的"学生中心、产出导向、持续改进"理念，就是一套非常清晰的自组织规则。教师在日常教学工作中遇到矛盾冲突时，依照此规则就知道应该怎么做，比如"我只要比上一次的达成度评价有一点进步就可以""一定要依照人才培养方案和课程教学大纲规定的目标来出考试题"等，从而使系统达到自适应动态平衡。而我国目前在数字素养提升方面，还没有特别清晰的一套规则和流程。

第二节　提升应用型本科教师数字素养的策略

为有效提升教师数字素养，需要构建一个全方位、多层次的协同动力机制，充分调动教师、学校、政府和用人单位等各利益相关方的积极性和主动性，形成强大合力，共同推动教师数字素养提升。通过搭建上述协同动力机制，各利益相关方能够明确自身的职责和任务，相互协作、相互支持，形成一个有机整体。在此机制的推动下，教师数字素养的提升将得到持续的动力支持，从而为应用型本科的数字化教学改革和人才培养质量的提高奠定坚实基础。虽然人类社会系统是非常复杂的，应用型本科教师数字素养的影响因素根据影响程度的不同数量也非常多。但是，依据协同论的役使原理，可以通过找到控制系统中的关键变量即"序参量"，来主宰系统的整体演化过程。本节提出的策略建议就是针对研究中发现的"序参量"，从而有针对性地通过解决少数关键问题，达到提升应用型本科教师数字素养的目标。

一、教师要关注学生的个性化学习需求和情绪

根据本研究结论，教师数字素养能否提升，最关键的影响因素是学生。袁振国教授曾说："数字化转型要促使教师回归本职工作，把精力和才智用于和学生思想的沟通、关注情感的交流和生命的对话。"[①] 要提升教师数字素养，最重要的就是解决如何满足学生的数字化学习需求，以及时刻思考学生在数字化时代产生的学习压力和焦虑问题。教师和学生两个子系统是相互协作的关系，教师把学生的需求摆在首要位置，让步了大学教师容易具有的"随遇而安"式表达，必须加强教学设计特别是对教学进程的掌控，精心归纳总结、关注学生情绪、组织对话、设置个性化学习任务等，但同时正是对学生需求的关注使教师能够获得强大的教书育人能力。另一方面，学生接受教师主导课堂教学，让步了自身部分个性化的想法和表达，必须信任地跟随教师设置的教学环节，即使有些环节很困难或者有点枯燥，但正是对教师的信任和跟随使得学生能够全面、系统、深刻地成长和发展。教学相长，表面上是说教师和学生双方都能获益，但其双赢的背后是教师和学生为了系统整体和谐共赢，也要适度做出让步。

---

① 教育部.数字素养与技能是教师立身之本［EB/OL］.（2024-01-31）http://www.moe.gov.cn/jyb_xwfb/xw_zt/moe_357/2024/2024_zt02/pxhy/pxhy_jssy/pxhy_jssy_mtbd/202401/t20240131_1113510.html.

（一）教师应该如何做

1. 应用型本科课堂需要每节课做总结

依据本次统计分析结果不仅可以得出课程总结的重要性，并且符合应用型本科学生的需求。技术赋能的课堂有利于发挥学生的主观能动性，也有利于因材施教，学生通常比较喜欢，在调查中较多的学生认为"对课程会充满期待感，不会有疲惫和抵触感"。但是，也存在一些问题，应用型本科学生的概括总结能力偏弱，不像研究型学校的学生那样擅长做笔记和归纳总结，会出现学完几周后，向学生提问发现前面学习过的内容都忘记了的尴尬局面。如果一节课程中需要学生自主学习的教学活动过多，学生会觉得"有趣，但是学完了感觉不知道一节课到底学了什么"，还有同学表示"课堂上玩得很开心，各种互动环节应接不暇，但热闹过后，脑子乱糟糟的，完全梳理不出清晰的知识脉络，心里很没底"[①]。可见，如果应用型本科教师不及时、不经常帮助学生梳理总结，学生可能会把握不住重点，并且往往需要变换不同的形式、多次复习和总结效果才会更好。此外，AI 时代的数字资源浩如烟海，如果教师不肩负起帮助学生归纳总结，特别是帮助学生遴选优质数字资源的任务，学生就会感到茫然不知所措，或者直接望而生畏。就此策略，我们随机对3 个班级的同学进行调查，学生以压倒性优势的比例希望任课教师们能多进行归纳和总结，帮助学生明确学习任务。如图 4-1 所示，3 个班级中希望教师每节课适时进行归纳总结的同学分别占比 89.4%、84% 和 98%。

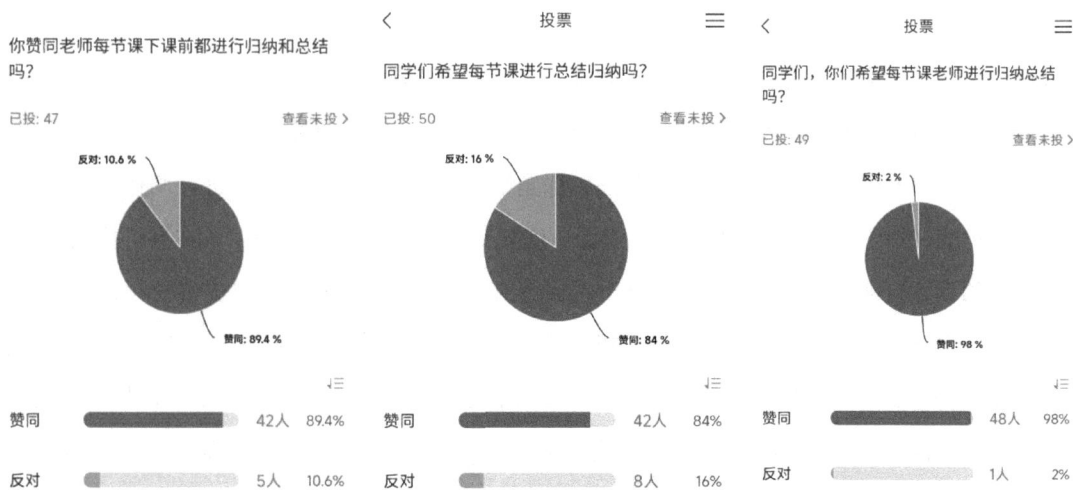

图 4-1　三个班级学生对教师每节课进行课堂总结的支持度

我们建议应用型本科教师分三个层次进行总结。第一次为随堂总结，及时归纳复习当堂课程

---

① 信息来源于 2025 年 2 月对应用型本科学生的访谈调查。

要点。可以采用多种形式总结，包括不同主体方面，教师总结、学生总结相结合；在活动形式方面，建议师生采用一起制作知识图谱的方式来总结本节课内容。这样做，不仅可以帮助学生梳理知识结构，还可以助力教师课程建设，为后续学生利用知识谱图进一步复习、测验、有针对性地获得资源推荐等打下基础。第二次总结为一定时长间隔后，例如下一周上课时。可采用口头提问，或者课前小测验等多种方式。在上一周知识图谱已经搭建好的前提下，第二周可以采用请学生为该知识点编制测试题，帮助其他同学测验，或者以自己的理解为该知识点添加相关学习资源，达到互助合作的目的。第二次总结时，教师要控制好课堂用时，切忌喧宾夺主。第三次总结为本学期中的一个任选时间，契机是重点知识的实践运用。教师在合适的时机，为学生创造一个可以应用重点知识的任务，例如一个前沿问题的分析、复习一个与当前章节有关联的前序知识、一个需要综合运用几个重点知识的课堂任务、一个学校相关的研学活动、自己举办一场小型学术研讨会、参加一场线上的权威学术研讨会、结合学年见习活动应用重点知识等，形式不限。总之，建议每位应用型本科教师要整体设计课程中重点知识的实践应用场景，每个学期均做好顶层设计，提前计划好本学期的 N 个（数量由老师根据课程具体情况而定）重点知识，分别可以何时、何地通过何种途径进行实践应用。第三次总结复习的方式，参考我国基础教育改革中"学科实践活动"的概念，本研究将其称为"课程实践活动"。

2. 营造良好的课堂氛围，缓解学生的紧张和不安

在教师数字素养提升的诸多影响因素中，对教师影响最大的不是绩效奖励制度，而是学生因素；而在学生因素中，研究发现，越是能在学生不敢提问、产生顾虑或情绪紧张的情况下积极主动鼓励学生、帮助学生消除紧张和焦虑的教师，其数字素养水平往往越高。这充分说明在教师数字素养提升问题上，对学生情绪问题的解决能力至关重要。为进一步深入了解学生对数字化学习方式的看法，以及他们存在何种压力和焦虑，课题组随机对应用型本科学生进行调查，学生们表示"存在担忧，担心课堂有了科技赋能，上课速度会变快，自己跟不上节奏""在有科技赋能的课上有问题的话，可能下课后更不敢去问老师，因为有很多老师会让我们自己去看视频，或者让我们依赖科技自己解决""如果老师对于科技赋能的使用比较高超的话，在课上特别是互动的时候，作为学生会担心自己互动的时候不会用老师的软件，或者一节课上精神会处于比较紧张的状态，生怕老师叫到自己互动""特别容易造成焦虑，因为科技赋能的课堂可能更加需要学生的自我建构能力，那么对于普通学生来说，很难搞清楚自己对老师科技赋能的知识点掌握了没有，要怎么评价自己掌握了呢？所以，只要一遇到考试，可能就会一直焦虑"。

上述调查说明，在进行教育数字化改革的时候，焦虑紧张的不只有老师，学生也存在诸多焦虑，这是我们在调查之初没有想到的。解决上述问题，一是在进行数字化转型改革探索时，教师一定要时常听取学生的反馈意见，而不是自己尝试过了或者公开课上过了就可以了。这也从侧面

反映出来，教师必须注重对自身教学质量的评价，尤其是了解学生的评价。建议教师在每节课结束之前采用问卷投票或者留言等途径，了解学生的学习效果和对本节课的评价。二是教师在收集课堂教学质量评价的时候，不仅要关注课程内容和教学设计方面的评价，也要关注学生的情绪和态度，特别是数字化学习给学生带来的焦虑和压力。最简单直接的方式就是直接在课程结束时发起一轮投票，询问学生们在本节课学习过程中，是"积极兴奋"，还是"昏昏欲睡"，还是"担心跟不上"，还是"焦虑被提问"等，再根据课堂教学实际情况教师自行进行调整。在得到数据确认后，教师应该抓住教学时机，利用课间或者课后时间与学生进行深入交流，及时帮助学生疏解压力和焦虑。如果教师能将自己的课堂教学始终控制在一个积极向上、学生乐学愿学的良好氛围中，这对教学质量将产生较大的积极影响。

3. 提问和问题的解决要成为课堂常态

课堂提问是一个经典的教育实践问题，是课堂教学中最常用的与学生对话的方式，同各类新式、新颖的教学方法相比，课堂提问以其方便、快捷，又能满足课堂生成性问题的及时解决的需要，因而成为长盛不衰的经典教学方法，即使在 AI 时代，课堂提问也不可或缺，只不过多了线上记录学生过程性数据、随机选人等多种形式，而提问的本质未变。本研究通过调查发现，课堂提问效果和刚刚讨论过的学生情绪问题有关联。再次回看之前提及过的学生反馈的两个问题："如果老师对科技赋能的使用比较高超的话，在课上，特别是互动的时候，作为学生会担心自己互动的时候不会用老师的软件，或者一节课上精神会处于比较紧张的状态，生怕老师叫到自己互动""在有科技赋能的课上有问题的话，可能下课后更不敢去问老师，因为有很多老师会让我们自己去看视频，或者让我们依赖科技自己解决"。

上述学生反馈的第一个问题，虽然是由于担心不会使用新的技术软件而怕老师提问，本质上仍然是害怕被提问自己不会，只不过现在多了 AI 时代的特色。对此问题，除了刚刚讨论过的学生情绪问题中，已经提到的每节课统计学生情绪感受，以及在下一节课调整的做法外，再介绍一种"前三排免答区"的尝试性做法，这已经在课题组成员的班级中使用了一个学期，效果比较不错，深受学生喜爱。应用型本科学生的自律性普遍没有那么强，又本能地对理论课学习提不起兴趣，因而在课堂教学中很多班级就座存在"空心化"问题，表现为学生围绕两侧和后排就座，而把前面中心的位置空出来。其实，并非坐在后排的同学就是不听课的学生，当老师深入到课堂后部在教室中采取来回踱步巡视的授课方法时，发觉处于教室后部的很多同学听课也较为认真，被随机提问的时候，他们也能及时回答老师的问题，这证明他们确实在认真听课。但是大多数学生不太善于表现自己，也有一部分同学觉得坐在前面和教师长久对视，或者被提问的次数太多会感到非常紧张和疲劳，因而选择坐在一个相对较为"安全"的能够隐藏自己的位置。设置"前三排免答区"的做法是专门针对应用型本科学生就座"空心化"问题的有效解决方法。当老师使用"学习通"的随机选人功能时，坐在前三排的同学被选到后不仅具有免答权，而且同样获得回答问题的课程积分。除此之外，其他区域同学就必须正常回答问题才能获得课程积分。同时，如果坐在免答区的同学想要主动回答问题，课程积分还要多一些。例如，普通区回答问题获得 2 积分，免答区的同学主动回答问题则可以获得 5 积分。这个方法在课题组成员所在班级中试用后，不仅立即解决了恼人的"空心化"问题，老师还惊喜地发现，前三排的抬头率明显提升了，而且抬头的同学往往听得津津有味。这些同学本来就很爱学习，只是因为恐惧老师提问，上课时不敢抬头和老师对视，只低头记笔记。他们坐在免答区后，不仅听课清晰、观感极佳，而且卸去了被提问的焦虑，可以心无旁骛地沉浸在老师的教学中，反而获得了非常好的学习体验。也有一些同学确实不那么喜欢学习，坐在免答区的初衷就是规避提问，自己想"玩点别的"。但是前三排毕竟离老师特别近，就在老师眼前，一举一动都清晰收入老师眼中，也不好意思那么明目张胆地坐在前排玩手机，或者在老师眼前聊天，因而往常有点爱破坏课堂纪律的同学，由于受免答区的影响，反而收敛了一些以往不好的学习习惯，坐在前三排，多多少少都能听进去一些，整体课堂纪律较以前又有提升。而本身就喜欢学习、也不怕提问的同学，对他们来说，坐在哪里都是没问题的，即使对想坐在第一排离老师近一些，但是没有抢到"前三排免答区"的同学来说，这样的课堂后半部也已经非常安静了，坐在哪里都很适合学习。

第二个问题是，确实存在一种情况，老师认为网上资源非常丰富了，学生自己借助网络资源就能解决的问题，因此会建议学生自主学习。例如，一些老师会推荐大家借助国家智慧教育平台学习各种优质课程，也会针对学生提出的一些问题，鼓励学生"你自己查一下"。对应用型本科学生来说，他们其实是有点抵触这种做法的，因为他们的自律性着实没有研究型院校的学生强，面对浩如烟海的数字资源，他们的甄别能力也存在不足。老师以为自己帮助学生打开了新世界的大门，让学生们发现，在 AI 时代，原来他们也可以随时听到我国各大著名学府的课程。但其实缺少自律性的他们，课下很少能真的去自主学习额外的网课。除了自律性，在研究能力方面，他们也同研究型院校的学生存在差距。老师提出"你自己查一下"，以为是鼓励了学生自主学习，但其实很有可能等于没有回答学生的问题，学生也知道自己不一定能研究明白这个问题，所以对老师的这类鼓励存有疑虑。对应用型本科学生来讲，老师需要正确对待他们提出的问题，给予的解决策略不能过于笼统，最好要能帮助他们筛选一部分信息，或者干脆遴选出最优学习资源直接推荐给学生，对后续的自学可以让他们自己安排。并且，应对学生的问题进行后续跟踪，可在下一节课的时候问问学生问题解决的效果，因为如果缺少老师的监督，学生很可能会不了了之。

4. 每节课应设置个性化自主学习的环节和内容

我们在调查中发现，应用型本科学生在个性化和自主性学习需求方面，同研究型院校学生相比存在一定差异。应用型本科学生比较喜欢"1+X"学习方式："1"是指教师主导，"X"是指学生多种方式的个性化学习。也就是说，不能直接让应用型本科学生实施自主学习，教师需要先对基本内容进行讲解，再给学生发布个性化的学习任务，让学生在接受教师指导后开展个性化练习。当问及原因时，学生 L 表示"老师，我们没有那么自律，需要您的帮助"。如果教师直接发布自主学习任务，学生很可能无法保质保量完成，这样不但浪费了宝贵的学习时间，学习效果也难以保证。而如果教师先讲解，学生就会对基本框架有了掌握，而后再运用多种方式进行练习、巩固或者拓展探究，以保障学习效果，这是适合应用型本科学生的学习方式。

课题组成员运用头脑风暴的方式，让学生自己在教师讲解基础之上，提出自己喜欢的个性化学习方式，共收集了四类 14 种"1+X"学习方式，如图 4-2 所示。横轴为学生的学习风格，右侧为个体自学型，左侧为群体互学型，竖轴为学生对网络课程、AI 工具等资源的依赖程度，上方为资源依赖型，下方为资源独立型。在喜欢个体自学的同学中，依赖资源的方式，有 AI 辅助自学、看视频学习（教室中或线上学习）、运用思维导图三种；不依赖资源的方式，有自己研究、自学 + 不懂的地方提问、做练习题、自学后自己讲解四种。在喜欢群体互学的同学中，依赖资源的方式有小组合作 + 成果展示、任务型阅读；不依赖资源的方式有小组讨论、情境模拟、案例分析、依据学习风格分组学习、两个同学结对学习五种。

图 4-2　应用型本科学生"1+X"学习方式

（二）学校应该如何做

传统做法通常是通过评价和激励机制促进教师教学行为的转变，但是效果往往不理想，所以要设法转换工作思路。本次统计分析已经证明了学生对教师数字素养的影响是最大的，所以可以考虑不要约束和评价老师，而是通过某种途径让学生们向老师发出明确需求和向老师寻求帮助。

教育追求的是"让一棵树摇动另一棵树，一朵云推动另一朵云"。一位老师可以不在乎学校的评价，但是一定无法忽视来自他自己学生的求助。

第一，学校统计测量学生数字素养，基于此鼓励学生向教师寻求帮助。学校可以定期匿名测量学生的数字素养，整理分析出学生面临的核心问题，通过多种途径告知教师知晓。例如，设置为学校的招标课题，让教师定向解决问题；或者学校将统计发现的问题返回给学生，让学生自己向老师询问这些问题。但是，这里存在一个实施难点，就是对应用型本科学生数字素养的测量。目前虽然有很多学者已经编制了相关的数字素养测量问卷，例如彭红超编制的《中小学教师数字素养测评问卷》，张其林等开发了医学生的数字素养量表[①]。但是应用型本科学生数字素养的测量还是一个有待研究的领域，并且是一个非常有前景的研究领域，《教育强国建设规划纲要（2024—2035 年）》中第二十六条明确指出要"制定完善师生数字素养标准"。

第二，学校收集学生的数字化学习问题，基于此鼓励学生向教师寻求帮助。在当前学生数字素养测量较难实施的阶段，简单的过渡性做法是定期收集学生在课程学习中遇到的数字化学习问题。学校可以统一制定课程问题收集模板，规定各班级定期开展"数字化学习问题反馈班会"。每位学生围绕课程学习中遇到的数字化学习方面的问题（如线上作业平台操作困难、教学软件功能不熟悉等）进行简短发言，记录员现场整理成问题清单。或者搭建学校专属的"数字学习问题反馈"小程序，学生可随时通过文字、语音、截图等形式提交问题。可设置问题分类标签（如教学工具类、资源获取类、线上互动类、情绪心理类），以方便后续统计分析。每周由信息中心对问题进行汇总，生成可视化数据报告。

第三，完全交由学生自主管理，学校只负责督促。由班委全权负责，通过班会或线上收集学生的反馈信息，也可以自由地随时开展调查。班级干部收集问题完毕，按照学科、问题类型进行二次分类，梳理出高频问题和个性化问题。整理完成后，由班长、学习委员组成的反馈小组，在3 个工作日内将问题反馈给对应任课教师。或者直接委派提出问题的同学，与对应任课教师进行面对面交流。学生将与教师沟通的情况（频率、内容等）定期向学校汇报，并听取学校提出的改进建议。

二、学校管理部门要开辟管理新赛道

统计分析结果已经证明，在学校政策方面对教师数字素养提升影响最显著的两个因素，其一是"学校数字化资源分配的普惠性和公平性"，其二是"学校对数字化教学成果的期待和行动"。

① 张其林，吴娟.医学生数字素养：量表开发与影响因素分析［J］.中国卫生事业管理，2024，41（7）：787-792.

这说明，AI 时代对应用型本科教师的管理必须突破传统的评价、激励、培训等措施，开辟管理新赛道。同时，学校层面无论采取多少措施，都有一个宏观原则要保证，就是确保以教师的教学工作为中心，适度让步自身的管理权威。管理权威是指学校管理者凭借其职位、专业能力、人格魅力等因素，在学校管理过程中所拥有的能够对师生行为、态度和价值观念产生影响和支配作用的力量。西蒙（Herbert A. Simon）在其代表作《管理行为》中这样解释管理权威的概念，"即使'组织内部'未能达成一致，它也能使一项决策得以制定和执行"[①]。

（一）普惠性措施和竞争性激励措施应两手抓

统计分析发现，原本认为对增强教师的数字化教学改革动机会很有效的"学校激励制度"却没有通过模型拟合度检验，反而是"数字化资源分配的普惠性和公平性指标"被统计结果证明是关键因素。问题的核心可能在于，激励制度通常是面向小部分人群的竞争性项目，而对大多数一线教师来讲，很多人甚至至今都没有参与过或感受到任何激励制度带来的影响。澳门城市大学校长刘骏坦言，"一些教师接触新技术的机会有限""缺乏充足的、高质量的数字素养专业发展机会"[②]。而教师数字素养提升，既需要小部分优秀教师的示范效应、开拓创新，更需要所有教师都行动起来。教育数字化不是一个人或几个人的数字化，而是全民族的数字化，每一个课堂，每一位学生都应该享受数字化教学的成效。因而，在保持传统的竞争性激励措施的前提下，学校应该思考如何采取一些普惠性的政策措施调动大部分一线教师的主观能动性。例如，鼓励大课题分立子课题，发动更多教师参与进来。当然，这需要前提条件，要有组织的教科研团队，有优秀的学科专业带头人，这对应用型本科来讲并非易事。应用型本科教师的教学工作量比较繁重，教育数字化转型的探索不要给教师增加太多跨越性任务，而要思考从教师日常工作中的小问题开始转型，梳理小行动，聚沙成塔。

另外一个方面，要注重从学生角度推动教师发挥教学相长的作用。例如，数字素养中很重要的一点是教师对数据信息的使用。正如数字化教学设计能力要求教师能够运用数字技术资源开展学习情况分析、设计教学活动。这里提出一个很简单的改变，建议教师每一次总结、答疑应避免"自以为是"式的面面俱到，否则学生很多时候不爱听，而是运用"学习通"等工具的统计功能，统计出全班同学学习的难点，而非个别发言同学提出的问题。运用数字化教学工具，统计分析学情后，据此再设计教学活动。最初，可以充分发挥学生的作用，添加班级学委为数字化学习平台的课程助教，由学委向老师报告课程内容中统计分析得出的学生的难点和困惑。

---

① 　西蒙 . 管理行为［M］. 北京：北京经济学院出版社，1988.

② 　教育部 . 数字素养与技能是教师立身之本［EB/OL］.（2024-01-31）http://www.moe.gov.cn/jyb_xwfb/xw_zt/moe_357/2024/2024_zt02/pxhy/pxhy_jssy/pxhy_jssy_mtbd/202401/t20240131_1113510.html.

（二）期待和行动要适度

过犹不及，物极必反。在心理学界，心理学家耶基斯和多德森早在 1908 年就提出了学习动机的强度和学习效果之间的关系，并指出动机的强度处于最佳水平时，才能产生最好的学习效果。在比较困难的任务中，学习效率会由于学习动机强度的增加而下降。同理，学校行政管理部门想要调动教师进行数字化教学改革的尝试，须时刻关注教师的动机强度，不要急于求成，给教师增加超过大部分教师心理预期的工作量，否则只会欲速不达。如果老师并非出于自愿，效果也未必会理想。期待和行动务必要讲求适度。

何为适度呢？在耶基斯—多德森法则中，动机强度的"最佳水平"不是固定不变的，它会随着课题性质的不同而不同。适度的期待和行动也要审时度势、因地制宜、随时调整。例如，如果要开展某数字化教学改革项目的申报培育工作，近期的工作思路是反复帮助课题申报者提升文本质量，因而不断督促申报者提交文本、到现场开会培训等。何为适度呢？各个单位可以有自己的判断标准，比如可以认为超过半数的申报者愿意来参加培训，愿意每次都提交文本就是适度。反之，如果已经有超过半数的申报者认为培训和提交文本的次数过于频繁，已经影响到了自己的日常教学科研工作，每次都匆忙提交，并没有把文本真正修改好，那就是不适度了，亟须调整。如果教师并没有意愿参加培训和修改文本，被迫来了也是心猿意马。这个时候切忌搞形式主义，中央八项规定一再强调要改进工作作风，要精简会议活动、精简文件简报。"然而，当前我国高校教师数字素养培训仍过于依赖高结构化的教师培训课程，忽视了高校教师数字化教学实践情境和差异化的能力提升需求，无法充分激发教师的内在学习动机。"[1] 一切要从实效出发，即要从切实提升教师的申报质量出发。如果教师没有动力，学校行政管理部门应该如何行动呢？本质就是要不断调整工作方式，设法激发教师的主观能动性。

第一，实施"弱结构化研修"。AI 时代要充分利用线上沟通手段，以自愿为原则开展线上线下相结合的培训和研修，即要实施"弱结构化研修"。华东师范大学党委书记梅兵研究员提出了"弱结构化研修"概念，她认为这是由高校教师的特征决定的，"高校教师职业具有较高的自主性、创造性和专业性，在日常教学之余更要开展学术创新和专业建设的前瞻性探索。这些特质决定了其数字素养提升应兼顾实践逻辑和学术逻辑，开展高灵活性、高实践性的弱结构化研修，为教师提供更多自主选择和探索的空间"。在 AI 时代学校不必要为了证明"做了很多工作"，而刻意营造声势浩大的现场参与度。有极大意愿来现场交流和嘉宾深度互动的教师，就报名参加线下培训；只想简单了解一下的老师，选择线上参会即可，还可以节省很多时间用于做更有意义的事情。

第二，多种信息发布手段相结合，专注内容内涵建设，不断"刺激教师味蕾"。类似学术报告

① 梅兵. 高校教师数字素养提升：现实问题与体系构建 [J]. 中国高等教育，2024，（12）：50-54.

这样的活动，如果只发布一个简单的通知，就想让现场爆棚，那显然难逃形式主义之嫌。需要把精力充分用在如何宣传上，主动吸引教师。例如，把报告的内容凝练出几个特别有针对性的问题，加强前期宣传力度，让老师们一看就知道自己是否需要这个问题的答案。在报告结束后，不是撰写了新闻和工作总结这个工作就做完了，而应该注重后续成效。例如，在征得报告嘉宾的同意后，可将其报告视频剪辑为微视频，就像慕课一样，针对报告前期宣传的重点问题，有针对性地做出回答，在学校的适当渠道发布，让全校教师均受益。如果专家不希望发布视频，也可以由工作人员整理文字内容，精炼地对宣传期提到的问题进行回答，发布给全校教师。对这些回答感兴趣的教师，可以回头寻找完整的讲座视频，或者讲座 PPT 材料，或者去听这位专家的其他讲座。久而久之，形成良性循环，教师们会爱上终身学习的感觉，这样可以帮助教师筛选合适的讲座，确实对自己有用的问题再听完整报告，从而节省时间高效做事。行政管理部门可以把时间花在更有意义的专家问题整理、关键视频集锦、重点话题宣传等内涵建设工作上，而减少用在会场布置等外在事务上。

（三）注重思想的同频共振，建立有效的沟通机制

一线教师和学校行政管理部门存在一定程度的信息传递与理解障碍，且缺乏双向反馈机制。学校行政管理部门在推动各项工作时，可能没有充分与教师进行沟通，导致教师对学校的政策、目标和工作安排理解不到位。例如，某应用型本科正在开展课程知识图谱建设工作，但是该高校某个学院的申报数量为零，类似这样的事情在各级各类工作中时有发生。应用型本科教师的教学工作量比较大，教师们需要额外拿出更多时间和精力来开展教学改革研究，因而很多时候工作推动十分困难。除了上述客观因素外，像数字化转型这类事情对教师们来讲属于新事物，导致教师们行动迟缓的一个重要原因就是：教师们可能还根本不知道知识图谱为何物，更不知道为什么要建设知识图谱，建设了对自己的课程、对自己的学生有什么好处。这就导致管理层和一线教师在认知和目标层面出现了鸿沟，教师因为不理解而不行动。

在推进工作，特别是推进一些新生事物时，管理层应该想办法让教师充分理解学校、学院的意图，让教师认识到这项工作的意义和价值。本质上讲，要从动机角度多做工作，而不是异化为二级学院的硬性摊派申报任务。比如，一项新工作正在开展，同时期学校的公众号可以集中推送讲解宣传的文案，采用文字提要、加视频演示、加国内优秀榜样示范等方式，充分做好新政策、新措施的宣传和普及工作。对学校的网站、公众号等宣传平台来讲，意味着要增加一项职能，以往主要是对取得的业绩进行展示，现在意味着增加了一项对即将开展工作的宣讲，使其从单一的新闻报道作用，兼具服务教师终身学习的功能。毕竟对当今时代来讲，教师们普遍难以拿出整块的时间进入专门的学习网站集中学习。而微信公众号早已成为教师们日常消息的重要来源渠道之

一，应该善加利用这个宣传阵地。

（四）学校与教师互动的宏观原则：以教师的教学为中心，让步自身的管理权威

从政策执行和管理角度来看，学校管理部门当然希望政策能够在较大范围内实施并取得预期效果，而且效果越明显越好，特点越鲜明越好，"动静越大越好"。但是教育教学是一个整体，人的全面发展也是一项系统工程，永远不能奢望一项政策在推动活动中就表现出这个政策的特征。以课程思政建设为例，虽然各门课程都踊跃地建立了大量的课程思政资源，但在实际的课堂教学中，思政内容一定会控制在一个十分合理的有限范围内呈现。教育数字化转型亦是如此，政府和学校行政管理部门应该充分认可教师在细节处的小改变，只要这个改变是教师会真正应用在自身课堂中的。而教师也应该充分体谅政府和学校行政管理部门的良苦用心，积极配合并大力支持其工作，如果真正发现了微小的作用，应该主动地探究其有效的原理和实践意义，形成有逻辑的分析报告或者典型案例，帮助学校行政管理部门形成可以论证的支撑材料。这种专业的细节工作，这种素材的挖掘，非得由一线教师细心探究才能以小见大。

学校各行政管理部门是学校教育整体和谐运行不可或缺的环节，对每个部门来讲，自身的工作都应该是自己最重视的，这本无可厚非。但是各个部门认为非常重要的事情，最后都会落在具体的教师个体身上，因而对教师个体来说总会出现一个优先级的排序问题。如果让整个教育系统的各个子系统相互协作，学校管理部门就需要凡事以教师的教学工作为中心，适度让步自身的管理权威。具体来讲，就是允许教师优先选择处理好自身教学工作，而后再处理学校的各项其他事务。

三、学校教师同用人单位要夯实关于学生培养的思想基础

（一）统计结果表明立场重于方案

用人单位和政府都是通过影响学生和学校来间接影响教师数字素养的提升，其中，用人单位主要通过学生因素来间接影响应用型本科教师的数字素养。在研究假设理论模型中，用人单位作用的发挥分为宏观和微观两个层面，最终统计分析结果表明，两个层面都有显著的正向影响，并且宏观层面的影响更大（Beta=0.443）。在宏观层面，教师与用人单位在数字化教学方面的研究思路是一致的。

在教师数字素养提升问题上，用人单位对学生（尤其是毕业生）表现的反馈，是促进教师提升数字素养的影响因素之一。满足用人单位的需要，提升学生的综合水平，增强就业能力，是教师持之以恒追求的目标。为此，学校各专业通常会同用人单位力争进行深度合作，建设实践基地、合作开展项目等是基本目标，共同研发课程等是追求的高层次目标。但是由于利益诉求的根本不

同，学校在同用人单位的合作中常常存在"心猿意马"的情况。根据本次统计结果，在与用人单位的合作中，建议首先争取思想认识的一致性，其重要性要高于沟通的频率，甚至高于具体的课程设计层面。原因是，对基本思想倘若双方没有取得较高程度的一致性，那么后续工作极易事倍功半。

（二）达成思想一致性的核心要义

学校教师和用人单位开展合作，首先会签署合作框架协议，对相关事宜进行商讨后做出约定，但是这种合作框架多是一种具体的利益交换，具体表现为甲方和乙方互相能为对方提供什么。其中的利益争夺，本质上是思想认识的不同。最核心的差别是人才培养的侧重点不同。用人单位信奉产值效益至上，他们希望学生有较强的专业技能，能快速投入工作岗位，更倾向于对学生进行有针对性的技能培训，直接服务于当下的生产任务，以满足企业的生产经营需求。而学校教师则注重学生的身心全面发展，会遵循教育教学规律，注重课程体系的完整性与学生综合素质的培养，并为学生的长远发展奠定基础。因此，双方应多加强思想认识的交流和讨论，着重思考己方看重的学生特质在对方的用人目标中能够产生何种价值和功效。

以理工科专业为例，学校强调培养学生的逻辑思维和创新能力。学生在学校长期接受理论学习和实验训练，形成了严谨的逻辑思维方式。当他们进入企业后，面对复杂的生产流程优化问题或者新产品研发难题时，这种逻辑思维能力能帮助他们有条不紊地分析问题，提出合理的解决方案。在汽车制造企业，工程师需要对汽车生产线上出现的效率瓶颈进行分析改进，那些在学校养成了良好逻辑思维的毕业生，就能从各个生产环节的关联中找到问题根源，从而提出创新性的改进方案，提升企业生产效率，为企业创造经济效益，这便是学校所看重的学生特质在企业用人目标中的价值体现。而用人单位所看重的学生特质，对学校的人才培养同样具有重要的参考作用。以市场营销专业与企业的合作为例，企业注重学生的市场敏感度和销售技巧。企业在实际运营中，面临着瞬息万变的市场环境，需要员工能快速捕捉市场动态和消费者需求变化，学生如果具备这种市场敏感度，在开拓市场、推广产品时将效果显著。企业将此需求反馈给学校，学校了解到这一点后，便可以在教学中增加更多市场调研、案例分析等实践课程，让学生通过模拟真实市场场景来锻炼市场敏感度，从而优化人才培养方案，使培养出的学生更符合企业用人需求。再比如艺术设计专业与广告公司合作时，学校主要重视培养学生的艺术审美和创意表达能力，这在广告公司创作富有吸引力的广告作品、提升品牌形象方面发挥着核心作用。广告公司通过实际项目发现，具有深厚艺术底蕴和创新思维的学生，创作的广告更容易脱颖而出，吸引消费者目光，进而提升企业的业务量和市场竞争力。同时，广告公司看重的是学生对市场流行趋势的把握能力，这促使学校在教学中引入更多行业前沿资讯和市场分析课程，让学生在掌握艺术创作技能的同时，能紧密贴合市场需求，实现学校人才培养与企业用人目标的良性互动，进一步推动双方合作向更深入、更有效的方向发展。

为什么立场重于方案呢？除了本研究的统计分析结果支持这一观点，日常经验也是如此。当人们立场一致时，总是能够求同存异、殊途同归，而当立场不一致时，直接讨论具体的方案就难免处处碰壁。如果上升到形而上学的高度，哲学家会说"价值论非常严重地涉及存在论的合理性"[①]。虽然哲学里的价值论和日常所说的价值取向有所不同，但二者也存在一定联系。价值论为价值取向提供了理论基础和一般性的指导原则，帮助人们反思和审视自己的价值取向，而价值取向则是价值论在个体和社会生活中的具体体现和实践应用。在教育理论问题上，人们总是倾向于先讨论清楚价值取向的问题，再制定具体的实施策略。比如，人们会讨论教育目的的价值取向、课程目标的价值取向等。课程论专家德克尔·沃克（Decker Walker）认为：目标只是追求良好课程方案的引导因素之一，但并不是起点，在它之前，首先应是课程立场的辩护和协调。

在校企合作问题上亦是如此。在学校教师同用人单位磋商合作框架之前，双方要先就基本立场问题达成思想认识的一致性，这是良好合作的前提条件，双方在一致性空间中再进一步讨论具体的实施细则问题就会顺畅很多。而获得思想认识一致性的方法，前面已经说过，就是要探索育人目标看重的学生特质对用人单位产生的独特价值。这需要学校教师自己去探索，用人单位因为不了解学生和学校育人目标的具体情况，并没有办法直接提供这种明确的需求，而是要学校教师充分开动脑筋去发掘自己的学生能够为企业带去何种价值和功效。

（三）发掘学生价值的几种方法

在发掘学生价值的过程中，最重要的一环就是学校教师积极思考己方看重的学生特质在对方的用人目标中能够产生何等价值和功效，这是重点，也是难点。为此，应该通过多种方式充分论证学校教师看重的学生能力对用人单位能够产生的实际效用。

第一，通过调查来统一思想认识。为精准把握用人单位对数字化人才的具体需求，学校需构建多维度、立体化的调研体系。一方面，采用线上线下相结合的问卷调查，广泛收集不同行业、规模的用人单位对数字化人才在专业技能、职业素养、创新能力等方面的要求。问卷设计应涵盖具体场景，例如询问企业在数据建模、人工智能应用、数字化营销等工作环节中，期望人才具备何种技术水平和解决问题的能力。另一方面，组织专业教师与用人单位开展深度访谈，深入了解企业在数字化转型过程中遇到的实际问题，以及他们希望高校培养的人才能够如何助力解决这些问题。比如，与制造业企业交流智能化生产中的技术瓶颈，与金融机构探讨金融科技人才的需求

---

① 叶秀山.哲学要义［M］.北京：世界图书出版公司，2010.

缺口等。在此基础上，学校应组织校内教师进行充分的讨论和论证。以专业教研组为单位，对照调研结果，分析教师日常教学中着重培养的学生能力，如何与用人单位的需求精准对接。同时，引入企业代表参与讨论，从实际工作场景出发，评估这些能力在企业运营中的实际效用。通过反复研讨、案例分析，明确学校教师看重的学生能力对用人单位能够产生的实际效用，为后续的人才培养方案优化和校企合作奠定坚实基础。

第二，通过举办论坛等思想大讨论活动来统一思想认识。定期举办教育与企业对接论坛，邀请教育领域专家、一线教师以及企业代表共同参与，围绕教育数字化转型、人才培养方向等核心议题展开深入交流。在这个过程中，教师能了解企业当下及未来的人才需求趋势，企业也能知晓教育改革的动态和人才培养的进度。同时，还可以建立线上沟通交流社区，打破时间与空间的限制，以方便教师和企业随时交流意见、分享经验。对企业来说，参与论坛绝非浪费时间，而是具有多方面的显著益处。一方面，企业能在论坛中提前锁定优质人才。通过与学校和教师的深度交流，企业可以深入了解学生的专业技能和综合素质，提前与优秀学生建立联系，为企业储备人才，减少招聘成本和时间成本。另一方面，论坛为企业提供了展示自身形象与企业文化的平台，有助于提升企业在高校师生、教育界乃至社会中的知名度和美誉度，吸引更多优秀人才的关注与加入。此外，企业还能在论坛中获取最新的教育动态和前沿技术研究成果，为企业的技术创新和产品升级提供新思路，在激烈的市场竞争中抢占先机。校企合作开展的论坛一定要有别于传统的学术论坛，可以参考我国每年举办两届的高等教育博览会的形式和内容，设置人才招聘、企业产品展示、应用研究类的专题讨论、横向课题的磋商、专利成果的宣传推介等实用落地的环节。

第三，通过订单式人才培养来统一思想认识。学校和企业可以签订合作协议，开展订单式人才培养，此订单是指更广泛意义上的合作方式，针对企业特点培养的有针对性的育人方法。企业深度参与学校课程设置，将实际工作中的数字化技术应用项目案例融入教学内容，教师按照企业需求调整教学重点和教学方法，使学生所学的知识和技能与企业岗位无缝对接。此外，企业为学生提供实习实训机会，让学生在真实的工作环境中锻炼能力，教师也能借此机会深入了解企业运作，提升自身实践教学水平。从企业角度来看，虽然可以在全国范围内广泛招聘人才，但订单式培养有其独特优势。订单式培养的人才对企业独特的文化、业务流程和技术体系更为熟悉，能够更快地适应工作岗位，减少企业的培训成本和人才磨合期。企业可以在与多所学校开展订单式培养合作的基础上，根据不同学校的专业特色和优势，构建多层次、多元化的人才培养网络，避免过度依赖单一学校。同时，企业还可以与学校共同探索"人才池"概念，将订单式培养的学生纳入企业人才储备库，即使部分学生毕业后未立即入职，企业也可与他们保持联系，在未来有需求时优先招聘，提高人才利用效率。比如，某学校具有师范教育的特色，而其合作小学具有科学教育的特色，如此两所学校便可以从该校的专业人才培养特色和课程特色方面开展深度合作。从学生选专业、选课、第二课堂活动、实习见习等方面进行引导，有意识地将未来有意愿当科学课老师的学生送到该小学开展第二课堂活动、实习见习等。

第四，通过高度重视遴选合作代理人来统一思想认识。以选择最合适的校企合作执行人为突破口，构建合理的评价反馈体系。企业根据学生在实习和工作中的表现，对人才培养质量进行评价，及时反馈给教师和学校，促使学校优化教学内容和教学方法。教师则从学生的学习情况出发，向企业反馈学生在知识掌握、技能提升等方面的问题，为企业制订人才培训计划提供参考。只有通过全方位、多维度的沟通与合作，才能有效弥合教师与用人单位之间的利益鸿沟，实现育人与企业利益的平衡发展，共同为社会进步贡献力量。针对目前校企合作中评价反馈体系落实不佳的状况，首先要解决执行主体积极性不足的问题。在学校端，可选拔具有强烈职业发展意愿且对教育数字化充满热情的教师负责实习带队工作。这类教师往往希望通过参与校企合作项目和工作，提升自身的实践教学能力，拓宽职业发展路径，他们更有可能积极投入到学生培养工作中。学校可以将教师在校企合作中的表现与奖励挂钩，对在指导学生实习中表现出色、能有效促进学生就业的教师给予奖励，激励教师主动关注学生成长和就业。从企业端来看，应选派与人才培养利益紧密相关的人员负责学校的对接任务。例如，选拔企业内部的人力资源专员或者相关业务部门的骨干作为校企合作执行人。人力资源专员的工作目标之一就是为企业招聘合适人才，他们会更关注学生培养质量，因为这直接关系到企业未来的人才储备。业务部门骨干则能从实际工作需求出发，对学生的技能培养提出精准建议，确保学生所学与企业所需一致。企业可以设立专项奖励机制，对在学生培训和培养中做出突出贡献的对接人员给予奖金、晋升机会等奖励，提高他们参与校企合作的积极性，避免培训工作流于形式。通过明确并激励合适的执行主体，完善校企合作中的评价反馈体系，让教师和企业对接人员真正参与到学生培养的全过程，切实解决当前校企合作中存在的问题，推动教育数字化转型背景下的人才培养工作高效开展。

当然，校企合作最终的落脚点，还是在课程上。在课程开发上，企业与学校联合制定教学大纲，将企业需求切实落实在每一节课程中，将企业实际项目、前沿技术融入课程内容，确保教学内容与市场需求紧密接轨。

总之，校企是利益冲突最大的两个子系统。为了使系统能从无序走向有序，校企最需要相互让步。企业需要适度让步近期的生产效益，从而帮助教育的延时价值有机会发挥作用，同时这也是为企业谋求一定程度的长远利益，布局未来产业。学校教师需要适度让步劳动时间，要专门拿出时间从企业发展的需求角度来思考和研究问题，但同时学校教师可以使自身的专业能力更适应区域产业发展需求，从而与地方产业链对接更紧密。二者各有让步，协同合作，可促使整个系统处于有序的平衡状态。

四、贯彻落实政策时学校要发挥战略引领力

（一）学校要引领和辅助教师贯彻落实国家教育数字化转型发展战略

统计分析结果显示，政府主要通过影响学校来间接发挥影响教师数字素养的作用。其中，政府的激励政策和发展目标都对教师数字素养有显著的正向影响关系，而激励政策的影响（标准化系数为 0.415）略微大于发展目标（标准化系数为 0.406）。《教育强国建设规划纲要（2024—2035年）》再次强调，要"全面把握教育的政治属性、人民属性"，要"为党育人、为国育才"。为建设教育强国，学校一定要坚定不移地贯彻落实政府各项方针政策，但是在肩负承接使命的过程中，学校还是要适度让步管理权威，要多付出劳动时间，帮助一线教师准确解读和理解相关政策，并提供任务分解的初步思路。这种在政策解读和校级规划上付出的劳动时间，反而有利于学校管理部门增强自身业务能力，从而树立管理威信。为确保每一位教师都明确政府的数字化转型发展方略与自身具体教育教学之间的关系，学校要发挥好中介作用。落实政府教育数字化转型发展方略，要让政府的工作方针和政策深入人心，融入每位老师的个人发展目标中，这一定要靠加大宣传力度才能实现。在访谈中我们发现，大部分一线教师无法说出所在省或市在教育数字化转型方面有哪些举措，大多只能肯定说政府对此非常重视，可见加大宣传力度，让教师明确本区域的工作重点是非常重要的。但是在以往的工作落实过程中，各级单位常常面临需要学习的内容过多，学习、总结、提炼的工作量比较大，在层层宣讲中又难免存在解读不到位的情况。因此，除了加大宣传力度以外，还要探索和创新工作方式。具体来说，学校可以采用"分步骤接力"式工作法来落实政府的教育数字化转型发展方略。

（二）"分步骤接力"式工作法的步骤和意义

1. 步骤

为解决层层解读未必充分和到位的情况，建议采用思政课教师队伍集体备课达成共识后，形成统一授课 PPT 的做法。由学校层面官方制作宣讲政府相关政策的 PPT 文本，在后面加入本校的做法。各学院使用这个统一的 PPT 在各学院进行宣讲，并在后面加入本学院的做法。同理，各系可以使用这个统一的 PPT 在各系进行宣讲，并在后面加入本系的做法。最后分解到每位教师，每位教师要思考自己在教育数字化转型浪潮中自己的发展规划，构建统一性与个性化相结合的"分步骤接力"式工作落实方法。如此，能在一定程度上减轻下级部门的工作量，前一部分可直接引用上级部门材料，将精力集中用在开拓创新自身做法上。

2. 意义

第一，有利于在一定程度上规避层层解读中产生的理解偏差。学校行政管理者和教师要积极

了解和践行国家及省市教育行政部门的教育数字化转型方针和路径。学校要梳理和宣传，教师要思考落实的具体路径。加强政府教育数字化转型发展的政策解读，增加教师的理解和贯彻执行力度，引导教师将政府方针政策细化在自身教学科研工作中，指引教师自身的职业发展规划。纵使教师与政府的职责定位存在差异，学校行政管理部门应主动承担起搭建二者之间沟通桥梁的作用和使命，教师也应自觉树立相应使命意识，自觉与地方政府和国家的方针政策同心同力。但是政策宣传和落实过程中，往往存在解读偏差、重复解读等困难或者过多的工作量。而"分步骤接力"式工作法因为原汁原味地呈现了上级工作思路和内容，只在自己落实工作的环节发挥主观能动性去思考和创新，这可以在一定程度上规避层层解读中产生的理解偏差。

第二，有利于全校上下齐心协力共绘一张蓝图，共下一盘棋。上述方法的实施，有利于加强顶层设计，解决学校行政部门和教师需求对接不吻合的问题。老师经常会提出硬件或者软件不能满足数字化课堂转型的需求，但一个矛盾的问题是，学校管理部门每年都有一部分资金专门用来改善仪器设备，但是当让老师们报需求时又往往拖沓报不上来，造成"有钱花不出去"的假象，或者对于行政部门买回来的设备，可能又会有部分老师抱怨设备不实用。探究问题产生的原因，一线教师和行政部门本质上都对数字化课堂转型的需求不甚明了，不知道路应该怎么走。一方面，双方应该加强对理论和实践的研究，明确自身改革的目标和需求。另一方面，双方应该设法加强合作沟通，把研判工作做在平时，把方案握在手中，静候随时可能会出现的设备采购机遇。而不是等到出现购买契机时，再临时去想，须知临时想是想不到或者想不好的。此外还有一个难题就是，一线教师大多会从个人利益角度出发，关注局部问题，往往很难同学校行政部门达成共识，从而使得管理部门很难统筹。对此，应从"提高公共性上入手，建立能够体现国家意志与公共利益的公共性框架，避免改革的'政策失灵'，需要在'强制性'基础上有效规避'公共悲剧'"[①]。"分步骤接力"式工作法就是一种提高公共性的方法。在顶层设计层面，公共性框架需要以学校意志为导向，确保政策目标与学校发展战略一致，同时通过校内调研吸纳一线教师的公众需求，避免政策"一刀切"或脱离实际。在执行机制层面，要借助强制性手段，如形成学校制度，保障"分步骤接力"式工作法能切实执行。

第三，有利于增强教师数字化转型的内在动力。顶层设计的贯通，也有利于开展有组织的科研，以及积极制定教师专业发展规划，这关乎最本质的动力机制问题。之所以教师个人发展目标和学校整体发展目标会出现偏差，是因为学校希望大力推进教育数字化转型，而很多教师因为职称晋升压力导致科研压力，无暇兼顾教学改革。一个解决方法是让教学改革和职称晋升同步同频，

---

① 宋文利，谢冬兴.普通高校体育课程改革困境及其应对策略：协同论视角的分析［J］.教育学术月刊，2021（9）：105-111.

即通过教学改革也能实现职称晋升。其本质就是将教师的个人发展规划纳入学校的整体发展目标和定位中去。这需要学校行政管理部门予以指导和引导，甚至直接帮助教师生成切实可行的发展方案。应用型本科做不起来有组织的科研，一个很大的原因就是教师们经常感觉没有时间，没有时间的本质其实还是优先级的问题，这件事情没有排在所有事情的首位。教师与学校之间的矛盾，本质上都是价值判断不同，或者说对事情优先级的判断不同。通过沟通，尤其是帮助教师进行专业发展规划的顶层设计，可以影响事物的优先级。只有在教师专业发展规划中，使教育数字化转型的教学改革排在教师发展的首要位置，教师才会产生较强的动力。要想让教师将自己的发展规划纳入学校发展规划的大棋盘中，学校应先展现一个足够有说服力的发展规划，并让教师从中找到自己服务的切入点，帮助教师确认未来可期。以申报课题为例，如果学校想引导教师从事学校看重的研究，那么学校应该帮助教师看清该项研究对教师个人发展的意义，甚至应该向教师提供撰写研究背景和意义价值部分的思路。

五、设置 16 年（左右）以上教龄教师的数字化教学教改专项课题

（一）设置的依据

调节作用是指一个变量（调节变量）能够影响另外两个变量之间关系的方向或强度。调节作用可以帮助研究者更深入地理解变量之间的复杂关系。在实际研究中，自变量和因变量之间的关系往往不是简单的直接关系，二者可能会受到其他因素的影响。通过研究调节作用，能够揭示出这些潜在的影响因素，从而更全面地把握变量之间的作用机制。本研究的调查结果显示，16 年以上的教龄正向调节应用型本科教师数字素养水平。这说明在应用型本科教师中，教龄达到 16 年左右这一因素，会增强学生因素、学校因素等自变量与教师数字素养因变量之间的正向关系。由于各校的实际情况不同，这个范围也会有差异，未必一定要是 16 年。这个教龄代表的是这样一群教师：他们已经评完教授了，或者不打算继续评职称了，或者是正常努力去做，但在评职方面不强求，哪年评上都可以，总之描述的是一群科研压力很小的教师。他们已经有十几年的工作经验，教学经验非常纯熟、得心应手，在教学和育人方面也都没有什么太大的困扰。这时他们往往可以潜心教学改革，将更多的时间投入到教学工作和与学生的交往当中。这类似于古希腊人提出的"闲暇"概念，"闲暇"是人们用来进行智力思考、创造性探索以及追求更高美德的时间，而并非指没有劳作，也不是现代意义上的休闲或娱乐。

为进一步验证上面获得的结论，课题组对符合条件的应用型本科教师进行了个案研究。例如，教师 D，女，教龄 33 年，2025 年 53 岁，副教授，早年间在职进修了研究生课程。25～45 岁学术活动较为密集，学术成果比较丰富。40～50 岁家庭压力比较大，孩子高考，老人也开始频繁出现

身体问题，因此这一时期主要以家庭为主。近两年其学术活动又开始频繁，积极申报各类教改项目、一流课程，也积极学习新的数字化教学技术，反复打磨申报文本，用心设计教学环节，积极听取学生的需求。用她自己的话说就是："现在 50 多岁了，没有压力了，觉得快乐，充满教育情怀，能评上教授更好，评不上就'保命'，身体健康最重要！"在与她的交谈中，能感受到她的积极和乐观，对教学和育人怀有真挚的情怀，眼中放射出奕奕神采。

（二）设置的方法

第一，同步开展分层定制培训。16 年（左右）以上教龄教师有沉浸课堂的情怀，但是同青年教师相比，其数字化知识与技能往往相对欠缺，学历和研究能力也往往不占优势，因此需要同步开展学习和培训。鉴于这部分教师的数字化教学能力和基础可能参差不齐，学校应该构建"基础、进阶、创新"三类培训班，供教师自由选择。基础班可开设数字化工具入门课程，如 PPT 高级制作、录播软件操作、在线教学平台使用等实操课程，采用"理论讲解＋现场演练＋一对一指导"模式，确保教师掌握基础技能；进阶班可聚焦学科融合应用，邀请教育技术专家与学科带头人联合授课，分享智慧课堂设计、虚拟仿真实验教学等案例，引导教师将数字化技术与专业教学深度融合；创新班可组织跨校研修与学术沙龙，鼓励教师探索 AI 辅助教学、元宇宙教学场景等前沿领域，激发创新思维。

第二，优化课题申报机制。在申报名额、申报流程和选题指导三个方面，优化课题的申报机制。建议学校管理部门可以在设置数字化教学类教改课题时，为这一部分教师开辟一个专门通道，名额可以不必很多，但是只要有专属通道，就可能激发这样一群教师的教改积极性，或许可以为推进应用型本科课堂教学数字化转型带来另外一番可喜的景象。在课题申报流程上，简化常规材料要求，减少科研成果、论文数量等硬性指标，重点关注教师的教学改革思路与实践可行性。设立专项课题指南，围绕"数字化教学模式创新""课程资源数字化开发""线上线下混合式教学实践"等方向，提供选题参考。同时，建立"课题预审—专家辅导—集中答辩"机制：在申报初期安排校内教育技术团队对教师的课题方案进行预审，提出修改建议；中期邀请校外专家开展线上一对一辅导，帮助完善研究框架；最终通过集中答辩评审，确保课题质量。

六、应用型本科教师数字素养提升的自组织原则

（一）构建自组织原则的必要性

在教师数字素养提升的过程中，明确的规则和流程对于系统实现自适应动态平衡至关重要。然而，当前在数字素养提升方面，缺乏一套清晰、完善的规则和流程，这在很大程度上阻碍了教师数

字素养的有效提升。在实际教学中，由于缺乏明确的规则和流程，教师在提升数字素养时往往存在盲目性和随意性。例如，在选择数字教学工具时，教师可能仅仅因为某种工具流行就去尝试使用，而没有考虑到该工具是否适合自己的教学内容和学生的学习需求。在参加数字素养培训时，教师也可能缺乏针对性，没有根据自己的实际情况选择合适的培训课程和内容，导致培训效果不佳。此外，缺乏自组织动态平衡原则，还会使教师在面对数字素养提升过程中的困难和挑战时，无法及时有效地调整自己的行为和策略。当教师在数字教学中遇到技术问题或教学效果不理想时，由于没有明确的规则和流程指导，他们可能不知道应该从哪些方面进行反思和改进，因此难以实现自我提升和发展。自组织动态平衡原则的缺失，使得教师数字素养的提升缺乏系统性和连贯性，难以形成有效的提升机制。因此，有必要建立一套应用型本科教师数字素养提升的自组织原则。

（二）构建自组织原则的原理

由协同论的自组织原理可知，当组织内外环境发生变化时，原有平衡即被打破，组织系统运行只有遵循一定的规则和流程，才能自发地形成新的稳态，从而达到新的动态平衡。依据协同论的四个核心要点，分析教师数字素养提升过程中的关键环节。第一，系统要开放交互。教师提升数字素养不是教师自己的事情，必须与学生、学校和用人单位各个子系统积极对接合作。第二，子系统要协同。各子系统通过彼此让步，促进相互协作。本节提出的策略就是充分考虑了各子系统的协同合作后提出的。第三，序参量调控。本研究已经遴选出来的各级影响因素就是序参量。第四，涨落促自组织。在自组织理论中，"涨落"指的是系统在某个时刻、某个局部的空间范围内所产生的对宏观状态统计平均值的偏离。就提升教师数字素养而言，学生需求的推动引发涨落，即被推动的教师在教学实践中采用新颖的数字教学方法、工具等，这些不同于常规的尝试就是涨落。这些创新成果带来积极效果，如教师自身数字素养提升、学生学习积极性提高、教学质量提升等，将其经验推广，就可能引发整个教师群体在数字素养运用与提升方面的自组织发展。学生需求的推动引发涨落，引导涨落经验推广，实现群体数字素养的自组织提升。在本研究中，学生需求主要是指学生情绪需要排解，学生的个性化和自主性学习方式需要满足。

系统之所以在内外平衡被打破后依然能自发形成新稳态，并形成一种新的动态平衡，关键就在于拥有一套规则和流程。例如，我国师范类教育专业认证倡导的"学生中心、产出导向、持续改进"理念，就是一套非常清晰的规则。2017 年，"为贯彻落实党的十九大精神，培养高素质教师队伍，按照国家教育事业发展'十三五'规划工作要求，推进教师教育质量保障体系建设，提高师范类专业人才培养质量"[①]，教育部颁布了《普通高等学校师范类专业认证实施办法（暂行）》，

---

① 教育部.普通高等学校师范类专业认证实施办法（暂行）[EB/OL].（2017-10-26）[2025-01-22].http://www.moe.gov.cn/srcsite/A10/s7011/201711/t20171106_318535.html.

由教育部高等教育教学评估中心组织实施三级监测认证，高等学校开办的中学教育、小学教育、学前教育、职业教育、特殊教育等专业都可以参加，认证结果为政策制定、资源配置、经费投入、用人单位招聘、高考志愿填报等提供服务和决策参考。为了积极应对这一政策变化，高等学校师范类专业纷纷投身于专业认证的建设和申报工作。对高等学校师范类专业来讲，这就是在时代背景的要求下，自上而下地打破了环境平衡。在平衡被打破后，师范类专业并没有出现毫无章法混乱发展的局面，而是遵循师范类专业认证提出的"学生中心、产出导向、持续改进"理念，以及一系列认证体系和标准，及时调整专业结构、优化师范类专业人才培养方案和具体的方式方法，各项工作有序调整以适应新的要求。在遵循师范类专业认证理念的基础上，专业内相互协作、相互调整，形成了师范认证理念的新的工作方式，每一位教师都在自己日复一日的教学工作中，切实贯彻认证理念，形成了符合认证要求的工作模式。并且，新形成的工作模式不是静止不变的，而是依据持续改进的机制，不断适应和调整。教师在日常教学工作中遇到矛盾冲突时，依照此师范类专业认证的规则就知道应该怎么做，譬如"我只要比上一次的达成度评价有一点进步就可以""一定要依照人才培养方案、课程教学大纲规定的目标来出考试题"等，从而使系统达到自适应动态平衡。

在上述过程中，"学生中心、产出导向、持续改进"理念起了决定性作用，成为该系统的自组织原则。"学生中心"是出发点和落脚点，明确了教育教学活动的服务对象和根本目的；"产出导向"为"学生中心"提供了具体的目标指引，确保围绕学生的教育活动有清晰、可衡量的标准；"持续改进"则是实现"学生中心"和"产出导向"的保障，通过不断优化教育教学过程，使师范专业始终朝着满足学生需求、达成预期产出的方向发展。三者相互关联、相互支撑，共同构建起一个动态、持续优化的师范专业人才培养质量保障体系。

（三）自组织原则的内涵和设计思路

当 AI 时代到来，国家大力推动教育数字化战略，颁布《教师数字素养》行业标准，对每一位教师来讲，已有的课堂教学模式被打破，提升教师数字素养成为新时代每一位教师发挥教书育人作用和专业发展的必由之路。接下来就需要一套规则和流程帮助教师应对教学内外环境的变化。《教师数字素养》不是我们此时需要的规则和流程，而是通过这套规则和流程的帮助后，教师最后应该达成的样子。教育数字化战略也不是我们此时需要的规则和流程，它等于国家布置的具体任务，可教师们终究还是需要一些方法来完成这些任务。参考师范类专业认证理念的作用机制："学生中心"为出发点和落脚点，"产出导向"为具体的目标指引，"持续改进"是保障。综合考虑上述核心要点，并依据本课题研究结论，我们提出应用型本科教师数字素养提升的自适应原则，即满足学生数字化学习需求，由外到内锚定战略重点，自上而下明晰顶层设计。

　　首先，满足学生数字化学习需求，意味着教师在不知道该做什么的时候，就去看自己的学生本节课有没有自主学习活动，在自主学习活动中有没有关注学生的情绪和个性化学习方式。其次，由外到内锚定战略重点，意味着教师必须和用人单位协同合作，要通过充分了解用人单位对学生能力的需求，结合学科育人目标，找准自身的发力点，并遴选战略重点，有针对性地提升自身数字素养，从而最终达到人才培养目标。最后，自上而下明晰顶层设计，意味着教师要知道国家政府在教育数字化转型战略中的设计和部署，要知道学校贯彻落实省、市部署后分解形成的学校发展规划，每位教师要自上而下地贯彻落实，并结合自身特点，进一步分解形成教师个人在教育数字化进程中的目标任务。

第三节　构建应用型本科教师数字素养协同提升理论模型

一、多元主体协同提升教师数字素养自组织理论模型

为了进一步归纳总结上述研究结论，以期为地方应用型本科制定相关政策提供一个更为简单易操作的模型，本研究尝试构建应用型本科教师数字素养协同提升理论模型，包括主体协同、要素协同和动力协同（见图 4-3）。

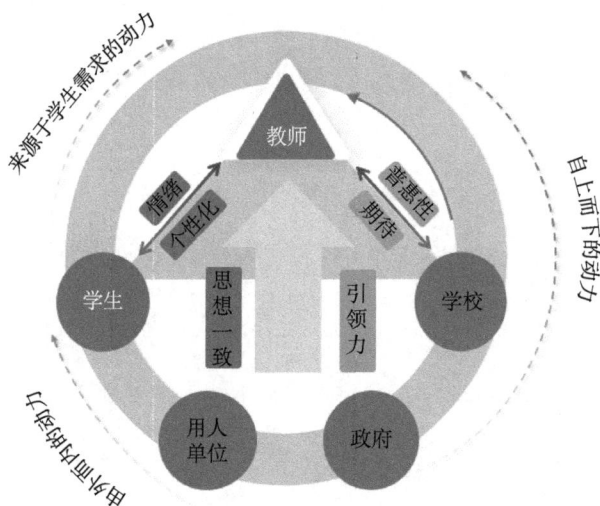

图 4-3　应用型本科教师数字素养协同提升理论模型

在该理论模型中，最内里的五个圆圈或三角形代表教师、学生、学校、用人单位和政府之间的主体协同关系；中间层代表协同提升理论模型的要素协同，按照不同主体之间的关键要素不同，教师与学生之间的关键要素为情绪和个性化，教师与学校之间的关键要素为普惠性和期待，用人单位通过学生中介与教师之间的关键要素为思想一致，政府通过学校中介与教师之间的关键要素为引领力；最外层代表协同提升理论模型的动力协同，包括满足学生需求的动力、由外而内的动力，以及自上而下的动力。

应用型本科教师数字素养协同提升理论模型是一个自组织系统，不依靠职称评定、绩效奖励、硬性摊派任务等外部力量干预。其动力来源有三：一是学生的数字化学习需求，当学生在课上或

者课间，主动向教师提问或者表达自己对数字化学习产生的困惑和疑虑，并向教师寻求帮助时，几乎没有教师是可以拒绝的；二是用人单位的战略重点，当教师与用人单位在教育数字化转型方面的思想达成一致、一拍即合，育人目标和企业的战略发展重点产生交集，既有利于学生就业，又可以开展横向课题研究，还可以帮助企业增值，一箭三雕的校企合作大概率没有教师不想尝试；三是贯通一致的专业发展目标和规划，当教师自身的数字化改革和研究与学校、国家政府的发展规划相一致，使得教师本来可能只是由于学生的课堂提问而引发的一些思考和研究不断得到学校的支持、表彰、资助时，应该不会有教师不感到欣喜。而其实这种现象表面看似"幸运连连"，实则是"与祖国共命运"价值取向带来的水到渠成的回馈。

　　动力协同作用的发挥是通过要素协同来实现的。在满足学生数字化学习需求的过程中，要把握两个关键要素：一是学生在数字化学习过程中产生的情绪，要帮助学生排解由数字化学习带来的焦虑和压力；二是学生个性化的学习需求，要满足学生在数字化学习方面的个性化和主动性的要求。在锚定用人单位的战略重点的过程中，最重要的要素是要与用人单位在宏观思想上达成一致。在设计贯通一致的专业发展目标和规划时，要求自上而下，从政府到学校最后到个人，达到一致性的追求。其中，学校需要发挥中坚力量，表现在不仅要在政府向学校传达工作的过程中起到引领作用，并且要进一步落实到二级学院和教师个体，再向下落实到工作的过程中，最重要的就是注重数字化资源分配的普惠性和公平性，以及适度开展工作。

二、数字素养影响因素与提升策略对应关系

（一）影响因素和策略的对应关系

　　从教师数字素养的"数字技术知识与技能""数字化应用""专业发展"三个维度出发，梳理对应的提升策略，详见表 4-1。

表 4-1　数字素养三个维度与协同提升策略的对应关系

影响因素	学生因素 （【间接影响因素】——用人单位因素：通过学生中介发挥作用，使用策略九）		学校因素 （【间接影响因素】——政府因素：通过学校中介发挥作用，使用策略十）	
	学生数字化学习需求被满足的程度	学生数字化时代学习压力和焦虑的疏解程度	学校数字化资源分配的普惠性和公平性	学校对数字化教学成果的期待与行动
	【调节因素】——教龄：策略十一			
维度一："数字技术知识与技能"	【第一影响因素】策略一、二、三、四	————	————	【第二影响因素】策略八

续表

| 维度二：
"数字化
应用" | 【第一影响因素】
策略一、二、三、四 | 【第二影响因素】
策略五 | 【第三影响因素】
策略六、七 | ——— |
| 维度三：
"专业发展" | 【第二影响因素】
策略一、二、三、四 | 【第一影响因素】
策略五 | 【第三影响因素】
综合运用策略六、七、八 | |

应用型本科教师"数字技术知识与技能"的影响因素有 2 个：第一影响因素为"学生数字化学习需求被满足的程度"，对应策略一到四；第二影响因素为"学校对数字化教学成果的期待与行动"，对应策略八。"数字化应用"的影响因素有 3 个：第一影响因素为"学生数字化学习需求被满足的程度"，对应策略一到四；第二影响因素为"学生数字化时代学习压力和焦虑的疏解程度"，对应策略五；第三影响因素为"学校数字化资源分配的普惠性和公平性"，对应策略六到七。"专业发展"的影响因素包括 3 个：第一影响因素为"学生数字化时代学习压力和焦虑的疏解程度"，对应策略五；第二影响因素为"学生数字化学习需求被满足的程度"，对应策略一到四；第三影响因素为学校因素，学校因素的一级指标整体影响"专业发展"，对应策略六到八。用人单位因素和政府因素通过影响学生因素和学校因素来间接影响应用型本科教师数字素养的提升。其中，用人单位因素主要通过学生因素发挥作用，对应策略九；而政府因素主要通过学校因素来发挥作用，对应策略十。这种中介作用在上表中将其标注在学生因素和学校因素的下部括号内。16 年（左右）以上的教龄正向调节应用型本科教师数字素养，对应策略十一，因此单独设置一个居中的调节因素。各主要政策排序如下。

（二）应用型本科教师数字素养提升的 11 个核心策略

1. 满足学生"数字化学习需求"的策略

策略一：应用型本科课堂需要每节课做总结。

策略二：提问和问题的解决要成为课堂常态。

策略三：每节课应设置个性化和自主学习的环节和内容。

策略四：学校层面应采取措施鼓励学生们明确发出学习需求并主动向教师寻求帮助。

2. 疏解学生"数字化时代学习压力和焦虑"的策略

策略五：营造良好的课堂氛围，缓解学生的紧张和不安。

3. 实施"学校数字化资源分配的普惠性和公平性"的策略

策略六：学校出台普惠性政策。

策略七：学校鼓励学生推动教师转型。

4. 合理化"学校对数字化教学成果的期待与行动"的策略

策略八：期待和行动要适度。第一，充分利用线上沟通手段，以自愿为原则，线上线下相结合。第二，多种信息发布手段相结合，专注内容内涵建设，不断"刺激教师味蕾"。

5. 实现"用人单位与教师在宏观层面的协同合作"的策略

策略九：学校教师同用人单位要夯实关于学生培养的思想基础，着重思考己方看重的学生特质在对方的用人目标中能够产生何等价值和功效。

6. 贯彻落实政府发展目标和各项制度的策略

策略十：贯彻落实政策时学校要发挥战略引领力，学校可以采用"分步骤接力"的方法落实政府的教育数字化转型发展方略。

7. 发挥教龄调节作用的策略

策略十一：设置 16 年（左右）以上教龄教师的数字化教学教改专项课题。

第 **5** 章

应用型本科教师数字素养提升制度范例

第一节　《关于提升应用型本科教师数字素养的若干意见》文本内容

为深入学习贯彻习近平总书记关于教育的重要论述和全国教育大会精神，落实《教育强国建设规划纲要（2024—2035 年）》，中华人民共和国行业标准《教师数字素养》（JY/T0646-2022）有关部署，全面贯彻实施国家教育数字化战略，提升师生数字素养，建设学习型社会，打造新时代应用型本科教师队伍，为地方应用型本科增强区域战略引领力和塑造发展新优势提供坚实的师资保障，现就提升新时代应用型本科教师数字素养提出如下举措。

一、总体目标和要求

（一）明确目标任务。坚持以习近平新时代中国特色社会主义思想为指导，推动应用型本科教师数字素养在教学或教研方面体现出数字化教学的特点，使人工智能助推课堂教学变革的效果明显增强，学生的课堂黏性不断提升，学习型校园的保障机制不断健全，进而满足应用型本科服务区域高质量发展的需要。造就一支新时代高素质专业化应用型本科教师队伍，持续提升应用型本科学生的数字素养和综合素质。

（二）严格师德师风，增强数字社会责任。常态化推进师德培育，将教育家精神融入应用型本科教师数字素养培养培训全过程，引导广大应用型本科教师在课堂教学、科学研究、社会实践等各环节，坚定理想信念、厚植爱国情怀、涵养高尚师德。鼓励应用型本科教师在课堂教学数字化转型、学生数字素养培育、数字课程建设、数字化教学研究等工作中严格落实师德师风，进一步规范教师在数字化活动中的道德修养和行为规范。加强教师党组织建设，发挥党员教师在数字法律法规和数字安全保护上的先锋模范作用。深入落实师德师风建设长效机制，严格落实师德违规"零容忍"。

（三）满足学生数字化学习需求，由外到内锚定战略重点，自上而下明晰顶层设计。满足学生数字化学习需求，强调满足应用型本科学生在数字化学习上的个性化、自主性和情绪需求，以学生的需求为中心配置教育资源、组织课程和实施教学；由外到内锚定战略重点，强调要以用人单位的需求和专业、课程等的育人目标之间的交集为人才培养的重点，并积极主动发掘教育看重的学生特质在用人单位的用人目标中能够产生何等价值和功效；自上而下明晰顶层设计，强调对标严格贯彻落实上一级单位的教育数字化发展方针和策略，并结合自身实际，创造性地制定和实施自身数字化教学发展规划。

二、人工智能助力课堂教学变革

（四）人工智能助力课程进程调控和总结评价。树立信息互动反馈意识，借助"学习通"等工具，随时关注学生及时反馈的学情，有针对性地调整教学内容和进度。依据课程教学的重点和难点，借助思维导图、知识图谱等工具加强教学内容的归纳和总结，力争每节课都设置帮助学生梳理知识脉络的总结环节。

（五）人工智能助力轻松活跃的课堂参与氛围。借助各类智慧教学软件的匿名参与和可视化统计结果的优势，营造轻松活跃的课堂参与氛围，让学生在不怕回答错的轻松环境中，毫无压力地积极发挥主观能动性，大胆发表自己的观点和看法，从而帮助教师和学生积极思考、大胆表达，营造轻松活跃的课堂氛围。

（六）人工智能助力学生"1+N"个性化学习。根据课程目标需要，利用各类智慧教学平台和软件，每节课均设置个性化和自主学习环节内容。运用"统一讲 + 多样练"（简称"1+N"）教学方式，即每个知识点首先由教师统一讲授，在接下来的实践演练环节则借助丰富的数字化教学资源和各类方法手段为学生提供多种"练习套餐"，由学生自选，在全班开展个性化、自主性学习。

三、更新数字化管理理念

（七）以勤学好问的学风建设助推教师数字素养提升。学校应充分发挥学生会、学生社团等学生组织的桥梁纽带作用，专门设置"学习需求调研"活动，主动梳理并系统提出课程优化、实践指导、资源拓展等具体学习需求。通过这种"以学促教"的模式，倒逼教师主动更新教学理念，系统学习数字工具应用、智能教学设计、线上线下混合式教学等技能，推动教师从传统教学向数字化教学转型。

（八）动态调整数字化教学培训方式，准备多种研训套餐供教师自由自愿选择。打造"前期宣传、过程多样、后期推介"的全过程式数字化研训形式。"前期宣传"应同时呈现专家个人威望、研训内容大纲，以及解决问题的服务面向三方面内容。"过程多样"应坚决按照教师个人意愿，自由选择线下或者线上参会方式，提前报名参会方式，以方便组织者做出安排。"后期推介"应将研训的精华内容，特别是在过程中发现的对本校教师有独特吸引力的问题，总结成文字、微课视频等多种形式，在全校范围内推介，以增强教师对该类研训的好感度和吸引力。

（九）增强微信公众号等宣传阵地的学习作用。结合近期数字化转型推进的重点工作，有意识地为教师提供学习参考资料，包括但不限于各级各类政策文件及解读，新技术、新方法的内涵及应用介绍、优秀的行动案例等，从而达到减轻教师的工作负担，强化氛围营造和增强任务吸引力的作用。

（十）打造经典数字化教学示范项目。在全校总经费不变的情况下，通过减少项目数来达到提高经费资助额度的目的。以较大的资助力度激励多出精品示范项目。同时要严格立项和结项审核制度。在鼓励示范的同时，以"鼓励大课题设立子课题"的方式发动更多教师参与进来。

（十一）设置 16 年（左右）以上教龄教师的数字化教学教改专项课题。通过设置专项或者分拨适度比例申报名额的方式，积极鼓励教龄在 16 年（左右）以上，具有高级职称的教师申报。评审时对前期研究基础不做要求，重点审核研究内容和思路。

（十二）制定学校数字化转型整体规划，并指导和引导教师将学校规划纳入教师个体的专业发展规划中。高校应以"一盘棋"的战略思维制定学校未来 3～5 年数字化转型整体规划，并基于学校规划为教师提出相应发展建议，建议应包括研究的内容和意义，要详细写清研究背景和意义，使学校教师可以直接用来支撑课题申报材料。

四、激发与校外主体一体统筹培养人才的活力

（十三）完善人才培养与用人单位需要适配机制。在与用人单位沟通合作框架的过程中，首先，进行需求和供给分析，着重思考己方看重的学生特质在对方用人目标中能够产生何等价值和功效，明确双方需求，并在己方能力范围内列出所有可供给的事项。接着，在双方需求范围内取交集，作为构建合作方案的价值取向。最后，依据一致的价值取向，拟定具体合作条款。

（十四）构建统一性与多样性相结合的"分步骤接力"式工作法，落实政府教育数字化战略方针政策。由学校层面官方制作宣讲政府相关政策的 PPT 文本，并且在后面加入本校做法。各学院也使用该统一 PPT 进行内部宣讲，并在后面加入本院做法。同理，各系可以使用该统一 PPT 进行内部宣讲，并在后面加入本系做法。最后分解到每位教师，每位教师要思考在教育数字化转型浪潮中自身的专业发展规划目标和路径。

第二节　《关于提升应用型本科教师数字素养的若干意见》的问题背景和设计思路

《关于提升应用型本科教师数字素养的若干意见》（以下简称《意见》）是为了解决特定时期的特定问题而制定的。

第一条是解决目标设定的问题，方向指引、同频共振。每位教师在国家教育数字化战略指引下，都应该明确自身奋斗方向，继而制定有效的数字素养提升规划。教师数字素养的提升是为了课堂增效，其根本还是为了学生成长、成才，从而为区域发展提供人才支撑。将国家、社会发展的整体战略作为个人发展规划的背景和前提，与国家发展同频共振，在此基础上，再根据自身的专业特长、兴趣爱好和职业目标，制定个性化的发展规划。擅长教学创新的教师，可将重点放在数字化教学方法创新、数字课程建设等方面，努力成为教学名师；教科研能力较强的教师，可在数字化教学研究的理论和实践策略等领域精耕细作，争取取得更多高水平教科研成果。在此目标下，有目的、有计划地分步骤推进数字素养提升发展规划。将规划分为不同阶段，明确每个阶段的重点任务和目标。如在数字素养提升初期，注重数字技术知识和技能的积累，并且在课堂教学实践中积极进行数字化应用；在中期，努力提升数字社会责任，积极进行数字化教学成果转化，争取在各级各类评比中取得一定成绩；在后期，发挥经验优势，指导青年教师，并不断提升自身专业持续发展的能力，为教育事业的长远发展贡献力量。

第二条是解决教育情怀的问题，四位一体、以简驭繁。首先，每位教师都应不断加强自我修养，提升职业认知。教师应深入理解教育事业的本质和意义，认识到教学和科研不仅是获取物质利益的手段，更是实现自我价值、培养人才、推动社会进步的重要途径，将个人发展与教育事业的发展紧密结合。树立正确的价值观，在追求物质生活的同时，不忽视对教育情怀的坚守，合理分配时间和精力，既要关注教学质量的提升和学生的成长，也要积极开展科研工作，实现教学与科研相互促进。在学校文化建设中，突出教育情怀和师德师风的重要地位，将其融入学校的校训、校风和校园文化活动中，让教师在浓厚的文化氛围中受到熏陶和感染，增强对教育事业的认同感和归属感。教育家精神为教师教育情怀注入强大动力，激励教师坚守教育初心，以热爱与奉献投身教育事业。它还为教师提供精神引领，使其在育人过程中传承教育理想，不断提升教育境界，用深厚的教育情怀滋养学生成长。因而将教育家精神教育融入师德师风建设长效机制，同时发挥其强大的引领作用，助力教师进一步增强数字社会责任。师德师风建设、教育家精神教育、数字社会责任提升、教育情怀培育，四者归一培育，以简驭繁，既简单又高效。其次，这一条也是要让教师能清醒地认识和把控技术与教育的关系：既重视技术、应用技术，又了解技术的限度，以技术赋能教育，以学生的学习为中心，而不是被技术所左右。技术只是赋能教育教学，决不能以技术为转移，始终把握教育学科的特点，厚植师德师风，明确立德树人根本任务。

第三条是解决系统的自组织动力问题，即教师数字化教学的内在动力。有了这条自组织原则，当教师不知道做什么的时候，有了学生的数字化学习需求作为推动，只要有学生提出数字化学习的问题，教师就会在解决问题中推动数字化教学改革。教师找不到工作重心的时候，以学生的就业需求和育人目标的交集为量尺，便可明确中心工作。当上级部门布置数字化教学改革任务时，教师只需要对标对表，然后结合自身实际，创造性地提出自己的发展规划，每当失去内在动力的时候，拿出自己的发展规划，不忘初心、方得始终，当然也需要结合实际情况随时进行适当补充、调整和修正。除了时刻谨记这条自组织原则外，在整个《意见》中，第四、五、六、七条也是依据"满足学生数字化学习需求"原则，提出的人工智能助力课堂教学变革的具体措施。第十二条是依据"由外到内锚定战略重点"，第十三条是依据"自上而下明晰顶层设计"，提出学校教师与用人单位和政府协力实施教育数字化转型的具体措施。

第四条是解决课堂调控问题，数据监控、"以学定教"。大学课堂虽然不像基础教育那样，对课堂时间和进度的要求那么严格，但也不能过于"放任"，尤其对应用型本科学生来说，"下课铃响时讲到哪算哪"的方法不利于学生对学科知识结构的把握。更重要的是，不能"老师想怎么教就怎么教"，而应该"以学定教"。重视教学目标在整个教学过程中的导向作用、调控作用和评价作用。方法是收集和运用学生在学习过程中生成的学习数据，依据学生及时反馈的学习情况，教师随时调整教学内容、进度和方法，并在课程结束前，预留时间进行归纳和总结，对整节课的学习效果进行评价，发现不足及时补充，或者布置成作业进行强化练习。

第五条主要解决学生学习主动性的问题，匿名参与、可视化学情。学生普遍存在不愿意回答问题、害怕教师提问和互动的情况。其中一个重要原因就是学生害怕答错、不好意思的心理在作怪。而现在智慧教学软件中的匿名参与课堂活动的功能，例如"学习通"软件的投票功能，可以完美解决这个问题。学生通过匿名的方式投票，既参与了课堂活动，积极验证了自己心中的答案，又可以避免回答错误的尴尬，同时还通过可视化的统计结果，看到全班同学的回答情况，明确自身的优势和不足。最重要的是，教师可以依据全班同学的回答，清楚掌握学习中的难点，从而使教学详略得当，更符合学生的学习需求，使教和学都更为高效。其次，第五条可以辅助解决一部分学生数字素养的问题。在调查中我们发现，学生对待数字技术的意识和态度对教师有重要影响。因此，教师应该积极培养学生的数字素养，在教师数字素养的指标体系中，也明确规定了教师应该有培养学生数字素养的能力。在问题分析中，我们也看到学生数字素养的不足已经切切实实影响到了教师的课堂教学。除了社会各主体合力提升学生数字素养的一些专门化教育、培训、宣传等活动，教师应该在每一次课程教学中，特别是在自己有数字化学习任务设计的章节，有意识地提前关注到这个问题，提前给学生讲解相关工具的使用，或是在学习中随时提醒学生相关注意事项，而不应该默认学生作为数字时代的"原住民"就应该比教师更熟悉数字技术。此外，学生和学校行政管理部门之间有了矛盾，教师也应该承担主要责任。因为学生是学习的主体，这一点教师最清楚，一切教学活动也是教师设计的，对于学生需要何种数字化资源和设备，教师应该最清楚。如果在教育数字化转型方面，学生对学校配备的数字化硬件或者一些使用的管理规定不满意，教师最有权利从学生学习效果的角度给出中肯的建议，在和双方沟通的基础上，做出学生或者学校如何调整的方案。

第六条解决的是学生的个性化和自主性学习需求的问题，"统一讲＋多样练"、教师主导和学生主体配对出现。统计结果显示，教师满足学生的个性化和自主性学习需求的能力正向影响教师数字素养。满足应用型本科学生的个性化和自主性学习需求时，应用型本科学生有其特殊性。通过访谈调查，我们发现，应用型本科学生普遍反映其自身的自律性偏低，需要教师多加约束和引导，如果在新课教学中，较大程度放手让学生去进行自主探究，学习效果往往很难保证。因此应用型本科学生普遍赞成，教师首先统一讲授，而后在实践演练环节再放手让学生去自主探究。对于应用型本科学生来讲，动手实践能力和愿望比较强，他们非常希望每一个理论知识都能搭配实践演练环节，让他们清楚地知道这个知识是如何运用的。他们也喜欢个性化和自主性学习，他们希望在教师集中讲解后再进行实践演练，这时放手让他们采用自己喜欢的个性化方式去自由验证和练习。

第七条是解决教师动力问题，"以学促教"。通常解决教师动力问题的方法是评价制度约束，或者采用各种奖惩性措施激发教师内驱力。本次调查发现，越能满足学生数字化学习需求的教师，其数字素养普遍越高。可见，教师在满足学生的数字化学习需求的过程中，自身数字素养也得到提升。学生的需求成为教师提升数字素养的强大驱动力，要比提升数字化教学项目的资助经费更有效。同时，当教师们想要行动，但是不知从何处着手的时候，也可以选择从满足学生需求处出发。这一过程不仅能激发学生的学习主体性，更能促使教师持续提升数字素养，形成教学相长、师生共同成长的良性循环，为高质量教育教学奠定坚实基础。

第八条是解决教师参加数字化研训的积极性问题，自愿和自选双管齐下。一方面，秉承"强扭的瓜不甜"的原则，真正实现教师自由自愿参会。另一方面，要加强研训的全过程管理。常见的讲座、培训，往往是发了通知，然后当天参会结束就没有后续了。一些教师有时会产生如下一些抱怨："讲的不是我想听的"，或者"要求我必须来，其实其中只有一小块和我有关，我没有必要听全场"，等等。建议采用"前期宣传、过程多样、后期推介"的方式，一方面在过程中强调完全的自由自愿，杜绝形式主义，另一方面增加了前期和后期的管理环节。前期基于专家个人威望、研训内容大纲及解决问题的服务，面向三方面进行宣传，可以让教师充分了解该内容是否为自己需要，从而判断自己的参会形式。后期以文字、微课等多种形式，推介培训中的核心内容，特别是亮点，可以让参会教师再次巩固所学，又可以让没参会的教师也得到学习机会，并吸引其成为下一次参会的潜在对象，同时还可以让线上参会只听取部分内容的人，有机会不错过特色和亮点，可谓一举三得。

第九条是解决教师参与教育数字化课程建设、项目申报等工作的积极性问题，让大学的微信公众号同时扮演云端学校的角色。微信公众号已经成为当代人类接收即时消息最便捷的途径之一，因而应该成为一个云端学校，助力学习型社会的构建。目前大学的微信公众号主要还是发挥工作成效的报道作用，教师们的学习主要是通过专门的线上学习平台。其中的区别在于，选择在专门线上平台学习属于教师的主动自发行为，需要耗费意志力；而微信公众号的新闻推送形式，对教师来讲属于被动地呈现在他们眼前，教师可能随手点开看几眼，也可能没有打开，只瞥见一个标题，但总会在不同程度上对教师产生潜移默化的影响。因而让微信公众号发挥学习阵地作用，具有隐性课程的优点，可以达到润物无声的效果。知识似乎时刻"飘"在空气中，有助于创建泛在的学习型校园。

第十条是要解决示范项目高质量的问题。为推动教育数字化改革工作的落实，以往大范围遴选的方式，特别是给各学院规定申报指标的方式，常常效果不好、质量不佳。而精选项目并大额资助的方式会在一定程度上抵消一定的畏难情绪，而且较充足的建设经费对数字化课程教学改革来说是十分必要的。例如，某学校在课程知识图谱建设工作中，全校只遴选 5 门课程，每门课程资助 5 万元建设经费，工作推动效果好于以往。本研究的实证调查结果说明，普惠性和示范性相结合是目标和追求，遴选典型项目的做法并非只看重示范性而忽视普惠性。第一，普惠性表现在，提高经费后建设任务也会提高，就需要课题负责人切实组建好团队，鼓励教师力所能及地参与到课题研究中。没有能力独立承担课题的教师，也可以先参与课题，承担一个小任务。第二，普惠性方面不只通过本条立项研究来实现，还包括本措施中的办法七，即学生倒逼教师数字素养提升，这可以在更大范围内让教师普遍参与到数字化教学的改革当中来。此外还有办法十一，这充分关注到了科研基础不一定强，但是教学经验丰富、有深沉的教育情怀的教师群体。

第十一条可以解决教师教学和科研之间的矛盾，遴选一部分无此矛盾的教师成为数字化教学改革的主力军之一。传统上，我们会通过各种激励机制来增强教育数字化转型的吸引力，例如完善职称评定制度，设立教育数字化转型方面的要求。或者加大激励力度，例如在物质激励层面设立教学专项奖励基金，精神激励层面定期开展评优评先活动。但是，有科研压力且面临评职压力的教师们还是会优先完成科研指标。而教育情怀是教育改革的源动力，统计结果显示，16 年以上的教龄正向调节应用型本科教师数字素养，因而应该好好激发这部分教师的潜力，发挥他们具有丰富的教学经验和充沛的教育情怀这一优势。同时，在选题指南上做好指引。重点开展应用型本科数字化教育理念与模式创新，基于在线学习平台的混合式教学模式，应用型本科大学数字化课程资源的开发与整合，开放教育资源在应用型本科教育中的应用，数字化学习评价体系的构建（包含在线学习内容的设计、载体的选择、成绩的评定标准、学习效果的评价等），应用型本科学生个性化学习的实现路径，校企合作开展教育数字化转型的合作模式等内容。技术的使用一旦深入到学科或者课程层面，教师们就应该有一个觉悟，即不能再期待技术公司来帮忙解决了，到了这个层面，应用型本科教师就应该自己去研究解决问题，因为这就是应用型本科应该去做且应该擅长的事情。

第十二条是为了解决教师个体因其同学校发展规划不一致导致的缺乏动力的问题。当学校想进行数字化转型改革，而教师想要先评职称时，就发生了矛盾。这类矛盾是由价值判断不同造成的，或者说，是对事情优先级的判断不同造成的，其本质就是教师个体的发展规划和学校整体发展规划不一致。如果教师能够将个人的发展规划纳入学校整体发展规划中，事情就可能会出现不同的局面。这需要学校做出努力：首先高校应以"一盘棋"的战略思维制定学校未来 3～5 年数字化转型整体规划，而后应主动帮助教师个体去思考和设计自身的专业发展规划，要引导和帮助教师去理解学校数字化转型发展规划的重要意义和与教师个体之间的联系，找到教师个体可以利用自身所长既为学校服务又能实现自身职业理想的结合点。

第十三条是为了解决校企合作动力不足的问题。通过校企合作的途径开展数字化转型研究和实践是教育数字化转型的路径之一。持续探索校企合作开展数字化转型的模式研究，现阶段可以在各个合作的具体问题中加入数字化主题。但是，因为校企之间存在利益矛盾，合作若想卓有成效地开展，必须先解决统一思想的问题。统一思想并不是双方签订了具体的合作条框，双方均已签字通过就是统一思想，这只是表面上的统一。一些条款的通过，可能是另外一些条款的交换条件，而在实际执行过程中，这些并非出自最初意愿的条款，就会变得推进困难，甚至大打折扣、应付了事。真正的统一思想首先应该是价值取向的统一，在校企合作中，就是指学校教师的育人目标和以企业为代表的用人单位的产值利润之间找到统一的价值区间。而这件事不能等着用人单位来做，因为对方并不充分了解学校培养的人才特性。所以，要在不断沟通了解企业的人才需求后，由学校教师积极思考己方看重的学生特质在对方的用人目标中能够产生何等价值和功效。由学校教师主动提出己方培养的学生可以为企业带去什么，而这些功效既符合育人目标又在教师的预设中符合企业的利益需求。这样双方求取交集后，就获得了统一的思想认识，基于此拟定合作条款，双赢的可能性才更大。可见，在这个过程中，最重要的一环就是学校教师积极思考己方看重的学生特质在对方的用人目标中能够产生何等价值和功效，这是重点，也是难点。

第十四条是为了解决工作乏力的问题，同时也起到了加强顶层设计的作用。这种类似集体备课的方法，既减少了下级部门的工作量，又达到了统一思想的目的，还起到了加强顶层设计的作用。上级部门将原本分散的政策解读、工作部署整合为标准化、科学化的行动方案，这种模式有效规避了下级部门因重复研究、各自为政导致的资源浪费，将基层工作人员从烦琐的资料整理、方案拟定中解放出来，下级单位可以将精力集中用在开拓创新自身做法上，从而坚定不移地贯彻落实上级方针政策，万众一心、众志成城。

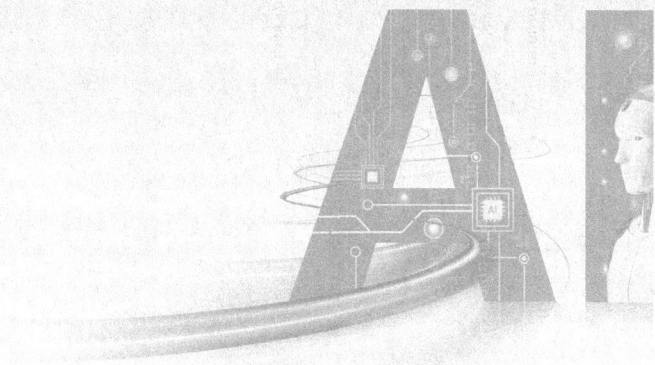

结　　语

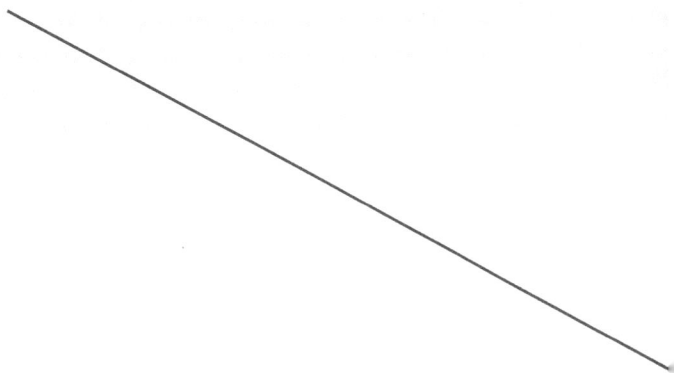

最后，让我们回望第一章中提出的问题，检验问题是否一一得到了解决。

第一个问题是，教师数字素养提升不只是教师自己的事情，目前尚未形成协同效应。本研究考虑了教师、学生、学校、用人单位和政府各个主体之间的相互联系，并根据协同效应的要求通过各主体适度让步达到协同合作的目的，发挥 1+1>2 的优势。教师数字素养提升不是教师自己的事情，而要关注学生的情绪和个性化学习需求。学校管理部门也要让步一些管理权威，开辟管理新赛道，并在扮演上传下达角色时发挥战略引领力。学校教师也要和用人单位在思想上进一步统一。只有所有子系统协同合作，教师数字素养才能获得提升。

第二个问题是各子系统之间关键因素把握不当，以及协同动力生成机制不完善。本研究通过统计分析，遴选出了最重要的影响因素，抓住了关键因素。在策略提出过程中，尽量去关注各子系统的协同效应，让各要素做适当让步，从而达到系统的整体平衡，并提出以学生的需求作为最根本的推动力，从而推动系统可持续运转。

第三个问题是缺少自组织原则。本研究整合所有提出策略，并基于协同论的四个核心要点，从追求系统能够自动地协同合作并产生宏观有序结构和功能的目标出发，提出了"满足学生数字化学习需求，自上而下明晰顶层设计，由外到内锚定战略重点"的自组织原则。当教师没有动力的时候，学生需求会推动他自然而然地动起来；当他动起来了，但是不知道具体做些什么的时候，自上而下的顶层设计会让他眼前获得清晰的地图；当他在广大的地图中不知从何处落脚的时候，外部的具体需求会帮他选择着力方向。学生需求又会和教师的教育情怀相互呼应，使整个系统持续运转，不断达到新的平衡。

在时代浪潮的推动下，应用型本科正迎来前所未有的发展机遇，其未来图景令人充满期待。随着产业升级与数字化转型的加速，应用型本科将深度融入区域经济社会发展，成为产教融合的先锋阵地。而这一目标的实现，与应用型本科教师数字素养的提升密不可分。教师作为教学活动的核心执行者，其数字素养直接影响着产教融合的深度与质量。教师数字素养的提升既是应用型本科深化产教融合的关键驱动力，也是培养适应 AI 时代产业需求人才的重要保障，更是助力高校在区域经济社会发展中发挥引领作用的核心要素。应用型本科教师数字素养提升的影响因素与策略研究，已经越来越成为教育变革浪潮中需要持续探索的重要课题。随着生成式人工智能、大数据、元宇宙等新兴技术加速融入教育场景，未来的研究将聚焦于技术与教学深度融合的动态机制。影响因素的研究不再局限于教龄、学校环境等传统维度，而是向智能化教学工具适配性、跨学科数字协作能力等新领域拓展，揭示更多元、更复杂的作用关系。同时，加强对教师数字素养评价体系的研究，建立科学、合理、有效的评价指标，以便更准确地评估教师数字素养的提升效果，为教师数字素养的持续提升提供有力的支持。此外，还可以进一步研究教师数字素养与学生学习效果之间的关系，为提高教育教学质量提供更具针对性的建议。

本研究虽然取得了一定的成果，但还有许多问题有待发现和解决。例如，在研究范围上，本研究主要聚焦于应用型本科，对于其他类型高校教师数字素养的研究相对缺乏，未来研究可进一步拓展到不同层次、不同类型的高校，以获得更具普适性的结论。在研究方法上，本研究在数据的深度挖掘和分析方面还有待加强，后续研究可引入更先进的数据分析技术，以更全面、深入地揭示教师数字素养的影响因素和提升路径。此外，一些微观层面的具体问题有待日后进一步探索、改进与解决，以便为我国应用型本科的健康可持续发展提供必要的理论与实践支撑。

应用型本科教师提升数字素养的
影响因素调查问卷

尊敬的老师：

为保障您在数字素养提升方面应享有的合理权益，为您提供更优质的支持与发展环境，我们特开展此次调研工作。本次调查共33题，均为单项选择，诚谢您抽出些许宝贵时间配合完成。本次调查不记姓名，您可以放心回答。再次衷心感谢您的大力支持！

教师数字素养研究课题组

您的学历：

A. 大专　　　　　　　B. 本科　　　　　　　C. 硕士　　　　　　　D. 博士

您的学校所在地：

A. 省会城市　　　　　B. 地级市　　　　　　C. 县城

您的教龄：

A. 5年及以下　　　　B. 6～15年　　　　　C. 16～25年　　　　D. 26年及以上

1. 应用型本科教育的未来离不开数字技术。

A. 非常不同意　　　B. 不同意　　　　　C. 一般

D. 同意　　　　　　E. 非常同意

2. 即使在数字化教学中遇到了困难或挫折，我也会尽力地去解决，而不是很快就放弃。

A. 非常不同意　　　B. 不同意　　　　　C. 一般

D. 同意　　　　　　E. 非常同意

3. 人工智能与人类一样，是通过自我学习实现智能水平提升的。

A. 非常不同意　　　B. 不同意　　　　　C. 一般

D. 同意　　　　　　E. 非常同意

4. 教学中出现的数字化设备、软件或平台的故障，我都能够及时解决。
   A. 非常不同意　　　　B. 不同意　　　　　　C. 一般
   D. 同意　　　　　　　E. 非常同意

5. 开展教学前，我会考虑如何使用数字设备、软件或平台与学生进行互动。
   A. 非常不同意　　　　B. 不同意　　　　　　C. 一般
   D. 同意　　　　　　　E. 非常同意

6. 我能够利用数字设备、软件或平台反馈的数据调整教学行为与活动。
   A. 非常不同意　　　　B. 不同意　　　　　　C. 一般
   D. 同意　　　　　　　E. 非常同意

7. 我从来没有在社交网络上发布辱骂、污秽等言论。
   A. 非常不同意　　　　B. 不同意　　　　　　C. 一般
   D. 同意　　　　　　　E. 非常同意

8. 我的电脑、手机等电子设备安装有安全防护类软件或国家反诈中心等 App。
   A. 非常不同意　　　　B. 不同意　　　　　　C. 一般
   D. 同意　　　　　　　E. 非常同意

9. 我会主动、持续地使用数字设备、软件或平台进行专业知识与技能的学习。
   A. 非常不同意　　　　B. 不同意　　　　　　C. 一般
   D. 同意　　　　　　　E. 非常同意

10. 我会利用数字设备、软件或平台探索解决数字化教学实践问题的可行方案。
    A. 非常不同意　　　　B. 不同意　　　　　　C. 一般
    D. 同意　　　　　　　E. 非常同意

11. 在您的课堂上，能正确且熟练地使用数字设备和软件（如手机、学习通、慕课等）配合教学活动（如提交作业、讨论交流等）的学生有多少人？
    A. 几乎没有　　　　　B. 少数学生　　　　　C. 一半左右的学生

D. 多数学生　　　　　E. 几乎所有学生

12. 学生利用数字设备进行资料检索和筛选，以完成学习任务（如写报告、做课题等），正确运用设备和方法的能力怎样？

A. 几乎没有学生具备这种能力　　　　B. 只有少数学生具备这种能力

C. 一半左右的学生具备这种能力　　　　D. 多数学生具备这种能力

E. 几乎所有学生都具备这种能力

13. 您在设计数字化教学内容时，满足学生个性化学习需求的程度怎样？

A. 几乎不考虑，教学内容基本统一，不区分个体差异

B. 很少考虑，只有在个别情况下会关注一下学生差异

C. 有一定考虑，会在部分教学环节体现一些个性化设计

D. 比较充分考虑，会根据学生特点设计不同学习任务

E. 非常充分考虑，能为每个学生提供定制化的学习内容

14. 在数字化学习过程中，您运用数字化教学手段（例如一些在线学习平台）给予学生自主选择学习内容、安排学习进度，以满足学生自主性学习需求的程度是_____？

A. 完全不给予，严格按照既定计划，学生无自主空间

B. 很少给予，只有极个别时候允许学生自主调整

C. 有一定程度给予，会在部分阶段适当让学生自主安排

D. 比较充分给予，学生在较多方面能自主决定学习进度

E. 非常充分给予，学生能高度自主地规划自己的学习

15. 技术赋能课堂互动环节容易让气氛热烈，但互动结束后，学生可能难以梳理知识脉络，缺乏对知识掌握情况的清晰认知。针对这一问题，您的处理方式是_____？

A. 从不采取措施，不关心学生对知识是否有清晰认知

B. 很少采取措施，只有在学生提出时才简单说一下

C. 一定程度上采取措施，会在课后或适当时候引导梳理

D. 比较积极采取措施，会在互动后及时带领学生梳理

E. 非常积极采取措施，每次互动后都系统地帮助学生梳理

16. 在科技赋能的课堂中，部分学生因担心老师要求其借助科技自行解决问题，而不敢主动提问。您在消除学生顾虑、鼓励学生提问方面的做法是_____？

    A. 从不鼓励，对学生提问不积极回应

    B. 很少鼓励，只有学生主动问很多次才解答

    C. 有一定程度鼓励，会在学生提问时给予解答

    D. 比较主动鼓励，经常营造氛围让学生敢于提问

    E. 非常主动鼓励，积极引导学生提问并详细解答

17. 当您熟练使用科技赋能教学时，对于学生因担心不会使用软件或害怕互动而精神紧张的情况，您缓解学生紧张情绪的做法是_____？

    A. 完全不关注，不在意学生是否紧张

    B. 很少关注，偶尔发现学生紧张但不做处理

    C. 有一定程度关注，会简单安慰或提醒学生不要紧张

    D. 比较关注，会提前指导学生使用软件并缓解紧张

    E. 非常关注，会全方位帮助学生熟悉软件并消除紧张

18. 您认为目前学校在教学成果评定、职称晋升标准、奖项评选等方面的评价导向，与您在教育数字化方面的发展需求的契合程度如何？

    A. 完全不契合   B. 不太契合   C. 基本契合

    D. 比较契合   E. 非常契合

19. 学校的奖励措施在多大程度上影响您开展数字化教学的积极性？

    A. 毫无影响，不管有没有奖励，我都不会开展数字化教学

    B. 影响很小，这些奖励对我开展数字化教学的积极性作用微乎其微

    C. 有一定影响，这让我在开展数字化教学时多了些动力

    D. 影响较大，显著提高了我开展数字化教学的积极性

    E. 影响极大，让我充满热情，积极主动地开展数字化教学

20. 学校为参与数字化教学的教师提供了诸如专业培训、晋升机会倾斜等有助于职业发展的支持，您觉得这些支持在多大程度上影响您开展数字化教学的积极性？

    A. 完全没有影响，我开展数字化教学的积极性不会提高

B. 影响极低，基本不能改变我对开展数字化教学的积极性

C. 有一定影响，使我对开展数字化教学的态度更积极了一些

D. 影响较大，让我更愿意投入精力开展数字化教学

E. 影响极大，让我非常积极地投入到数字化教学工作中

21. 如果学校在数字化教学方面的顶层规划比较清晰，让您知道近五年的数字化教学工作意义和重点，这对您接受数字化教学会产生怎样的影响？

A. 完全不影响，学校规划再清晰，我也不接受数字化教学

B. 影响极小，即便规划清晰，我对数字化教学的接受度也没变化

C. 有一定影响，规划清晰会让我对数字化教学多些考虑

D. 影响较大，清晰的规划让我更愿意参与数字化教学

E. 影响极大，清晰的规划让我积极主动拥抱数字化教学

22. 学校为推动数字化教学所实施的培训计划、课程建设项目等，对您的吸引力如何？

A. 毫无吸引力，这些举措对我接受数字化教学没有任何帮助

B. 吸引力很低，即便有这些举措，我对数字化教学仍缺少兴趣

C. 有一定吸引力，它们让我对数字化教学的态度有所改观

D. 吸引力较大，这些举措使我更愿意投入精力在数字化教学上

E. 吸引力极大，这些举措让我迫不及待地想要深入开展数字化教学

23. 学校在分配数字化教学资源时能够充分体现普惠和公平原则，对您开展数字化教学的积极性有多大提升？

A. 毫无提升，即便资源分配公平普惠，我对开展数字化教学也没有积极性

B. 提升极小，资源分配的公平普惠对我开展数字化教学的积极性促进甚微

C. 有一定提升，公平普惠的资源分配让我开展数字化教学的积极性有所提高

D. 提升较大，公平普惠的资源分配使我更有热情和动力去开展数字化教学

E. 提升极大，公平普惠的资源分配让我完全充满干劲，迫不及待地投入到数字化教学中

24. 学校分配给您的行政任务（如填写各类报表等）的频率与您的教学工作节奏相适配，对您开展数字化教学的积极性有多大提升？

A. 毫无提升，即便行政任务安排合理，我对开展数字化教学也提不起积极性

B. 提升很小，虽然行政任务适度，但对我开展数字化教学的积极性提升不明显

C. 有一定提升，合理的行政任务让我开展数字化教学的积极性有所提高

D. 提升较大，行政任务没有占用过多时间，使我更有热情和动力专注开展数字化教学

E. 提升极大，恰到好处的行政任务让我充满干劲，积极主动地开展数字化教学

25. 您认为学校在行政任务分配上的合理性（包括任务量、任务难度与教师本职工作的关联性等），对您开展数字化教学的积极性有多大影响？

A. 完全没影响，不管任务分配是否合理，我开展数字化教学的积极性都不高

B. 影响极低，即便任务分配合理，对提升我开展数字化教学的积极性作用也不明显

C. 有一定影响，任务分配合理时，我开展数字化教学会更有劲头

D. 影响较大，合理的任务分配显著提高我开展数字化教学的积极性

E. 影响极大，合理的任务分配让我对开展数字化教学充满热情，不合理就完全不想开展

26. 学校为保证教育数字化转型效果，安排教师参加研讨、修改教案等活动，当这些任务的安排频率和工作量与您的个人意愿相契合时，对您投入数字化教学的积极性有多大提升？

A. 毫无提升，即便任务安排合理，我对数字化教学也没有积极性

B. 提升很小，任务安排基本符合意愿，但对我的数字化教学热情促进有限

C. 有一定提升，合理的任务安排让我对数字化教学的积极性有所提高

D. 提升较大，任务安排契合意愿，使我更有精力和热情投入数字化教学

E. 提升极大，合理的任务安排让我完全充满动力，迫不及待地深入开展数字化教学

27. 当前教育数字化转型背景下，毕业生用人单位与您在课程设计上的合作程度如何？

A. 完全不合作   B. 偶尔简单交流

C. 有一定交流和协作   D. 合作较为深入

E. 深度融合共同开发课程

28. 您觉得毕业生用人单位提供的实践案例及行业数据，对您开展数字化教学的帮助程度如何？

A. 毫无帮助   B. 帮助很小   C. 有一定帮助

D. 帮助较大   E. 帮助极大

29. 如果对数字技术赋能教学开展研究，您认为毕业生用人单位与您研究思路的一致性会如何？

    A. 完全不一致　　　B. 基本不一致　　　C. 部分一致

    D. 大部分一致　　　E. 完全一致

30. 当前教育数字化转型背景下，您与毕业生用人单位的沟通频率和效果如何？

    A. 几乎无交流，交流效果极差

    B. 交流很少，交流效果差

    C. 有一定交流，交流效果一般

    D. 交流较频繁，交流效果较好

    E. 交流频繁且顺畅，交流效果很好

31. 政府在教育数字化转型方面的区域发展目标，与您个人期望达成的数字化教学效果契合度如何？

    A. 完全不契合，政府目标与我期望的成果背道而驰，极大降低我开展数字化教学的积极性

    B. 契合度很低，政府目标和我期望的成果有较大差距，明显降低我开展数字化教学的积极性

    C. 有一定契合，对我开展数字化教学的积极性有一定提升

    D. 契合度较高，让我开展数字化教学更有热情

    E. 完全契合，让我充满干劲

32. 政府推进教育数字化转型的速度，对您开展数字化教学的积极性影响如何？

    A. 完全无法接受，推进速度过快，极大降低我开展数字化教学的积极性，甚至让我抵触

    B. 不太能接受，推进速度偏快，在一定程度上降低了我开展数字化教学的积极性

    C. 中立态度，推进速度对我开展数字化教学的积极性没有明显影响

    D. 比较能接受，在一定程度上提升了我的积极性

    E. 非常能接受，促使我积极探索创新教学方式

33. 政府在教育数字化转型进程中实施的激励政策（如奖励补贴、荣誉授予等）对您的吸引力如何？

    A. 毫无吸引力，极大降低积极性，不愿开展数字化教学

B. 吸引力小，明显降低积极性，兴趣索然

C. 有一定吸引力，开展数字化教学的积极性有所提升

D. 吸引力大，开展数字化教学更有热情

E. 极具吸引力，对数字化教学充满干劲